「生類憐みの令」の真実

仁科邦男
Kunio Nishina

草思社

装画　徳川綱吉筆『櫻下双馬図』（京都妙心寺蔵）

はじめに

●綱吉は愛犬家なのか

不思議なことに生類憐みの令からは個々の動物に対する愛情がほとんど感じられない。将軍になる前の二十七年間「右馬頭様《うまのかみさま》」（松平右馬頭綱吉《つなよし》）と呼ばれ、娘「鶴姫」をこよなく愛した綱吉は、馬と鶴には特別な愛情をそそいでいたが、それ以外は犬でさえ特にかわいがった形跡がない。「見知らぬ犬でも食事を与えて養いなさい」と江戸の町に御触れを出したが、町の犬が城内への立ち入りを認められ、養われた記録はどこを探しても見つからない。綱吉の時代、江戸城に「御馬屋」はあっても「御犬小屋」はなかった。戸田茂睡《もすい》『御当代記《ごとうだいき》』によると、山王権現《さんのうごんげん》（現日枝神社）に参詣した帰り道、御成り行列について来た一匹の犬を側用人《そばようにん》の牧野成貞《なりさだ》に飼うように命じたことがある。これが史料で確認できる綱吉ただ一度の犬憐み実践例である。

綱吉の父家光（三代将軍）は関白左大臣・鷹司《たかつかさ》家の娘を正室とし、兄家綱《いえつな》（四代将軍）は宮家の娘を正室に迎え、綱吉の正室も鷹司家の娘だった。綱吉の母桂昌院《けいしょういん》は、家光の側室となった公卿《くげ》の娘の侍女として京都から来た。禁裏の女性たちは愛玩犬の狆《ちん》を飼っていたが、江戸城大奥にもその習慣が持ち込まれた。大奥では狐よけに狆を飼ったというが、綱吉自身が狆をかわいがったかどうかは不明である。貞享《じょうきょう》四年（一六八七年）、江戸の町中で生きた生類の売買が禁止され、元禄元年（一六八八年）には、犬の死を穢《けが》れとし、その穢れに触れた時はまる一日、歴代将軍の墓参、霊廟《れいびょう》参拝が禁じられた。元禄七年（一六九四年）、改めて江戸の町での犬商売が禁止された。大奥の女性は狆を自ら繁殖させたりしない。狆は動物を扱う鳥屋から買っていた。どこかの時点で綱吉は大奥で犬を飼うことをやめさせてしまったように思われる。少なくとも綱吉は今我々が考えるような愛犬家ではなかった。

●生類憐みの令は動物愛護法なのか

多くの辞書・事典類は、生類憐みの令について「綱吉が発令した一連の動物愛護法」と要約しているが、非常に誤解を与える表現と言うべきだろう。単純な動物愛護法ではないのだ。

綱吉は少年時代から人や動物の死に対する嫌悪感が強かった。十二歳の時、明暦《めいれき》の大火を体験した。死者は十万人を超え、町には人、牛馬、犬猫の死体が山積みされた。綱吉邸も燃えた。焼け跡の中で何を感じたのか、綱吉は黙して語らない。やがて綱吉は大名の心得である鷹狩りにも出なくなった。鳥の命を奪うことが耐えられなかったに違いない。生類憐みの志はすでに芽生えつつあったと言っていいだろう。

人はだれも死を忌避する。綱吉もその一人である。ただ綱吉が特異だったのは、司法と立法と行政とあらゆる人事権を掌握する絶対専制君主になったことだ。公方様《くぼう》のやることについて、あれこれ噂することさえ許されない時代だった。生類憐みの令には、将軍である綱吉のさまざまな個人的感情が投影され始める。果たして動物愛護が主目的なのかどうか、それさえ怪しくなる。

綱吉の生類憐みの志は変貌していく。初期の段階では嫡子《ちゃくし》徳松を亡くしたあとの男児誕生願望と結びつき、次の段階では堯舜《ぎょうしゅん》の世（理想社会）を実現するための政治的意義が強調され、最終段階では「天」を恐れ、天変地異を鎮めるために連発する。

綱吉は法を守らない者は厳罰に処した。時に人の命は動物の命よりも軽くなった。在位二十九年。幕閣はだれ一人綱吉に頭が上がらない。批判もされず、長く権力の座にある者は道を誤る。生類憐みの令がその典型だった。

●歴史評価はどう変わったのか

かつては悪法中の悪法と言われた生類憐みの令の歴史評価が変わりつつある。代表的な国語辞書である『広辞苑』は一九五五年（昭和三十年）に第一版が刊行され、以降、内容の改訂が重ねられて二〇一八年（平成三十年）に第七版が出版された。その記述も時代を映す鏡のように大きく変わった。

その第一版――

「貞享四年、五代将軍綱吉の発布した命令。僧隆光《りゅうこう》の言により、魚鳥の売買を禁じ、特に犬を愛護させ、これを殺傷する者を斬罪《ざんざい》に処した。その趣旨は儒・仏の思想に基づき殺伐《さつばつ》・不仁《じん》の風《ふう》を矯《た》め（改め正し）、慈悲を生類にまで及ぼさせようというのであったが、後、極端に走って人民を苦しめ、犬公方と呼ばれた」（かっこ内は筆者補足）

過不足なくまとめた当時としては常識的な記述と言えるだろう。文中に出てくる僧隆光は戌年《いぬどし》生まれの綱吉に犬を愛護するよう進言したとされる僧侶である。

一九六九年（昭和四十四年）の第二版では、第一版の「綱吉の発布した命令」を「綱吉の発布した動物愛護の命令」に改め、「動物愛護」のための法令であることを強調した。さらに記述の中間部分「その趣旨は儒・仏の思想に基づき殺伐・不仁の風を矯め、慈悲を生類にまで及ぼさせようというのであったが、後」を削除した。僧侶である隆光の進言によるものだから「儒・仏の思想に基づき」の「儒（儒教）」は誤解を招くのではないかという判断が働いたのかもしれない。

一九八三年（昭和五十八年）刊行の第三版では次のようになった。

「一六八七年（貞享四）、徳川五代将軍綱吉の発布した動物愛護の命令。僧隆光の言により、魚鳥の食料としての飼養を禁じ、畜類、特に犬を愛護させ、これを殺傷する者を斬罪に処した。極端に走って人民を苦しめ、犬公方と呼ばれた」

「魚鳥の売買を禁じ」とあったのを、より正確に「魚鳥の食料としての飼養を禁じ」に書き換えた。すべての「魚鳥」売買が禁止されたのではなかったからだ。「畜類」という言葉も新たに加えられた。

一九九八年（平成十年）刊行の第五版で大きな変更があった。第一版から四版までにあった最初に法令を出した年号「貞享四年」を削除し、始まりの時期に触れるのを避けた。貞享四年説に代わって貞享二年始まり説が多数説になり始めていたからだろう。すでに同社刊行の大石慎三郎『元禄時代』（岩波新書、一九七〇年）は「生類憐みの令は貞享二年が最初」と明記しており、この記述と整合させるためにも、始まりの年号を削除する必要があったのかもしれない。

二〇〇八年（平成二十年）の『広辞苑』第六版では、さらに大幅な書き換えがあった。

「徳川五代将軍綱吉の発布した動物愛護の触書きの総称。捨て子、捨て病人の禁止から牛・馬・犬・鳥・魚介類などの動物の虐待・殺傷の禁止にまで及んだ。違反者は厳罰に処せられたため、綱吉は犬公方と呼ばれた。一七〇九年（宝永六）廃止」

それまでは「憎隆光の言により」という記述があったが、この版から憎隆光の名も消えた。

「隆光が生類憐みを進言したのは俗説であり、事実ではない」という説が有力説として浮上したためだろう。「捨て子、捨て病人の禁止」も生類憐みの令に加えられた。

最新の『広辞苑』第七版は第六版と同文である。生類憐みの令の歴史評価は微妙な変化を重ねながら大きな変貌を遂げてきた。それに伴って『広辞苑』の記述も変わった。この間、事実の解釈が揺れ動いている。

●生類憐みの令見直し論は正しいのか

日本史辞典として評価の高い吉川弘文館『国史大辞典』の第七巻（一九八六年）は「貞享二年始まり説」と「僧隆光による進言否定説」を明記した最初の辞書、事典類となった。その「生類憐みの令」の項は「通説によると、嗣子《しし》に恵まれなかった綱吉が殺生を慎み、生類を憐れみ、戌年生まれだから犬を大切にするよう隆光から進言された」（要約）ことが「発令の動機になったといわれるが、必ずしも根拠のある説ではない」と主張し、貞享二年七月の江戸町触れをその始まりとした。さらに「生類憐みの対象が人（捨子、行路病人、囚人など）に及んだ点も看過できない」と述べた。次いで『国史大辞典』第十四巻（一九九三年）の「隆光」の項は「（隆光は）妖僧と酷評されたこともあるが、不当な評価である」と言い切った。

多くの辞書・事典類、高校教科書もこの記述に歩調を合わせるように、生類憐みの令見直し論に転じていった。今はこれが多数説である。

人は新しいものに興味を持つ。歴史上の評価をくつがえす学者の説、見解に関心が集まる。綱吉政治の再評価、生類憐みの令の見直し論はテレビ、新聞、ネットに次々と現れる。新事実を強調するテレビ番組を見て、「そうだったのか」と思った人も多いだろう。

NHKの人気歴史番組「歴史秘話ヒストリア」は二〇一七年六月二日放送の「将軍様と10万匹の犬——徳川綱吉と大江戸ワンダーランド」の中で「犬を傷付けただけで死罪になった悪法というイメージがありますが、最新の研究でその意外な実像が明らかになってきました」とキャスターに語らせた。「跡継ぎがいなかったために生類憐みの令を始めたというのは俗説で、その時そのお坊さんは江戸にいなかった」と隆光進言を否定したうえで、「命の大切さをみんなが理解してこそ平和な世はやってくる。生類憐みの令を始めたのはそういう考えからでした」と述べ、「生きとし生けるものすべてを大切にする気持ちがあれば、人はもっとやさしくなれるはずだ。それが一人の将軍の切なる願い」だったと締めくくった。

テレビ東京「開運！なんでも鑑定団」に、綱吉が描いた達磨《だるま》の絵の掛け軸が出品された（二〇一七年十一月二十一日放送）。本物と鑑定されて百五十万円の値がついたが、この時、流れたナレーションは次のように語った。

「江戸幕府第五代将軍綱吉は天下の悪法と言われる生類憐みの令を発布したことにより、犬公方と呼ばれ、暗君の極みとされてきた。しかし、近年の研究ではその実像は全く異なり、文治国家の礎《いしずえ》を築いた名君として高く評価されている」「実際に掟《おきて》を破り重罪に問われた者はごくわずかだった。むしろこの法は戦国時代以来、紙切れのように価値が下がってしまった命の尊さを人々に再認識させるものだったと言えるのである」

今や常識のように語られ始めた、これらの多数説と私の考えは相いれない。綱吉名君論や生類憐みの令の見直し論は、綱吉治世下に生きた大多数の人々、名もない庶民の感情を軽視している。生類憐みの令は綱吉なりの論理と感情に支えられ、次々と発令された。歴代将軍の中で個人の意思をこれだけ赤裸々に表明した人物は綱吉以外にいない。一つ一つの法令、命令がなぜ出されたのか、それを探ることによって、生類憐みの令の真実の姿が明らかになるはずだ。

生類憐みの令見直し論は、貞享二年始まり説を支持することによって成り立っている。なぜなら、その始まりの時、隆光は江戸にいなかったからだ。私は貞享二年始まり説を支持しない。貞享三年に「生類憐み」という言葉が初めて使われた「犬の車事故防止・犬養育令」を始まりとし、隆光無関係説を否定する。その時、隆光は江戸にいたのだ。捨て子禁止を生類憐みの令に含むことにも反対する。綱吉は「人を含まない生類」を憐れむことに特別な意義を見出したのであって、捨て子は含まれないのだ。これ以外にも、これまでほとんど論じられることがなかった以下のような生類憐みの令の新しい事実を本書の中で明らかにしようと思う。

○「馬」「犬」「鶴」に対する個人的な思い入れが法令に執着させた要因の一つであることを立証する。

○「トビとカラスの巣払い令」を生類憐みの令だとする従来の所説を否定し、江戸城と将軍家霊廟を糞害から守るためだったことを立証する。巣を払うことが生類憐みであるはずがない。江戸城を聖域化するために出したと考えられる法令はほかにもある。
○酒嫌いの綱吉が出した「大酒飲み禁止令」が生類憐みの令の関連法だった可能性を指摘する。
○中野犬小屋に収容された多くの犬は特定の飼い主はいないが地域の人々と暮らしていた里犬《さといぬ》（町犬《まちいぬ》、村犬《むらいぬ》）だったことを明確にする。野良犬ではない。さらに犬保護政策が犬の爆発的増加を招き、江戸の犬問題を解決するため犬減少政策に変貌したことを論証する。

生類憐みの令とは具体的にどのような法令で、どのような処罰例があったのか、その全体像がわかる本が意外なことに見当たらない。そこで、この本を書くにあたっては「生類憐み」をめぐってどんなことが起きていたのか、できるだけ事実を書き記すように心がけた。その事実が起きた年月日も可能な限り記載した。生類憐みの令とこれに関連する禁令、御触れ、事件、処罰例を年表にして巻末に記載したが、年月日をもとに年表を調べれば、どういう状況の中でその法令が出されたのか、ある程度の見当はつく。

生類憐みの令が何回出されたか、著書の中で明らかにしている研究者がいるが、私は数えることはすでに断念している。生類憐みの令かどうか判断に悩む法令は数多く、同じ法令も繰り返し出ている。巻末年表は長すぎて煩雑になることを避けるため、知り得た事例をすべて網羅しているわけではないが、生類憐みの令の全体像がわかるように年表を作成した。

「生類憐みの令」の真実

目次

第三章　生類憐みの令、発令される　63

第四章　牛、馬、鳥、魚介、虫…連発される禁令　95

第十章 中野犬小屋時代 209

終章　それぞれの終焉　247

文中の日付は将軍の仰せがあった日、武家や庶民に伝えられた日などで違いがあるため史料による若干のずれがある。引用文の多くは原文を生かしつつ筆者が訳した。語句の説明は適宜丸かっこ内で筆者が補った。引用文等で現代用語の表記、仮名遣いと一致しないものがある。本文中の敬称は省略した。

序章　明暦の大火——生類憐みの原風景

史上空前の大惨事だった。

明暦三年（一六五七年）一月十八、十九日、二日間にわたる江戸の大火の時、綱吉はまだ十二歳（満十一歳）だった。江戸の町の約七割が燃え、江戸城天守閣も本丸も綱吉邸も焼け落ちた。明暦の大火の死者は十万人を超え、馬も犬も猫も、みな人とともに焼け死んだ。焼け跡に呆然と立ち尽くす綱吉少年の姿が私には見える。綱吉が心の奥底に抱えた、生類憐みの原風景はここにあった気がする。

一月十八日午後二時ごろ、本郷丸山《まるやま》の本妙寺《ほんみょうじ》から出火し、北西の季節風にあおられて湯島、駿《する》河台《がだい》に燃え広がった。湯島天神、神田明神も燃えた。そこからさらに飛び火して下谷《したや》、浅草、神田、日本橋、八丁堀、霊岸島《れいがんじま》みな燃えた。小伝馬町《こでんまちょう》の牢獄の囚人数百人も「火が消えたら戻って来い」と言われて解放された。囚人に気づいた浅草門（浅草橋）の門番が「逃がしてはいけない」と門を閉ざし、行き場を失った多数の人がここで命を落とした。

翌朝までに火は収まったかに見えたが、十九日午前十時ごろ、小石川伝通院《でんずういん》表門下・新鷹匠《しんたかじょう》町《まち》の大番衆《おおばんしゅう》宿所から再び出火した。強風で「焼けぼこり」が立って見通しがきかなかった。約二十カ所に飛び火し、黒煙が空高く上がり、夜のように暗くなった。水戸家屋敷（後楽園）の大きな館《やかた》に火がかかり、大堀を隔てて本鷹匠町、飯田《いいだ》町《まち》、江戸城田安門内の屋敷が燃え上がる。竹橋門内の天樹院《てんじゅいん》（千姫《せんひめ》）御所、中《なか》の丸《まる》様（家光正室）、左典厩公《さてんきゅう》（松平左《さ》馬頭《まのかみ》綱重《つなしげ》）御殿に火が移り、堀を隔てた竹橋門外の右典厩公《うてんきゅう》（松平右《う》馬頭《まのかみ》綱吉）御殿、すぐ近くの雉子《きじ》橋、一ツ橋も燃えた。天守閣、大奥、本丸、二の丸、三の丸ことごとく火が入り、黒煙天をこがし、炎は雲を焼く。棟木《むなぎ》瓦のくずれ落ちる音おびただしく、鉄砲火薬のはねる音が天地に響いた（浅井了意《りょうい》『むさしあぶみ』、亀岡宗山『後見草』などによる）。

このころ綱吉（右典厩公）の屋敷は、現在毎日新聞社東京本社、住友商事竹橋ビル（千代田区一ツ橋）などがあるお堀沿いにあった。綱吉邸と江戸城内の大名屋敷、本丸、天守閣などに火が入ったのはほとんど同じころだっただろう。将軍家綱は午後二時ごろ、江戸城西の丸に移り、難を避けた。夕方になって麹町《こうじまち》の町屋からまた火の手が上がり、現在の半蔵門口の南（三宅坂）にあった山王権現（日枝神社、大火後赤坂に移転）、井伊掃部頭《かもんのかみ》上屋敷が焼け落ち、日比谷、虎の門、芝方面に燃え広がった。西の丸に詰めていた会津中将保科《ほしな》正之《まさゆき》は「天樹院様、千代姫《ちよひめ》様（家光の長女、綱吉の姉）、両典厩様（綱重、綱吉）はどうされたか」と老中へ尋ねたが、知っている者はいなかった。

大名、旗本屋敷に飼われていた馬は火の手が迫ると、みな綱を切られ、解き放たれた。火と人に驚いた馬は逃げ惑う人々の中に突っ込み、人と馬がもみ合いとなった。家財道具を積んだ車長持《くるまながもち》は町中の橋のたもとで渋滞し、やがて橋とともに燃えた。堀川には死体が浮き、現在の銀座から京橋一帯は目も当てられない惨状となった。橋のあった堀には船を並べて臨時の船橋をかけ、人が行き来した。

十八日に屋敷を焼け出されたあと、綱吉がどこをどのように逃げたか記録に残っていない。兄

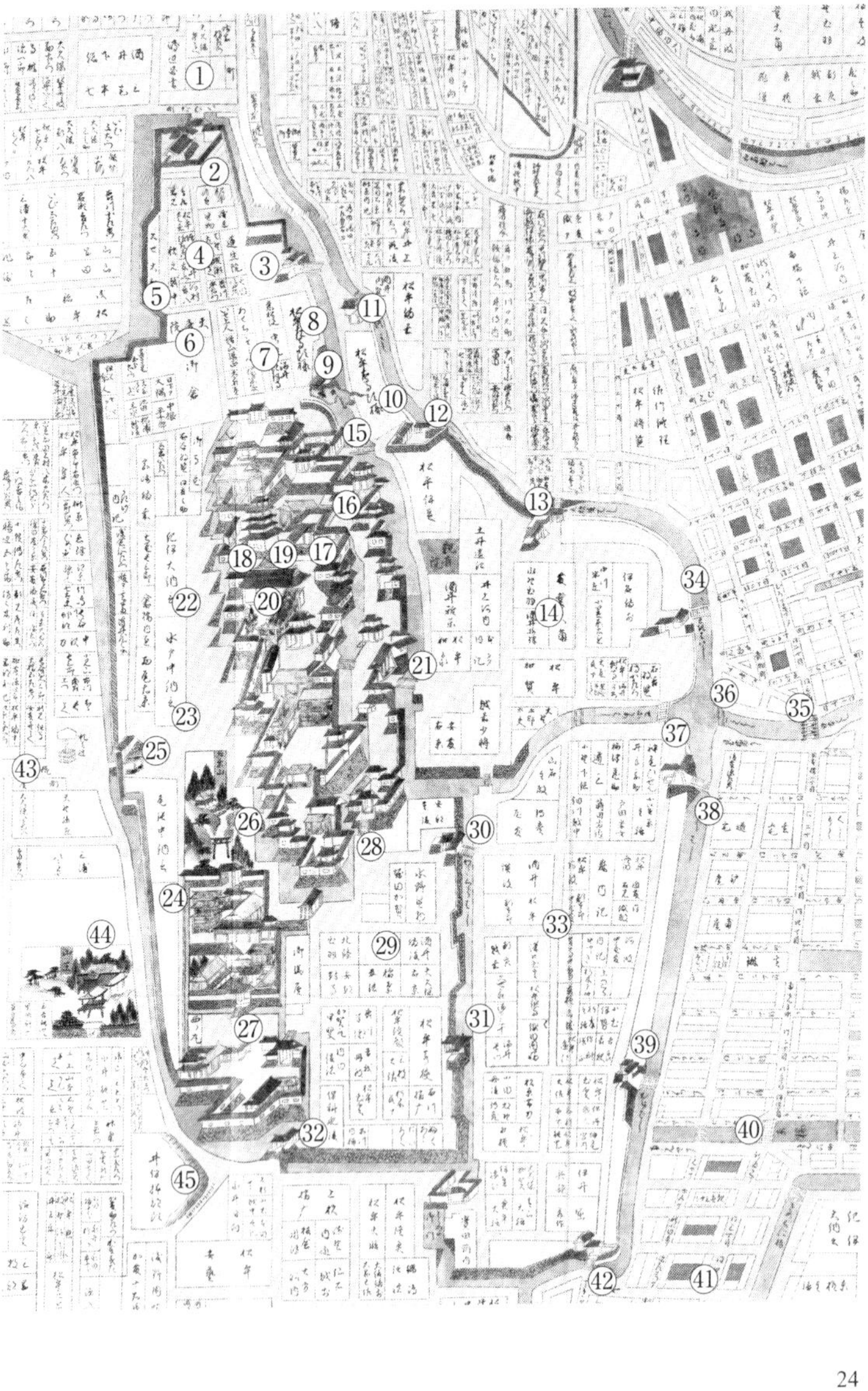
1
2
3
4
5
6
7
8
9
10
11
12
13
14
15
16
17
18
19
20
21
22
23
24
25
26
27
28
29
30
31
32
33
34
35
36
37
38
39
40
41
42
43
44
45
紀伊大納言
水戸中納言

明暦大火直前の江戸城周辺図(『新添江戸之図』部分、国立国会図書館蔵)
明暦２年作図。地図は縦長にデフォルメされている。地図の上方が北。

明暦３年１月18日、本郷丸山(地図外)の本妙寺から出火、強い北西風にあおられて燃え広がった。小石川の水戸家屋敷(地図外)が焼け落ち、南側の①飯田町一帯に火が移り、②田安門付近から江戸城に火が入った。③清水門　④現在の北の丸公園　武家屋敷が燃え上がる。⑤北の丸では、御堀ぎわの久世大和守屋敷だけ燃え残る。⑥天樹院(千姫邸。地図表記は天寿院)　⑦中の丸(3代将軍家光正室)　⑧松平左馬頭(松平綱重、左典厩公、家光3男)　⑨竹橋門　⑩松平右馬頭(松平綱吉、右典厩公、家光4男)　⑪雉子橋　⑫一ツ橋　⑬大炊殿《おおいどの》橋(神田橋)、みな燃える。大火の後、⑭の大名屋敷跡に綱吉・神田御殿を新築する。
⑮平川門　⑯三の丸　⑰二の丸　⑱天守閣　⑲大奥　⑳本丸、みな燃える。㉑大手門。
当時御三家上屋敷は江戸城内にあった。西側が御堀で、風向きも幸いし、㉒紀伊大納言(紀伊家上屋敷、綱吉の避難先)　㉓水戸中納言(水戸家上屋敷)　㉔尾張中納言(尾張家上屋敷)、いずれも燃え残る。㉕半蔵門　㉖紅葉山(徳川将軍霊廟)と㉗西の丸も燃えなかった。将軍家綱は西の丸に避難。㉘坂下門　㉙現在の皇居外苑　㉚和田倉門　㉛馬場先門　㉜桜田門　㉝丸の内、一帯みな燃える。
㉞常盤《ときわ》橋　㉟日本橋　㊱一石《いっこく》橋(江戸市中61の橋が焼け、一石橋と浅草橋だけ焼け残る)　㊲銭洗《ぜにあらい》橋　㊳呉服橋　㊴鍛冶《かじ》橋　㊵京橋　㊶銀座4丁目　㊷数寄屋橋。市街地は激しく燃え、死者多数。
㊸糀《こうじ》町(麹町)１丁目。西側の同5丁目付近(地図外)から翌19日にまた火の手が上がり、西風が激しく㊹山王権現(日枝神社、大火後赤坂に移転)　㊺井伊掃部頭上屋敷一帯が焼け、風向き変わって北風にあおられ日比谷、虎の門、愛宕《あたご》下、芝方面(地図外)に燃え広がる。

綱重は二十日、青山権田原《ごんだわら》にある家老・新見但馬守《たじまのかみ》の屋敷に避難している。綱重の日録『人見私《ひとみ》記・桜田記』（以下「桜田記」）によれば、二十五日に登城した綱重は老中から「天樹院殿（綱重の養母）、左馬頭殿、右馬頭殿、御二人の御老母、中の丸殿は紀伊大納言御屋敷（江戸城内）へ移られてはいかが」と勧められた。綱吉は二つ年上の綱重と連絡を取れる場所に避難していたようだ。三十日、綱吉は母桂昌院《けいしょういん》とともに紀伊家上屋敷に入った。

軍学者の大道寺友山《だいどうじゆうざん》は十九歳の時、明暦の大火に遭遇し、長生きして八十九歳の時に人に問われるまま昔語りをした。

「保科肥後守殿（正之）は大火の後、芝増上寺からの帰り道、江戸市中の様子を見て回った。死体はいたるところに積み上げられ、川、堀にも多数浮いたままだった。天下の万民、公方様のもとに集まり、今度の大変（大災害）に出合い、いかにも不憫《ふびん》と思い、御老中方にもはかり、所々方々《しょしょほうぼう》の人の死骸に限らず、牛馬犬猫の死骸まで残らず一所に集め埋め置かれた。これがただ今の無縁寺（両国回向院《えこういん》）である」（友山『落穂集』）

幕政記録『玉露叢《ぎょくろそう》』は死者十万七千四十六人と記す。無縁寺は日本で最初の人と動物の共同墓地となり、現在に至る。

江戸の町の行く先々に人の死体が積まれていた。馬も犬も死んでいる。この時の無残な光景は綱吉の心の底に焼き付いて生涯消えなかったのではないか。やがてその記憶は生類憐みの令に形

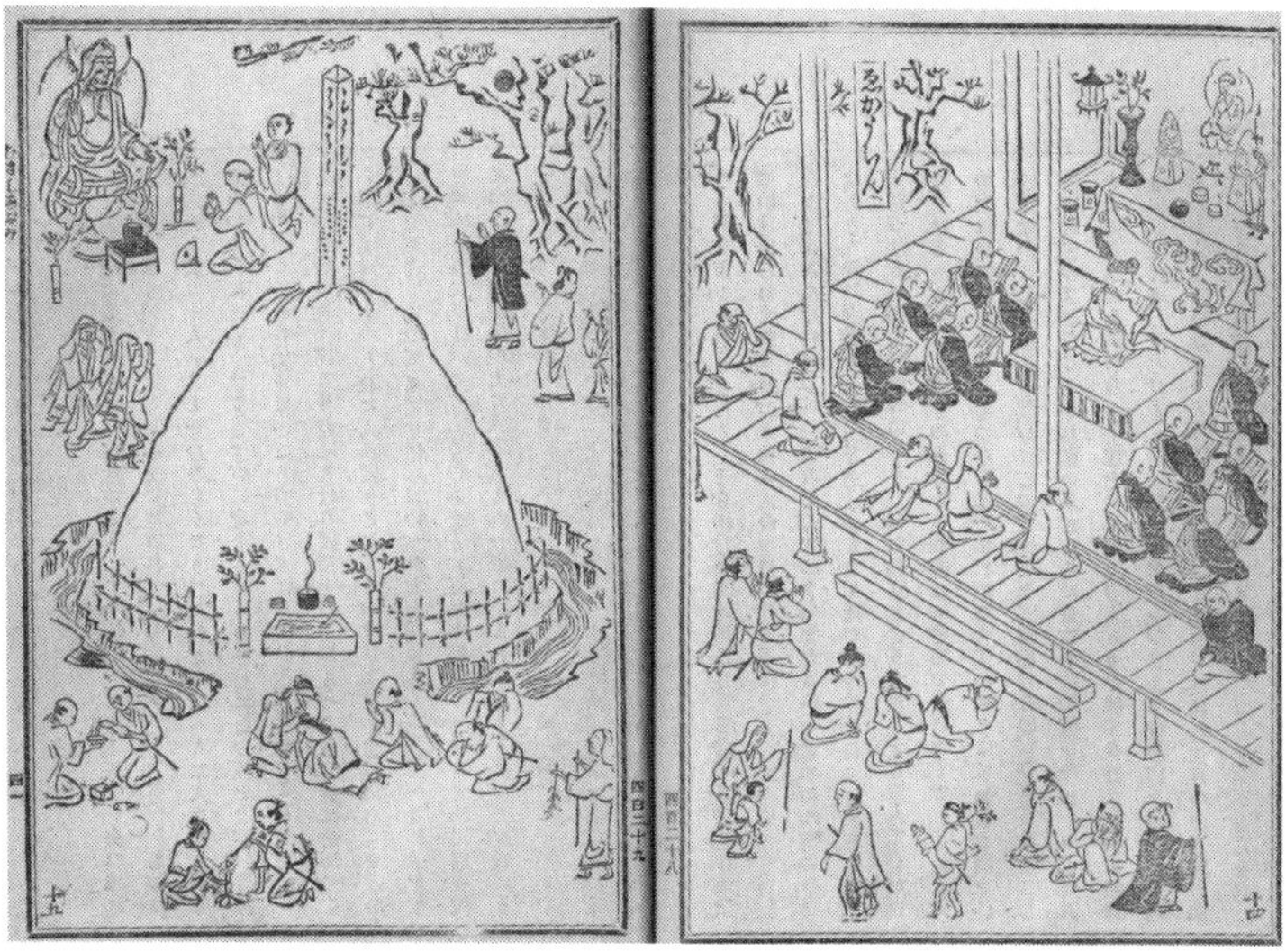

挿図は明暦の大火後、人と動物が埋葬された無縁寺(回向院)。60間(約108メートル)四方の大穴をうがち、人と動物の死体を埋葬した。そこに塚を築き、僧侶が読経をして死者を弔った。浅井了意『むさしあぶみ』(近古文芸温知叢書)より

を変え、人々の前に姿を現したような気がしてならない。

第一章

生類憐みの令はいつ始まったのか

1　嵐の発端、「浅草寺門前町、犬殺し事件」

綱吉が将軍になって六年目、貞享二年（一六八五年）七月十四日、江戸の町に一風変わった御触れが出た。御成り道に犬猫を出してもかまわない、つながなくてもよいというのだ。

先日申し渡した通り、御成り遊ばされる御道筋へ、犬猫出ても苦しからず。どこへ御成りになるときでも、犬猫つなぐこと無用である。（原文＝先日申渡候通、御成被為遊《あそばされ》候御道筋へ、犬猫出申候《でもうし》ても不苦《くるしからず》候間、何方《いずかた》之御成之節も、犬猫つなぎ候事、可為無用《むようとなすべき》者也）

生類憐みの令は貞享四年（一六八七年）一月二十八日の捨て牛馬の禁令に始まる、というのがかつての定説だったが、現在はこの町触れ「犬猫つなぐこと無用」が多数説となり、最近は定説であるかのように語られている。

「生類憐み・犬の禁令」が貞享二年のこの町触れから始まったとする見解は、水戸藩の弘道館《こうどうかん》教授をしていた歴史学者小宮山綏介《やすすけ》著『徳川太平記』（明治二十七年）、斎藤隆三『元禄世相志』（明治三十八年）の中ですでに示されているが、一九七〇年に出版された岩波新書『元禄時代』で歴史学者大石慎三郎が「これが生類憐みの令の最初」と言い切ったことが多数説形成に大きな影響を与えたと思われる。まずこの御触れが出た理由について明らかにし、そのあとで「犬猫出しても苦しからず。つなぐこと無用」の始まり説について検討する。

将軍の御成りの時、道筋の町内はいろいろ準備しなければならなかった。まず道路の清掃。土ぼこりが立ちそうなら水を打つ。目障りなものは撤去する。火事に備え、表通りの家は水を入れた手桶を家の前に置く。屋根の上に物を置くこともいけない。地震の時、行列に物が落下したり、悪意で投げつけられる恐れがある。表通りに面した二階は雨戸を閉めるか、目隠ししなければならない。上からのぞくのは御無礼にあたる。

あれするな、これするな、と命令が下される中、「犬猫つなぐこと無用」という町触れは異色だ。なぜこの御触れが出たのか、その理由ははっきりしている。浅草寺の門前町で大量の犬殺害事件があったからだ。

綱吉が浅草の対岸、向島《むこうじま》・木母寺《きぼじ》脇の隅田川御殿を新築するよう命じたのは、この年の五月十四日だった。親思い、家族思いの綱吉は桂昌院《けいしょういん》（綱吉の母）、正室信子《のぶこ》（左大臣鷹司《たかつかさ》教平《のりひら》の娘）、この当時九歳の娘鶴姫（側室お伝《でん》の子）を引き連れてしばしば遊びに出た。ささやかな家族旅行ではない。お付きの者を多数従えた御成り行列が町中を進む。江戸でも名高い風光明媚の名所、木母寺に行くには浅草から船で隅田川を渡る。

犬は浅草寺境内にも寺領である門前町にもいるが、ほとんどの犬に決まった飼い主がいなかった。犬たちは参拝者や住民から餌をもらい、町犬としてそれぞれのテリトリー（縄張り）を持って暮らしていた。普段首綱をつけていない犬に、御成り筋に出ないよう綱をつけ、御成りの間だけ留め置くのはやっかいな作業だ。そのため御成りの時に粗相があってはいけないと浅草寺の寺領代官、手代《てだい》が犬退治をした。幕府記録『御府内寺社備考』には「犬数十匹、俵の数で六十ばかり浅草川（隅田川）に流し死なせた」とある。

町触れから九日後の七月二十三日、浅草観音（浅草寺）別当知楽院忠運《ちらくいんちゅううん》と代官が閉門、実際に犬を処分した手代が遠島になった。隅田川御殿はそれから間もなく八月五日に完成した。翌六日、忠運に追加の処分が下され、公職を召上げられたうえ浅草観音から追放された。

「浅草観音別当知楽院忠運、日光門主《もんしゅ》（上野寛永寺貫首《かんしゅ》を兼務）に対し本末《ほんまつ》の訴論をなし、ならびに門番の犬を殺したる事ども、釈徒《しゃくと》（僧侶）の法にそむけばとて、紅葉山《もみじやま》の役事（江戸城将軍家霊廟での法事）、ならびに観音の別当職、ともに奪わる」（『徳川実紀』）

処罰の理由は生類憐みの令に反したからではなかった。日光門主に議論を吹きかけたことと殺生禁断を旨とする僧侶にあるまじき行為が罪に問われたのである。町の犬を殺したのは浅草寺関係者だったから、町民は何のとがめも受けない。それでも、この件で町触れが出た。

町触れ「犬猫つなぐこと無用」が特異なのは、その内容からすると、実際には何もしなくてもよいということにある。江戸の町の犬猫はほとんどが放し飼いだったから、つながなくてよい、ということは、普段通りと同じでかまわない、何もしなくてよい、ということになる。つないでも、つながなくても、どちらでもかまわない。生類憐みの令は「生類を憐れむべし」と人々に強制（強要）することに特徴があるが、町触れ「犬猫つなぐこと無用」は庶民に何も強制していない。「生類憐み」という言葉もない。町民の側もこれが生類憐みの令だとだれひとり認識していない。つまりこの町触れは生類憐みの令ではないのである。やがて始まる生類憐み時代の前兆だったと言うべきだろう。

幕府が隅田川御殿を建設しているころ、浅草寺や寛永寺で犬をめぐる動きがあった。「面白いものがありますよ」と日本文学研究者の中野三敏・九大名誉教授がこの時の事件に関係すると思われる史料のコピーを送ってくれた。縄でひとくくりにした和本の束を目方いくらで古本屋から買った時、井戸に落ちて死んだ犬のことを記した書付が一枚まぎれ込んでいたという。日付は貞享二年六月二十一日、「犬猫つなぐこと無用」の町触れが出る三週間ほど前だ。

「まち屋村、吉右衛門抱えの明（空）き屋敷の井戸に黒犬が入り込んで死にました。どこの犬であるか知っている者はいないかと仰せられましたので、所の者にも見せましたが、存じている者はおりませんでした。方々よりだいぶ犬どもが参りますので、ふと井戸の中に入ったようでもありますす。もしお屋敷方の犬でありますれば、少しでも犬を見知った者を隠したようなことになりましては、我らの落ち度となります。後日のために口上書をもって申し上げます。よって件《くだん》の如し」

書付は「まちや村　忠右衛門、屋敷となり　八郎右エ門、名主　吉右エ門」の連名になっている。「まちや村」は日光門主・東叡山寛永寺の寺領である町屋村（荒川区）だと思われる。通常、犬の死体が井戸から見つかったくらいでは、住民や名主がこんな文書をしたためたりしないので、浅草寺門前犬殺し事件後の文書と考えてよいだろう。犬殺しで大騒ぎになり、寺社奉行、町奉行から犬を殺さぬよう何らかの指示が出ていた可能性がある。

2　「生類憐み志向」と「生類憐みの令」の違い

綱吉の生類憐み志向は将軍になる前にすでに現れている。綱吉は鷹狩りを好まなかった。館林二十五万石の藩主となり、館林宰相と呼ばれた綱吉は寛文元年（一六六一年）十一月十日、十六歳の時、兄の四代将軍家綱から館林城下に鷹場を賜り、三羽の鷹を与えられ、同十二月二十五日、獲物の雁二羽を将軍に献上した。綱吉は江戸の神田屋敷に住んでいたが、館林まで鷹狩りに行くのは遠すぎるということで、寛文四年（一六六四年）四月十八日、膝折《ひざおり》（埼玉県朝霞市）と白子《しらこ》（同和光市）の間に鷹場を賜った。しかし綱吉が直接狩りに出た記録があるのは四回だけで、同十一年を最後に全く狩りに出なくなった。自らが動物の命を奪うことへの嫌悪感が強くなっていたと考えていいだろう。その上、当時は鷹狩りの鷹に犬の肉が餌として与えられていた。犬は税の一種として各村の石高に応じて割り当てられていたが、餌犬《えいぬ》を差し出すことに人々は罪悪感を持ち始めていた。綱吉が鷹狩りを始めたころは犬の代わりに銀納、金納も認められていたが、餌犬制度がなくなったわけではなかった。犬が餌になっていたことも綱吉を鷹狩りから遠ざけた一因だったように思われる。

延宝八年（一六八〇年）五月八日、三十五歳で徳川家を継いだ綱吉は先代家綱の喪が明けると、早速、生類憐み的な施策を始めた。その中には前例を踏襲しただけのものもある。いつ最初の生類憐みの令と呼べる法令が出たのか判断するのはなかなか難しい。関係する施策を列挙しておこう。

○延宝八年閏《うるう》八月、馬の筋延べをやめさせる（ごつごつした馬の後肢《こうし》の筋を切り見栄えをよくするのを禁止）。**奥州で将軍用の馬を買い付ける時に出した限定的命令。**

○天和《てんな》二年（一六八二年）**三月二十一日、御鷹関係の人員を削減する。**

○同年五月の高札　馬が運搬する荷物は四十貫までとする（前例踏襲）。

○天和三年（一六八三年）**二月三日、生類のほか、高級織物などぜいたく品の輸入を禁止する**（前例踏襲）。

○貞享元年（一六八四年）**六月七日、会津藩に将軍家への巣鷹の献上停止を命じる**（『会津藩家世実紀《かせいじっき》』はこれを「生類憐みの儀」としている）。

○貞享二年（一六八五年）二月十二日、江戸近郊での鉄砲使用禁止（前例踏襲。猟師を除く）。
○同年七月十四日、江戸に「犬猫つなぐこと無用」の町触れが出る（旧水戸藩士・小宮山綏介《やすすけ》『徳川太平記』は「犬の禁令」をこの町触れから書き起こし、「生類憐みの禁令」の記述を次の馬の筋延べ禁令から始める）。
○同年九月十九日、全国に馬の筋延べの禁令が出る。「御用に使うのによくない。その上、不仁《ふじん》である」と理由が述べられる。
○同年十一月七日、「今後、鳥、貝、海老類は料理に使わない」と江戸城台所に張り紙が出る（『参議公《さんぎこう》〔加賀藩主・前田綱紀《つなのり》〕年表』はこれを生類憐みの始まりとする）。
○貞享三年（一六八六年）七月十九日、「大八車、牛車で犬などをひき損じるのは不届きである。主なき犬が来たら食べ物をやりなさい。生類を憐れみなさい」と江戸に町触れが出る。
○貞享四年（一六八七年）一月二十八日、「牛馬その他、病気の生類を捨ててはいけない」と全国に御触れが出る（旧紀州藩士・堀内信《ほりのうちまこと》『南紀徳川史』、旧水戸藩士・内藤耻叟《ちそう》『徳川十五代史』はこの時を始まりとする）。

江戸時代は御政道について評論したり、批判したりすることが許されない時代だったから、生類憐みの令がいつ始まったのか、そのことが公の議論になることもなかった。二十六歳のころ綱吉は自ら狩りに出て獲物を仕留めることをやめたが、狩りに使う鷹は将軍から下賜されたもので、鷹狩りをやめるわけにいかないから、鷹匠による狩りは続けられ、家臣であるしるしとして獲物の一部を将軍に献上した。自分の手で動物を殺《あや》めることに耐えられなかったのかもしれない。生類憐み志向は若い時からすでにあったと言えるだろう。

貞享二年の町触れ「犬猫つなぐこと無用」は生類憐みの令が始まる前兆だった、とすでに述べた。生類憐み志向と生類憐みの令の混同を避けるため、この法令が成立するための条件を三つ挙げておきたい。

一つ目は、綱吉の個人的な意思、感情に基づく生類憐みに関する法令であること。

二つ目は、生類憐みの志を持つことの大切さを強調し万民に理念の実行を強要したこと。

三つ目は、法に従わない者を厳しく罰したことだ。

生類憐みの令が悪法として歴史にその名をとどめたのは、常識はずれの生類憐み（動物愛護）を万民に強要し、従わないものを厳罰に処したためだ。「生類を憐れみなさい。守らないと罰する」と万民に命じた一連の法令の総称が生類憐みの令なのだ。

貞享二年には町触れ「犬猫つなぐこと無用」以外にも、生類憐みの令の前兆と考えられる重要な法令が出ている。九月十九日に出た「馬の筋延べ禁止令」がそれだ。延宝八年（一六八〇年）に将軍用の馬を購入する時、同様の仰せ（命令）が出ているが、今回の筋延べ禁止令は全国の大名、幕府代官所、町奉行を通じて万民に伝えられた。筋延べは、筋切り、とも（後肢）開きともいう。「水戸領内の博労《ばくろう》が姿の悪い馬に腹を立て鎌を投げつけたところ、とも筋が切れ、ごつごつした後肢がすっきりと延びて見栄えが良くなり、高値で売れたことから始まった」（戸田茂睡《もすい》『紫の一本《ひともと》』）という。

『徳川実紀』はこの時の禁止令を次のように記す。

「馬の筋延べの儀、第一用方《ようかた》（御用）によろしくない。その上、（馬に）不仁である。御厩《おうまや》（幕府の厩）の御馬は先年より停止するよう仰せ付けられているが、今もって世上では拵《こしら》え馬がいる。これからは堅く御制禁である、と仰せ出されたものなり」

この禁止令では、「不仁」であると動物愛護の理念（前出条件2）が述べられ、「これからは堅く御制禁である」と反すれば罰せられる（同条件3）ことが強調されている。ただし常識はずれの法令（同条件1）ではない。平和な時代になって、人々は派手好みになり、かぶき者が横行し、馬も見た目や飾り立てたものがもてはやされるようになった。武士の頂点に立つ者として、馬の筋延べを禁止するのは当然のことであった。

水戸の徳川光圀《みつくに》も「筋延べは第一不仁の至り、その上、御用の時に役に立たない」（『桃源遺事《とうげんいじ》』）と禁令に賛同しているが、光圀はこの禁令が生類憐みの令だとは考えていない。何よりもこの法令には「生類憐み」という言葉が使われていない。ここで述べられている「不仁」（真心がないこと）は儒教の言葉である。一方、「生類」も「憐み」も主に仏教で使う言葉である。まだ綱吉の心の中で「生類憐み」という概念が成熟する前の段階の法令と言えるだろう。「馬の筋延べ禁止令」もまた生類憐み時代が始まる前兆なのだ。

3　江戸城台所での「鳥・魚介類料理」が禁止される

貞享二年には、もう一つ生類憐みに関係する重要な仰せ（命令）が綱吉から出ている。江戸城の台所で鳥、魚介類料理が禁止されたのだ。

十一月七日、江戸城の台所に張り紙が出た。

「鳥類、貝類、海老、これからは御台所でつかい申すまじき旨、仰せ渡される。ただし公家衆の御馳走、その他振る舞いの時は格別とする」（『徳川実紀』、幕府日記『年録』『柳営日次記《りゅうえいひなみき》』）

鳥、貝、海老を今後綱吉は食べないというのだ。獣類が入っていないのは、もともと獣肉食をしていなかったためだ。綱吉の身辺は禁裏ファミリーで固められている。正室は左大臣鷹司家の娘信子である。禁裏では平安の昔から獣肉食は穢れとされ、天皇も女官も獣肉を一切口にしなかった。この張り紙に記された料理禁止の食材に魚が入っていなかったが、幕閣に綱吉の意思がうまく伝わっていなかったようで、同じ日、幕府日記に記録されていない別の張り紙が台所に出された。幕府法令集『憲教類典《けんきょうるいてん》』にその一文が載っている。

鯉《コイ》、鮒《フナ》、烏賊《イカ》、鰻《ウナギ》、蛯《エビ》、蛸《タコ》、貝類、鮩《アミ》塩辛、鳥類、海鼠《ナマコ》、右の趣《おもむき》は向後《こうご》御台所へつかい申すまじく候。熨斗《のし》鮑《あわび》と串海鼠《くしこ》（干しナマコ）は苦しからず候由《そうろうよし》。

料理していけないものは「鳥類、貝類、海老」だけではなかった。コイ、フナ、イカ、ウナギ……二度目の張り紙には具体的な食材名が記されていた。おそらくコイ、フナ、イカ、ウナギまで料理禁止にするはずがないと考えた幕閣のだれかが「鳥類、貝類、海老」と表現をあいまいにして張り紙の一文を書いたのだろう。張り紙の内容を伝え聞いた綱吉はすかさず訂正の張り紙を出させた。訂正版の文末に「苦しからず候由」の「候由（だそうです）」に「上様がそう言われています」というニュアンスが込められている。

綱吉の行動は、綱吉なりの理屈と感情に支えられている。どういう理屈でこの食材が選ばれたのか、それがわかれば綱吉が何を考えていたかがわかる。綱吉は二十六歳の時、鷹狩りに出るのをやめたが、鳥料理は捕獲された野鳥の哀れな姿を思い起こさせるのだろう。

鳥以外の食材には意外な共通点がある。「飼い置く」ことだ。生かしておいたものを料理するのだ。コイ、フナは泥臭さを取るために大桶、たらいなどに入れておく。イカも鮮度を保つため生きたまま生けすなどに入れておく。ウナギもたらいなどに生かしておく。エビ、タコ、貝類、ナマコも生かしておいたものを料理する。「アミの塩辛」は海老と同類ということで禁じられたのだろう。のしアワビ（引き伸ばして干したアワビ）、干しナマコは飼い置いたものではないから料理に使ってかまわなかった。

館林藩主時代の綱吉はしばしば館林からコイ、フナ、ウナギを送らせている。延宝七年（一六七九年）一月二十五日、甲府藩主綱豊へのお振舞の時は「鯉二十本、鮒二百五枚、鰻十二本、真《ま》雁《がん》五羽、雁金《かりがね》三羽、真鴨《まがも》十一羽、雉《きじ》子十五羽、小鳥四羽」（『人見私記・神田記』、以下「神田記」）を取り寄せた。コイ、フナ、ウナギは生かしたまま運んだと考えられる。どうやら綱吉は生かしておいたものを料理して食べることをやめたようだ。自然状態ではありえない「飼い置く」という行為を「不仁」の行いと考えたように思われる。生きているものが死んでいく姿を想像するだけで、綱吉の心は痛んだのかもしれない。

綱吉の「飼い置く」ことへの拒否感はこれから先、頻発される生類憐みの令の中でさらに鮮明になっていく。御台所張り紙では、同じ魚でもタイ、ヒラメなどを料理して食べることは禁じられていない。魚を獲ることを天職とする漁師が捕獲し、すでに死んだ魚を人々が食べることは天の理に従う行為であり、綱吉が考える生類憐みに反しないのである。

この時の食材制限が生類憐みの始まりだとする見解は、江戸時代にすでに出ている。綱吉治世下、加賀藩主だった前田綱紀《つなのり》の記録『参議公年表』の同年十二月十八日の記事に「上意台命《じょういたいめい》（将軍の命令）有《あり》て生類憐愍《れんびん》の事起《おこ》る」とあり、鯉鮒鰻鶴雁などの料理が「殿中《でんちゅう》（江戸城）の大禁となる」と記されている。台所に張り紙が出され、実際に食材制限が始まってから一カ月以上たって大名に伝えられた。

この食材制限の張り紙は確かに「生類憐みの志」に発しているが、「生類憐みの令」だと言い切ってしまうには、いろいろ問題がある。『参議公年表』に言う通り、これはあくまで「殿中の大禁」であって、諸大名、旗本、御家人、百姓、町民に至るまで「同様にすべし」と綱吉は言わなかった。ただし綱吉の側《そば》に仕える者は自分の屋敷にいる時も、江戸城台所の食材制限を守らされた。

綱吉は万民に向かって生類憐みを強要することもなく、ただ一人、生類憐みの道を突き進み始めたようにも見える。張り紙が出たのは貞享二年十一月七日だったが、この日以降も将軍家の鷹匠は狩りを続け、綱吉は大名に獲物の鶴や雁を下賜している。藩邸などに鳥を持ち帰って食することはかまわなかった。十日には松平紀伊守へ御鷹の鶴を下賜した。大名にとって将軍から鶴をいただくのはこの上ない名誉だった。十一日に松平右京太夫、松平摂津守、松平出雲守へ御鷹の雁、十九日にも松平伯耆《ほうき》、松平刑部大輔《ぎょうぶたいふ》、松平播磨守に御鷹の雁を下賜している。

張り紙が出て一カ月が過ぎた十二月九日、鷹狩りで捕獲された鶴が御台所に持ち込まれた。

「鳥を食べるのはやめたのになぜだ」

綱吉が怒った。鷹匠頭の間宮左衛門が申し述べた。

「御先代の前々から、御精進明けの日には精進落としに生鳥を差し上げております。そのためには御精進の当日に御鷹を使います（狩りをします）」（『御当代記』）

綱吉は納得しなかった。前日の八日は厳有院（家綱）の祥月命日（精進日）で、この日綱吉は江戸城紅葉山の霊廟にお参りしている。

「精進日に殺生をするとはどういうことか。それは悪しき先例である」

綱吉は改革者だった。世の中は悪しき先例に満ち溢れていた。殺生を避けるべき精進日に鷹狩りをするのは「公」の仕事とは言えない。綱吉は理屈にこだわる。
○貞享二年十二月二十五日、鷹匠頭間宮左衛門配下の三人が「私《わたくし》に鷹を使い」鶴を捕まえた罪で処罰された。鷹師の伊藤権左衛門が切腹、同心黒田兵左衛門父子が斬罪となった。鷹を使うことを知らなかった間宮は閉門となった（『改正甘露叢《かんろそう》』）。
貞享二年生類憐みの令始まり説をとる者の多くは、鷹師は生類憐みの令で罰せられたとするが、そうではないだろう。精進日に殺生をしたことが罪に問われたのである。


では何のために綱吉は江戸城台所で食材制限を始めたのだろうか。生きていたもの、生かしておいたものの命を救うことに特別な意味を見出したのだろう。ただの動物愛護とは違うほかの目的があったように思われる。張り紙の食材は、江戸城の外にいる人間は食べてもよいが、自分は食べないのである。当然、大奥の女性たちも食べない。

このころ綱吉にとって最大の悩みは世継ぎとなる男児がいないことだった。天和三年（一六八三年）閏五月に当時五歳だった嫡子徳松を失ったあと、綱吉は子に恵まれなかった。母桂昌院も綱吉も信心深い人間だった。「食べられてしまう生き物の命を助け、功徳を積めば、わが思いは天に通じ、世継ぎを得られるかもしれない」。綱吉母子はそのように考えていたのではないか。我が子が生まれるかどうかの話だから、よその人間に強要する必要もなかった。綱吉は嫡子誕生の願を掛け、江戸城台所での殺生を禁じたのだろう。これもまた生類憐みの令が始まる前兆だった。

4 「祈禱による懐妊」に頼った綱吉

綱吉の母桂昌院は祈禱の力によって綱吉を授かったと信じていた。桂昌院は元の名をお玉といい、家光の側室於万《おまん》付きの侍女として寛永十六年（一六三九年）に京都から江戸に来た。於万は伊勢神宮と深いつながりのある伊勢の尼寺慶光院《けいこういん》住職に就任し、その挨拶御礼のため家光に御目見したが、あまりの美貌に家光が一目ぼれし、そのまま還俗《げんぞく》させて側室にしてしまった。

お玉は京都の八百屋仁左衛門の娘で、夫を亡くした母は公家の家臣のところに娘二人を連れ奉公に出て、そこで主人の手がついて男児を産んだ。お玉は義父の縁で於万の侍女となったが、家光の乳母春日局に見込まれてお玉も側室となった（『徳川諸家系譜』）。

側室の最大の務めは子を産むことだ。お玉は上州小野（群馬県富岡市）の武家出身の侍女から、その故郷に祈禱、占いに巧みな僧侶がいると聞いて懐妊の祈禱を依頼した。僧の名を亮賢《りょうけん》という。祈禱後ほどなくお玉は懐妊した。今度は生まれる子の相を占ってもらうと「男子が誕生し、天下を治める卦《け》が出ている」(「護国寺縁起」)と告げられた。亮賢はのちに江戸・護国寺の開基となる。

延宝三年(一六七五年)、綱吉三十歳。館林藩主の綱吉はこのころ神田橋近くの神田屋敷(通称神田御殿。現読売新聞東京本社、東京サンケイビル)に住んでいた。屋敷には湯島にあった新義《しんぎ》真言宗・筑波山知足院の住職恵賢《えけん》が出入りしていた。十二月十三日の「神田記」に、神田屋敷御寝所で知足院住職と役僧二人による祈禱が行われたと記されている。二十二日には側室お伝が住む小石川の下屋敷で祈禱を行った。お伝懐妊のための祈禱だったと思われる。延宝五年(一六七七年)四月八日、お伝は長女の鶴姫(のち紀州家に嫁す)を出産した。

綱吉は鶴姫をかわいがったが、次はどうしても男児が欲しかった。綱吉はお伝のいる下屋敷に足繁く通った。延宝六年(一六七八年)九月、お伝が懐妊したが、そのことは伏せられた。将軍家綱に嫡子がいなかったため、懐妊を明らかにすることがはばかられたのだろう。九月十四日、綱吉の兄で、将軍家跡目相続順位第一位の甲府藩主徳川綱重が亡くなり、後継将軍候補として綱吉の名前が取りざたされた。綱重の嫡子綱豊《つなとよ》も有力候補だったが、この時十七歳。まだ若かった。十九日、館林藩家老の大久保和泉守が「大切の御隠密」を口外し、逼塞《ひっそく》を命じられた(のち改易)。お伝懐妊をしゃべってしまったようだ。将軍世継ぎ問題がからむ微妙な時期だった。

ところが十月上旬になって家綱の側室が懐妊したことがわかった。もし男児が誕生すれば、その子が将軍家世継ぎとなる。十月二十七日、綱吉は「御産平安」(『神田記』)の祈禱のため、知足院の祈禱僧をお城へ派遣し、二十八日は山王権現と知足院で祈禱を行い、「御平産」祈願の御札を大奥へ遣わした(時期不明だが家綱側室は流産してしまった)。

この当時、祈禱僧が懐妊、出産(安産)の祈禱をするのは当然のことだった。綱吉の嫡子徳松は延宝七年(一六七九年)五月六日、神田屋敷で生まれた。綱吉も娘鶴姫も徳松も、みな祈禱の力の助けを得て、この世に生を受けた。

延宝八年(一六八〇年)五月八日、将軍家綱が亡くなり、綱吉が徳川家を継いだ。

翌天和元年(一六八一年)二月七日、桂昌院のたっての願いにより、綱吉は上州高崎(群馬県)、碓氷《うすい》八幡宮別当・大聖《だいしょうご》護国寺《こくじ》住職の亮賢に江戸郊外高田《たかだ》薬園《やくえん》(豊島区)の地を与え、護国寺の創建を命じた。家光側室のお玉のために懐妊の祈禱を行い、生まれた子は天下を治めるだろうと予言したのが亮賢だった。

天和三年(一六八三年)閏五月二十八日、綱吉の嫡子徳松が数え五歳で亡くなった。

それから二年五カ月余、貞享二年(一六八五年)十一月七日、江戸城台所に張り紙が出され、綱吉は食べるためであっても、江戸城内で生きたものを殺生することを禁じた。

帝国大学で日本歴史を講じた三上参次はその著『江戸時代史』の中で、綱吉の生類憐みに影響を与えた人物として、桂昌院と護国寺亮賢と知足院住職となった隆光の名を挙げている。亮賢は綱吉に「人に子なきは前世多殺の報いなり。ゆえに後嗣《こうし》を得んとするならば、殺生を慎み、生類を憐れむのがよい」と説いたと三上は記す。これは三上説であって、亮賢がそのように述べたという確証はないが、江戸城内での食材制限、言い換えると江戸城内での殺生禁止命令は、やはり嫡子誕生祈願と関係があったと思われる。

貞享三年（一六八六年）三月七日、綱吉が頼りにしていた知足院住職恵賢《えけん》が急死した。後任について綱吉は「奈良長谷寺慈心院の隆光にせよ」と厳命した。同閏三月二十八日、隆光は知足院入院御礼のため江戸城に登城し、綱吉に御目見した。隆光三十八歳。綱吉より三つ年下だった。

奈良添下《そえじも》郡生まれの隆光は十歳で唐招提寺《とうしょうだいじ》に入り、十三歳で長谷寺《はせでら》（新義真言宗、現真言宗豊山《ぶざん》派）に登り、興福寺、法隆寺などに遊学した。隆光は真言密教の秘法を学んだ優秀な祈禱僧だった。

この世には人の力ではどうすることもできないものがある。地震、雷、大洪水、大干ばつ……未知なるものがもたらす、さまざまな災厄を綱吉は恐れた。

隆光が江戸に出て一カ月以上が過ぎた。貞享三年五月八日の夜九時ごろ、知足院に奉書《ほうしょ》が届き、隆光は江戸城に呼び出された。

綱吉が尋ねた。

「昨夜、月の近くに明るく大きな星があり、のちに月の中に入っていった。月の色もいつもとは違った。天下異変の恐れはないか」

天体の動きに世の中の吉凶が現れると綱吉は信じていた。

「愚僧も確かに見ましたが、あとで月の中に星が入っていったことは存じておりません。月もめぐり、星もめぐるため、月と星が出合うことはしばしばございます。これは珍事ではございません」（隆光日記抜粋「故実帳」）

知足院住職としての隆光の仕事は綱吉のために祈禱することだった。だが、この時、隆光は祈禱もしなかった。天体の運行についての隆光の説明に、綱吉の不安は解消した。

三日後の十一日、隆光は江戸城本丸御座《ござ》の間《ま》で行われた能の鑑賞を許された。綱吉に気に入られたのだ。

十月六日、破損した本丸黒書院《くろしょいん》の修復工事が終わったため、隆光は黒書院に本尊不動明王の軸を掛け、真言密教・安鎮《あんちん》の修法《ずほう》を執り行った。

十月十三日、御休息の間（本丸にある綱吉の私的な部屋）の鎮護のため、真言密教・土《ど》公供《こうく》の修法を執り行った。

十一月十八日、御休息の間に不動明王の像を立て、安鎮の修法を執り行った。

十二月一日、隆光が登城すると、側用人《そばようにん》の牧野備後守から上意が伝えられた。

「その方儀、御祈禱、神妙に相勤め、権僧正《ごんのそうじょう》に仰せ付けられるなり」

それまで知足院住職で権僧正になった者はいなかった。破格のスピード出世だった。

第二章

僧隆光は、生類憐みの令を進言したのか

1　生類憐みの令は「隆光が進言した」とする諸説

『三王外記《さんのうがいき》』という著者不明の本がある。一説に著者は綱吉の側用人柳沢吉保に仕えた儒学者荻生《おぎゅう》徂徠《そらい》門下の太宰春台《だざいしゅんだい》だというが、はっきりしない。三王（将軍綱吉、家宣《いえのぶ》、家継《いえつぐ》）の略伝と風聞、雑説《ぞうせつ》を記している。全体の七割近くは綱吉について書かれ、要するに綱吉批判本である。略伝部分は誤りが少ないが、風聞、雑説には信じがたい記述がいろいろ見られる。一例を挙げると、柳沢吉保の長男吉里《よしさと》は「己《おのれ》（吉保）の子に非ず」とし、綱吉の落胤《らくいん》説がこの本に載っているが、単なるゴシップに過ぎないだろう。

『三王外記』は、生類憐みの令は僧隆光の進言によるものだとして次のように述べている。

王（綱吉）は太子（嫡子徳松）を亡くしてから後、子が産まれず、どうしたら世継ぎができるか、方々に尋ねた。隆光が進言するには、人に世継ぎがいないのは前生《ぜんせい》で生きるものを多く殺した報いです。ですから世継ぎを求めるなら最も生物《しょうぶつ》を愛し、殺さないことがよいのです。殿下が誠に世継ぎが欲しいのであれば、殺生を禁じ、また丙戌《ひのえいぬ》の生まれであり、戌は犬に属しますので、犬を愛するのが最もよろしいかと思います。

王は然《しか》りと思った。母桂昌院も隆光から同じ話を聞いて王に言い、王は謹んで承諾し、殺生の禁を立て、愛犬の法令を江戸の町に下した。（原文は漢文）

隆光進言説については、やはり著者不明の『元正間記《げんしょうかんき》』にもかなり詳しい記述がある。本の題は元禄と正徳の間の記録という意味で、綱吉治世下のさまざまな出来事、風聞を読み物にしたものだ。これもひそかに書き写されて流布したため異本が多く、記述内容も『三王外記』と異なる。

当時江戸城内には狐が多く、大奥では狐が嫌がる狆《ちん》を座敷に放して狐の侵入を防ぎ、そのため犬を大切にしていたという。この話につけ込んだのが隆光だったと『元正間記』は記す。

御祈禱所を承る護持院《ごじいん》大僧正（当時は知足院住職）、買祠《まいす》（売僧《まいす》＝悪僧）第一の手練《てれん》坊主、これを聞いて柳沢殿に申すには、御将軍家、犬を大切に遊ばされるのは当然のことです。それ犬は不動明王のつかわしめにて運を守るものです。ことさら将軍様は戌の年の御生まれにて、犬を大切に遊ばされれば、いよいよ天下泰平、国土安穏《あんのん》、将軍様の御寿命長久となりますでしょう。柳沢は喜んで将軍に言上《ごんじょう》し、それから日本中に犬を大切にするよう御触れを出した。

このころ江戸城内では狐が女に化けたとか、女の髪の毛が食い切られたとか、狐がらみの騒ぎが実際にあったようだ。綱吉に批判的な歌学者戸田茂睡がひそかに書き残した『御当代記』には、知足院と同宿の者の話として「騒いでいる狐が知足院（隆光）の御祈禱により二度までもしずまった」と記されている。『元正間記』には話に尾ひれがついた到底事実と思われないこともたくさん書かれているが、そのすべてを根拠なしの俗説だと断定することはできない。当時は広大な大名屋敷、寺院などに実際に狐が住みついていた。「狐に化かされた」「狐がついた」といったたぐいの話は数限りなくある。江戸城の狐騒動は本当にあったことのように思われる。

柳沢吉保の孫の信鴻《のぶとき》は隠居して駒込の柳沢家下屋敷（現六義園《りくぎえん》）で暮らしていたが、屋敷に狐が住みつき、巣穴の前に豆腐や赤飯をお供えしたと日記（『宴遊日記』）に書いている。ところが、屋敷で働いていた女の目がつり上がり、妙なことを口走るようになった。「もしや狐つきになったのでは」と狐を追い払うと、女はすっかり元に戻ったという。狐が人につくことが信じられていた時代だった。

明治になって、帝国大学（現東京大学）の日本歴史教授は『三王外記』と『元正間記』に書かれた僧隆光進言説を事実として受け入れた。元水戸藩士の内藤耻叟は「護持院という祈禱坊（隆光）が君（綱吉）に、戌の御年なので犬を御憐みになれば御寿命万々年、そのほか生類憐みのことも申し上げた」（『徳川十五代史』）と記した。

元薩摩藩士の重野安繹《しげのやすつぐ》は「それ（江戸城内の狐対策に狆を部屋ごとに置いたこと）が護持院の僧などの耳に入りまして、上様は、戌の御年の御生まれであるから、犬をお大事に遊ばされたらよかろう、と言った」（『徳川綱吉事績』）と述べた。

明治二十四年に帝国大学講師（のち教授）となった三上参次は、綱吉の母桂昌院が帰依していた亮賢《りょうけん》（護国寺開基）と隆光の二僧が「生類憐みの令を出させた張本人だろう」（『江戸時代史』）と述べた。

「国民の友」「国民新聞」などを発行し健筆をふるった徳富蘇峰《とくとみそほう》は全百巻の大著『近世日本国民史』を著した歴史家でもあった。大正十二年に執筆を終えた「元禄時代政治篇」の中で隆光は「いわば露国ロマーノフ朝の末期、ラスプチン（ラスプーチン）も同様であった」と評した。ラスプチンは皇帝の信頼厚く、ロシア貴族社会に大きな影響力を持った祈禱僧で、怪僧、妖僧と言われた。

こうして隆光進言説は定説となり、綱吉をそそのかした悪僧として隆光の名は江戸時代史に刻まれた。

元禄元年（一六八八年）、綱吉は隆光の願いを聞き入れ、江戸城のすぐ近く神田橋門外（神田錦町）に五万坪の土地を与え、知足院を湯島から移転させた。江戸城により近い場所で隆光に祈禱させるためだった。元禄八年（一六九五年）、隆光は同じ場所に新たに護持院《ごじいん》を創建し、僧侶最高位の大僧正に昇進した。護持院の建物は寛永寺をしのぐほど豪壮だったという。

宝永四年（一七〇七年）、隆光は神田川に面した高台（JR御茶ノ水駅の西方）に隠居所として建てられた成満院《じょうまんいん》に移る。綱吉死去後の宝永六年（一七〇九年）、隆光は成満院を退去するよう幕府から命じられ、失意のうちに奈良に帰った。

護持院は八代将軍吉宗の時に焼失した。再建は認められず護国寺の東半分に移転し、跡地は防火のための火除地《ひよけち》、通称護持院が原となり、明治元年、護持院は廃寺となった。

2 「隆光による進言説」に反論する僧・学者たち

護国寺（開基亮賢）は綱吉の母桂昌院の祈願寺として創建され、一方の護持院（開基隆光）は綱吉の祈願寺として創建された。二つの寺院は切り離すことのできない関係にあった。大正時代になり、「隆光は世に言われるような悪僧ではない」と反論する声が護国寺の属する真言宗豊山派の僧侶から上がり始めた。

帝国大学史学科を卒業した真言宗豊山派の僧侶宮崎栄雅《えいが》は大正六年、雑誌「歴史地理」に小論「護持院僧正日記について」を発表し、護国寺が所蔵する隆光日記の概要を明らかにしたうえで、「隆光は俗悪の僧ではない。世の中に伝わる彼の性行は真相を誤れるものが多い」「俗悪の僧だとする世評は『三王外記』などに書かれたことを妄信《もうしん》したためである」とし、生類憐みの令、犬愛護令の進言説について疑問を呈した。

このころの歴史学界では、貞享四年一月の「捨て牛馬の禁止令」を生類憐みの令の始まりとする見解が多数を占めていたが、その一方で貞享二年始まり説も台頭し始めていた。

宮崎は小論の中で「生類憐みの令の始まりは貞享二年十二月で、（翌年閏三月に）隆光が知足院に来る前」だったことを進言説否定の根拠に挙げた。この月、江戸城台所での食材制限が大名に伝えられ、鶴を捕獲した鷹匠が処罰されているが、宮崎が始まりだとした生類憐みの令が具体的に何を指しているのか、小論では明らかにされていない。宮崎は「護国寺に残る二十数年間に及ぶ隆光の日記には生類憐愍《れんびん》、犬愛護の法令に関した記事が見られない」ことも進言否定説の論拠としたが、「隆光無関係説」を主張するのは避け、「隆光だけが生類憐みの主動者（主導者）であるとはいえないだろう」と小論をまとめた。宮崎は「日記」に「記事が見られない」と書いているが、江戸に来た初期の分は「故実帳」と題がつけられ、隆光が後年、日記を抜粋、編集したものだ。日々の記録の大部分が削除されている。

大正十四年、隆光が書き残した日記『護持院日記抄』が護国寺から刊行された。第五十二代護国寺貫首となる佐々木教純は同書の中で「隆光僧正は決して世に伝えられた様な悪僧でもなければ妖僧でもない。新義真言としては忘る、ことのできない大恩人である」「独り護国寺のみに非ず、豊山派として隆光大僧正の冤罪《えんざい》を雪《そそ》ぎ報恩謝徳の誠意を捧げねばならぬ」と決意を披瀝《ひれき》した。そこで論じられているのは「悪僧・妖僧否定論」であって「生類憐み進言」の有無には言及しなかった。

戦後、隆光の悪僧・妖僧説を否定し、生類憐みの令への非関与説を主張したのは歴史学者の林亮勝《りょうしょう》だった。林は真言宗豊山派の寺院に生まれ、後に大正大学学長となった。

知足院住職となった隆光は貞享三年閏三月二十八日に御礼挨拶のため綱吉に御目見しているが、幕府の正史『徳川実紀』はその日の記事に「この隆光は潜邸《せんてい》の御時（藩邸時代）より桂昌院殿の御方に常に召されし護持僧にて有験《ゆうげん》の聞《きこ》えある者なりしが、この御時、次第に寵眷《ちょうけん》を蒙《こうむ》り、後に護持院大僧正と聞えし者これなり」と補足説明を加えた。神田御殿には桂昌院も住んでいたから、綱吉と隆光は面識があったことになる。

これに対し、林は一九六七年の論文「護持院隆光の一側面」（『大正大学研究紀要第五十二輯《しゅう》』）の中で、「隆光が綱吉に登用されたのは貞享三年三月であり、『御実紀』にいうように、それ以前桂昌院が隆光を信仰していて、その関係での登用であるとすれば、生類憐みの令の発布に隆光の口《くち》入《いれ》の余地があるかも知れないけれど、これは考えにくいことである」と否定的見解を示し、「わかりきったようにいわれる隆光─桂昌院─綱吉の関係からでてくるといわれる生類憐みの令について、より実証的な研究が必要であろう」と述べた。

この論文の三年後、昭和四十五年刊『隆光僧正日記第三』（永島福太郎、林亮勝校訂）の解題

「隆光僧正の略伝」は、隆光が将軍になる前から綱吉邸に出入りしていたとする『徳川実紀』の「注記」について「注記は『御実紀』編集当時に於ける隆光の評価にもとづいた編者の意であって、事実とは思われない」と記している。『徳川実紀』は江戸時代後期、幕臣の儒学者成島司直《もとなお》らが編纂したもので、確かに後世の評価が入っているが、「事実とは思われない」という解題の記述も後世の評価であって、「実証的な研究」に基づいたものではなかった。

昭和四十七年「日本仏教学会年報」に林が寄稿した「将軍綱吉と護持院隆光」では「将軍になる以前から隆光が桂昌院に召されていた」という『徳川実紀』の記述を「誤りである」と断定し、「優秀な祈禱僧である隆光は、綱吉に信頼され、出世が早すぎたために邪推された」と主張した。

吉川弘文館『国史大辞典』第十四巻（一九九三年）の「隆光」の項も林亮勝が執筆した。「後世、異常と思われるほどの立身と綱吉が公布した生類憐みの令が結びつけられ、綱吉やその生母桂昌院を惑わした妖僧と酷評されたこともあるが、不当な評価である」と記されているが、ここでも「実証的な研究」による根拠は示されなかった。それでも生類憐みの令が始まった時に隆光は江戸にいなかったことを最大の根拠に、隆光進言説は否定され、無関係説が広まっていった。[注1]

日本史教科書の版元として評価の高い山川出版社の『詳説日本史研究』（一九六五年）は「綱吉は嫡子がなく、それは生前に殺生をかさねた報いであり、またかれが丙戌《ひのえいぬ》の年の生まれだから犬を大切にすべきだという護持院の僧隆光の言葉を信じてしまった」と記述していたが、九八年以降の改訂版からは僧隆光の名前は完全に消えた。同社の高校教科書『詳説日本史』にも隆光の名前はない。同じころ、辞書、事典類の生類憐みの記述からも隆光の名前が消えていった。

3 生類憐みの令が始まる数年前の、隆光と綱吉の接点

歴史学者林亮勝は、将軍になる以前から隆光が神田屋敷に出入りしていたとする『徳川実紀』の注記を誤りであると断定したが、それが正しいのか疑問が残る。この注記が書かれたのは文政二年（一八一九年）、綱吉が亡くなって百十年後のことだが、『徳川実紀』が何の根拠もなく、このような記事を書くとも思えない。

『三王外記』には「知足院住持、釈隆光は憲王（綱吉）が藩に在る時よりその祈禱をなす」とあるが、林はこのことについては言及していない。歴史史料としての『三王外記』の記述に疑問を持っていたためかもしれない。一方の『徳川実紀』注記には「潜邸の御時より桂昌院殿の御方に常に召《めさ》れし護持僧」と、『三王外記』にはない記述があり、注記の出典は『三王外記』だけでない可能性がある。

著者不明『元正間記』には「柳沢弥太郎（吉保）が長患いした時、長谷寺の祈禱名人（隆光）を招いて祈禱をしてもらったところ快気した。主人綱吉の将来を尋ねると、遠くは五年、近くは

三年のうちに一か城の主となるだろうと答えた。それから三年目、綱吉は館林から天下に御成りになった」と書いてある。『元正間記』には事実かどうか疑わしいこともいろいろ書かれているが、この記事通りなら延宝六年（一六七八年）に隆光は江戸にいたことになる。

『人見私記』の付録「神田記」にも、延宝六年に隆光が祈禱僧として神田御殿に出入りしていたことが記されている。江戸中期、明和年間に書物奉行を務めた人見又兵衛は御書物蔵で寛永から元禄までの幕府日録を発見した。虫食いがひどかったため書写、清書し、人見一族の事項を書き加え、『人見私記』と題をつけて手元に保管した。

延宝六年十月、世継ぎがいなかった家綱の側室が懐妊した。十月二十七日、神田御殿出入りの

注1　隆光進言無関係説の主なものを挙げておく。▽大石慎三郎『元禄時代』（1970年）は貞享二年七月、町触れ「御成り道に犬猫出ても苦しからず」を生類憐みの令の初出とし、護国寺住職・亮賢が桂昌院に、生類憐みと犬の愛護を勧めたとする。▽桑田忠親『徳川綱吉と元禄時代』（1975年）は貞享二年二月、江戸近在でみだりに銃を撃つことを禁じる高札が立てられた時を始まりとする。この時点で隆光は江戸にいなかったから無関係とした。▽山室恭子『黄門さまと犬公方』（1998年）は貞享二年七月の町触れ「御成り道に犬猫出ても苦しからず」を法令初出とし、『三王外記』は眉唾モノ、隆光は江戸にいない、『日記』にも書かれていないことを理由に無関係とした。▽根崎光男『生類憐みの世界』（2006年）は会津藩が巣鷹の献上中止を命じられた貞享元年五月ごろを始まりの時期とし、隆光の関与を否定した。▽福田千鶴『徳川綱吉』（2010年）は「（隆光進言説は）近年の研究では否定的な見解が主流である」と述べ、進言無関係説を追認した。

知足院祈禱僧を将軍側室の安産祈禱のため江戸城に派遣した。その日の「神田記」は割注《わりちゅう》（二行書きの注）付きで次のように記している。

「知足院〔此坊主後ニ護寿《ごじゅ》イント成〕使《し》僧友竹《そうゆうちく》御城ノ御産平安ノ御祈禱被仰遣《おおせつかわさる》……」

割注は「神田記」筆者の人見又兵衛が書き込んだと考えられる。「護寿イン」は「護持院」の誤記だが、問題はこの書き込みの真偽だ。この当時の知足院住職は恵賢だから、後の護持院隆光ではない。そうだとすると「使僧友竹」が後の隆光だったということになる。人見又兵衛の誤記である可能性もなくはないが、延宝六年に隆光が江戸にいたとする『元正間記』の記述と時期が一致するのは偶然だろうか。いずれにせよ、これらの記述を「後世の評価だ」「俗説で信用できない」と一蹴するわけにはいかないだろう。

六代将軍家宣の時、護国寺住職となった隆慶《りゅうけい》は「筑波山大僧正隆光年譜」（『豊山伝通記《ぶざんでんつうき》巻下』所収）を書き残した。同時代人による年譜で、史料としての信頼度が高いが、ここに友竹の名はない。延宝年間に隆光が江戸に行ったという記述もない。ただし隆光がどこにいたか、その場所を網羅しているわけではない。

「年譜」は隆光が護持院住職となったいきさつについて次のように書いている。

「貞享三年春、かたじけなくも大樹綱吉公の厳命を蒙り、筑波山知足院に住し、常に江府（江戸）にあって、城内を鎮護す」（原文は漢文）

一度も会ったことのない人物を、急死した知足院住職の後任に綱吉が「厳命」をもって江戸に呼び寄せるだろうか。すでに会っていたと考える方が自然ではないだろうか。

しかし、隆光がかつて江戸に滞在していたかどうかは生類憐みの令とは直接関係がない。綱吉の生類憐みの令が万民の前に姿を現すのは、隆光が江戸に来てからのことだ。かねて生き物の殺生を嫌っていた綱吉に、隆光が生類憐みを進言したとしても不思議ではない。むしろそのことについて隆光が何も語らない方が不自然だろう。

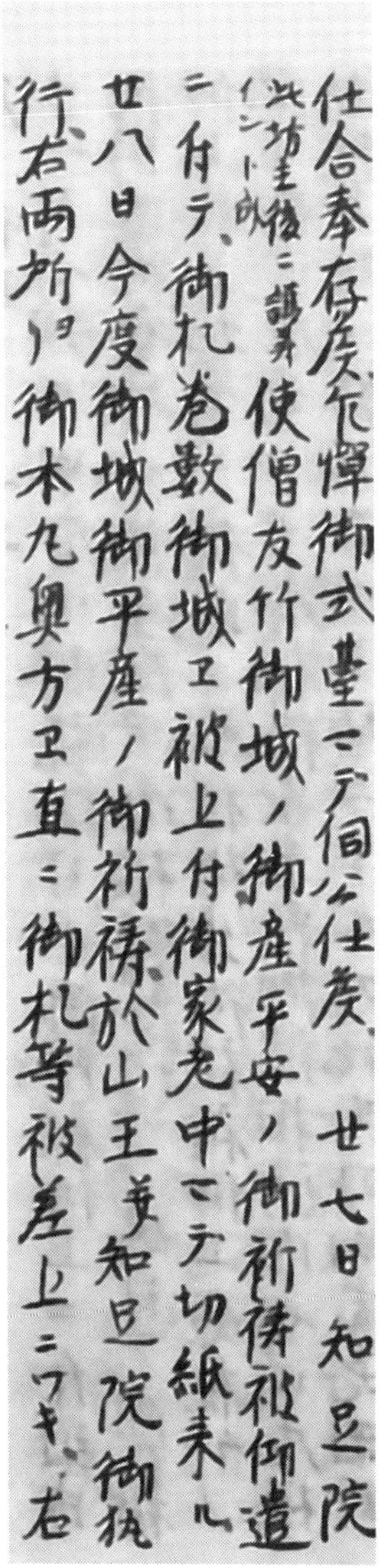
仕合奉存候、尤憚御式臺ニテ伺公仕候、廿七日知足院
（此坊主後ニ護寿インシト成）使僧友竹御城ノ御産平安ノ御祈祷被仰遣
ニ付テ、御札巻数御城ヘ被上付御家老中ニテ切紙来ル、
廿八日今度御城御平産ノ御祈祷於山王并知足院御執
行、右両所ヨリ御本丸奥方ヘ直ニ御札等被差上ニツキ、右

延宝6年（1678年）10月27日の「神田記」（『人見私記』付録。国立公文書館蔵）。のちの「護寿イン（護持院隆光）」が将軍家綱側室の安産祈禱のため江戸城に遣わされたと記されている。28日には山王権現と知足院で安産の祈禱が行われ、本丸奥方に御札を差し上げた。館林藩主時代の綱吉邸（神田屋敷）に隆光が出入りしていたという記述は『徳川実紀』『三王外記』『元正間記』にもある。隆光無関係論者が主張するように「俗説だ」「あてにならない」と簡単に切り捨てるわけにはいかないだろう。

第二章

生類憐みの令、発令される

1　貞享三年七月、犬の「車による事故防止」と「養育令」

いよいよ生類憐みの令が人々の前に姿を現す。「大八車、牛車による犬の事故防止」と「主なき犬にも食事を与え、犬を憐れむこと」を命じた貞享三年（一六八六年）七月十九日の江戸町触れである。生類憐みの令の変遷を考える上で重要なポイントなので、町触れ集『正宝事録《しょうほうじろく》』『撰《せん》要永久録《ようえいきゅうろく》』に記載された全文を訳しておく。

覚

一　町中所々に於いて、大八車ならびに牛車にて犬などを引き損じている。粗末なる致し方、不届きである。これにより車引き段々御仕置きを仰せ付けられる。今より以後、さようにこれなきよう、宰領《さいりょう》（監督）でも付け、車を（犬に）引きかけないようにしなさい。もちろんその所の者ならびに辻番人、ずいぶん念を入れ、心をつけ（気をつけ）、あやまちをしないようにしなさい。

一　最前も委細申し渡しているが、今もって主なき犬が来ても食事たべさせず、または犬そのほかの生類とりやり（やりとり）致すことも、今ほどは（最近は）しないように聞いている。生類あわれむようにと仰せ出《いだ》された意味を心得違いしているように見える。何事につけても生類あわれみの志を肝要として、諸事かたづまらざるように（融通がきかなくならないように）心得なさい。

七月

右の通り、今日御番所（奉行所）で仰せ渡されたので町中の家持は申すに及ばず、借家《しゃくや》、店《たな》借り、地借り、召使いまで、並びに所々の辻番に申し聞かせ、堅く守りなさい。もし背く者があれば必ず仰せ付け（処分）があるので、そのように心得よ。

右の通り（町内に）触れたならば、名主、月行司《がちぎょうじ》、印判を持って喜多村《きたむら》（町年寄）の所に行きなさい。以上

七月十九日　　町年寄三人

後段の町触れが「生類憐み」という言葉が出てくる最初の史料である。「最前も委細申し渡し」の最前がいつのことか不明だが、この町触れが出る前に何らかの「生類憐み」の指示、命令があったようだ。前例のない町触れであるため、混乱を避けるため事前通告したのだろう。町触れ中の「犬そのほかの生類とりやり致すことも、今ほどはしないように聞いている」という文言の意味はわかりにくいが、「見知らぬ犬などの面倒を見たり、よそにやったりしなくなった」ということのようだ。

この江戸町触れは綱吉個人の意思によって発せられ、生類憐みの志を持つことの大切さが強調され、従わなければ罰する、という完璧な生類憐みの令である。

この町触れは最初の生類憐みの令としてあまり注目を集めなかった。その理由は『徳川実紀』にこの町触れについての記述がないことによる。内藤耻叟の史書『徳川十五代史』にもない。なぜこのようなことが起きたのかというと、『徳川実紀』を編集する上で、最も基本的な史料として使われていた幕府日記『柳営日次記《りゅうえいひなみき》』（国立公文書館蔵）、『年録』（国立国会図書館蔵）の貞享三年七月十九日にこの町触れの記載がないからだ。ところが民間に保存されていた江戸町触れ記録集『正宝事録』『撰要永久録』には同じ日付でこの町触れが記録されている。『徳川実紀』の該当部分の編集校訂が終わったのは文政二年（一八一九年）で江戸町触れ集の存在はまだ知られず、参考資料として使われていなかった。

『年録』『柳営日次記』は一年後の貞享四年七月二十日に同じ町触れの表現をやや簡略化して記載している。そのため『徳川実紀』の編著者は犬の車事故防止と養育令を貞享四年七月に初めて出されたものと理解して記述した（元水戸藩士小宮山綏介の『徳川太平記』は貞享三年七月の町触れを「犬と生類憐みのこと」が法令になった最初と記しているが、生類憐みの令の始まりは貞享二年だとしている）。

これまで綱吉が実行したいくつかの事例を生類憐みの令の前兆だとしてきたが、それらは動物を傷つけるな、殺すなという感情に基づいていると言えるだろう。ところが「犬の車事故防止・養育令」はそのもう少し先を進み始めている。生類を憐れむという行為は、傷つけるな、殺すなだけでなく、大切にしなさい、やさしく扱いなさいという概念を含んでいる。ここで初めて動物を愛護するという考えが法令の中で表明されたのである。

なぜ生類を憐れむのか、動物を愛護するのか。その理由まで綱吉は語らない。「何事につけても生類あわれみの志を肝要として」としか言わない。

『三王外記』は「世継ぎが欲しいのであれば、殺生を禁じ」「（戊年生まれだから）犬を愛するのが最もよろしいかと思います」と隆光が進言したと記している。『三王外記』にある通り、生類憐みの令発令の動機は世継ぎ願望にあったと私は考えている。それが綱吉最大の関心事だったからだ。人々は功徳を積むことで自分の願いをかなえようとする。多くの人々がそのために神仏に祈った。綱吉もその一人だった。母桂昌院もそうだった。別に奇異なことではない。もともと動物を傷つけ、殺すことが嫌いな綱吉には、隆光の進言を受け入れる素地があった。勘の鋭い隆光はそのことも心得ていたに違いない。

「生類」も「憐み」も、もっぱら仏教で使う言葉だ。犬の車事故防止・養育令の中で、初めて生類憐みという言葉が使われたのは、綱吉が信頼を寄せる隆光の進言が関与していることをうかがわせる。「無益な殺生は慎みなさい」と僧侶ならだれでも口にする。綱吉は隆光が江戸に来る以前から江戸城台所での「殺生」をやめさせている。殺生禁止も生類憐みに含まれるが、『三王外記』の中の隆光は「犬を愛するのが最もよろしいかと」と記し、『元正間記』の中の隆光は「犬を大切に遊ばされれば」と述べる。生類に憐れみをかけ、主のいない犬に食事をやり、いたわり、愛護する。そのことに綱吉は新たな光明を見出したかに見える。犬が車にひかれないよう、引手《ひきて》、押手《おして》のほかに宰領（監督・先導）をつける。見知らぬ犬が来ても食べ物を与える。江戸の町民が生類憐みに加わることで、綱吉はさらに功徳を積むことになる。世継ぎを得ることを綱吉は忘れたわけではない。

2 隆光の日記に「生類憐みの令」が出てこない不思議

『徳川実紀』は生類憐みの令について「（綱吉は）浮屠《ふと》（僧侶）の空説を好み、僧道の輩《やから》、多く寵眷《ちょうけん》を蒙り、遂《つい》に屠殺《とさつ》の禁を厳にし、人をもって鳥獣にかえるにいたった」と述べている。「浮屠の空説」とは隆光進言を指している。明治以降も隆光はさんざん悪口を言われ続けてきた。小説、講談の中の隆光は「綱吉をたぶらかし、迷信を信じこませて出世した悪僧」として描かれた。

仏教はあらゆる生き物に前生があり、前生の因縁があると考える。江戸時代の僧侶が輪廻転生《りんねてんしょう》、因果応報を説くのは普通のことだろう。

戦国時代が終わり、泰平の世の始まりとともに、殺生を戒める教訓話は僧侶によって広められた。綱吉の青年時代（寛文年間）に出版された浅井了意《りょうい》『戒殺《かいせつ》物語』は冒頭でこう述べる。

「それ戒殺というは、殺生をいましむる事也。儒経《じゅきょう》（儒教）には仁と名づけ、仏書には慈悲と名づく。物を憐れみ、生《しょう》をまもり、破りそこなわざる（殺傷しない）の義也。殺生を好むものは、この世にしては五常の理（仁義礼智信）にそむき、次の生には深き報いをうくる也」

「世継ぎがいないのは前生多殺の報いです」。隆光が実際にそのように言ったかどうかはわからないが、当時としては格別常識はずれの見解ではない。

綱吉のさまざまな不安を解消することは祈禱僧の重要な仕事だった。綱吉も桂昌院も何かにつけ祈禱に頼った。隆光は「言われるような悪僧ではない」という説には私も同意する。隆光は自分の仕事をしただけなのだ。

豊山派の僧侶は隆光の汚名を雪ぐため、隆光の悪僧・妖僧説を否定した。さらに生類憐みの令が始まった時、隆光は江戸にいなかったとして生類憐みの令の隆光進言説も否定した。これに対し私は悪僧・妖僧説の否定論に同意し、進言否定説を否定する。隆光が江戸に来て、綱吉に気に入られ、そののちに生類憐みの令の時代は始まったのである。

隆光が書き残した「故実帳」「隆光僧正日記」には生類憐みの令に関する記述がまったくない。そのことを無関係説の根拠の一つとする研究者がいるが、記述がないからといって隆光が無関係だとは言えないだろう。書きたくないことだからあえて書き残す日記もあれば、書きたくないことだから書き残さない日記もある。

隆光が書き残した「故実帳」は知足院住職に着任した貞享三年から元禄四年までの日記ダイジェスト版だ。隆光自身が整理、編集し直した。貞享三年分の日記は飛び飛びで、かなりの部分が抜け落ちている。記事があるのは、五月は四日分だけ。六月と七月は記事がなく、八月は二日、九月は記事がなく、十月は二日、十一月は一日だけだ。削除された部分には、書き残しておきたくないことが書かれていたのかもしれない。その中には生類憐みに関するものが含まれていた気がする。

綱吉に世継ぎのことを尋ねられ、生類憐みについて進言したものの、その後の展開は隆光の想像をはるかに超えていたのではないか。守らない者は容赦なく処罰され、多くの人命が失われた。内心「やりすぎだ」と思っていても、御政道に口を出すことはできない。「故実帳」も、それに続く「隆光僧正日記」も、生類憐みについて何も触れていない。そのことがかえって生類憐みの令と距離を置こうとする隆光の心の内を示しているように思える。

隆光は元禄八年（一六九五年）に護持院住職となったが、護持院役僧が書いた公務日誌『神田橋護持院日記』に一度だけ生類憐みの令に関係する話が出てくる。

元禄十五年（一七〇二年）に大坂で鉄砲を使い殺生をした男が斬刑になった。累は家族に及ぶ。十五歳と十三歳の息子二人は十五歳まで町内お預け、それ以後は遠島処分と決まった。十五歳になる上の息子はすぐさま遠島になる。地元の通法寺《つうほうじ》（大阪・羽曳野市、廃寺）は息子に罪はないと大坂町奉行所に減刑の願いを出したが、江戸で決めたことだといって取り上げられなかった。河内源氏ゆかりの通法寺は廃寺になっていたが、隆光の願いにより元禄十二年に寺領二百石が与えられて再興した。隆光は処罰が厳しすぎると思っていたのだろう。息子の遠島免除の口利きを頼まれ、息子二人の減刑を柳沢吉保に依頼し、七月二十七日に願いは聞き届けられた。この一件は幕府史料には残っていない。

3　多発する「主なし犬」の交通死亡事故

生類憐みの令はまず江戸限定の犬の車事故防止・養育令となって庶民の前に姿を現した。

○貞享三年九月五日、米を積んだ芝車町《くるまちょう》、長蔵の大八車が船町《ふなちょう》（中央区日本橋）で道に臥《ふ》せていた犬をひき殺した。長蔵は牢舎入りし、八日後に赦免された。これが最初の生類憐みの令による処罰例であるが、故意ではないということで、牢舎入りしただけですんだ。

大八車は明暦の大火後、芝車町の大工、八左衛門が発明し、灰塵《かいじん》、土砂、資材運搬に活躍した。大工の八さんが作ったので大八車、と町奉行調査書『町方書上』に記されている。儒学者の新井白石も同様の見解を述べている。一台で大人八人分の働きをするというので代八車とも書いた。丈夫で大量の荷物を運べる大八車は江戸の陸上輸送に革命を起こし、綱吉が将軍になったころには江戸の大八車の数は二千台に達していた。

大八車の車輪には自転車のスポークに相当する樫棒《かしぼう》が二十一本はめ込まれ、頑丈で、車輪幅が広く、重い荷物を積んでも轍《わだち》ができにくかった。だが大八車にはブレーキがついていなかったため大量の荷物を積むとすぐに止まれない欠点があった。下り坂では勢いがつきすぎ、上り坂では後ずさりする恐れがあった。道端で寝転んでいたり、喧嘩をして車の下に逃げ込んで来たりした犬がひかれ、死亡する事故が相次いだ。

幕府判例集『御仕置裁許帳』には大八車、牛車による犬の交通事故死が十八例記載されている。十八例中、飼い主が明記されているのは一匹だけで、ほかは「主なし犬」だった。

江戸の町の犬は長屋や横丁などに住みつき、そこの住人から残飯などをもらい、共同体の一員として人とともに暮らしている。ただ具体的に飼い主と呼べる人がいなかった。

一六〇三年（慶長八年）、イエズス会刊行の「日本語―ポルトガル語辞書」（『日葡《にっぽ》辞書』）に、【里犬】村里で養われている飼犬――とある。里犬は町では町犬、村では村犬とも呼ばれた。

「主なし犬」は綱吉政権による造語だが、そのほとんどが町犬だった。

後年来日したオランダ商館の医師シーボルトは『ファウナ・ヤポニカ』（日本動物誌）の中で日本の犬について次のように述べている。

「それぞれの町に家族としての特権が与えられた犬たちが養われている。犬たちは個人の所有物

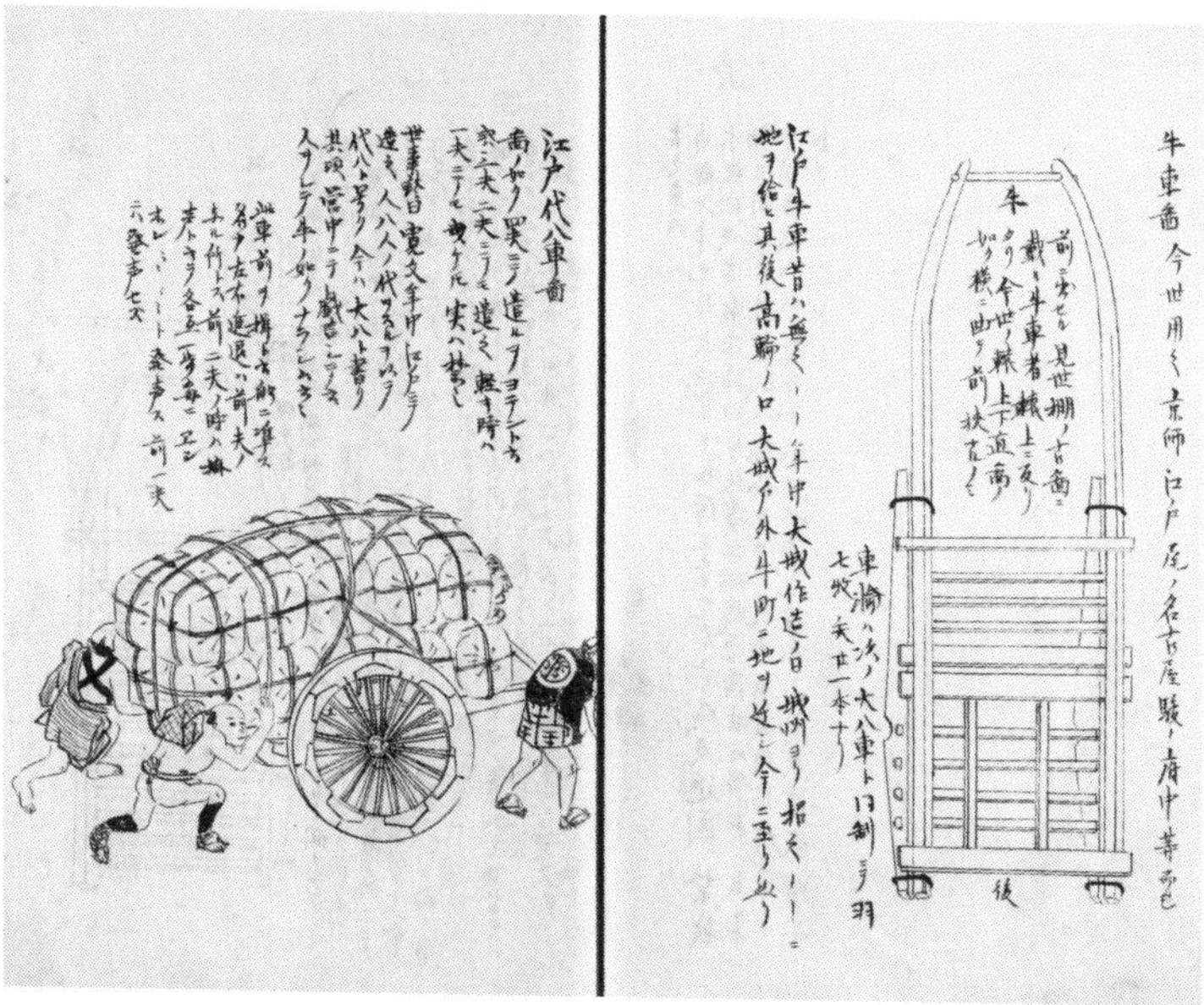

大八車。喜田川守貞著『守貞謾稿』より
「よてん」と呼ばれた4人で引き押しの図。宰領(監督)はついていない。3人、2人の時もある。1人は原則禁止。右は大八車平面図。荷台の簀《す》の子(横棒)は12本あるが、「間違って十三本描いた」と喜田川が注釈をつけている。(国立国会図書館蔵)

ではなく、犬たちが住み着いているその町の住人の共有物なのだ。犬たちはその町の番人であり、激しく闘うことで隣町の犬の侵入を防いでいる。このような町の犬たちは魚の残滓《ざんし》、野菜くずやあらゆる生ごみをむさぼり食う。こうして彼らは町の清潔さを維持することに貢献し、そのために二重に役立っている」（筆者訳）

町犬の主な仕事は自分の生活圏（テリトリー）に不審者が来たら吠えることだ。地域の番犬である。そのために車にひかれて命を落とす犬もいた。

○元禄元年（一六八八年）月日不明、空《から》の大八車五台が芝車町を出発し、材木を運ぶため本材木町《ほんざいもくちょう》（中央区日本橋）に向かった。途中、京橋のたもとを通りかかったところ四台目の空車に町内の主なし犬が吠えかかり、逆にひかれてしまった。次々と大八車が通り過ぎたため犬が異常を感じ興奮したようだ。この犬は地域の番犬としての役目は果たしたといえなくもない。二人の車引きは「注意が足らず不届きである」と牢舎入りとなったが、取り調べの結果「不慮の事故に間違いなし」と赦免になった。

道路は犬たちのテリトリーの最前線だった。だから道路にいて大八車にひかれたり、落下した荷物の下敷きになったりする事故が後を絶たなかった（後掲の事例①②③⑤⑥⑦⑧⑨⑩⑪⑬⑭）。道路脇にいても人の動きに関心を持ち、何かいいことがありそうだなと思うと飛び出していく。それで事故に巻き込まれる（事例④⑫⑰⑱）。犬同士が喧嘩をしていて、車の下に逃げ込みひかれたケースも二件記録されている（事例⑮⑯）。犬は自分のテリトリーを守るためによく喧嘩した。

『御仕置裁許帳』には元禄三年までの事故例が掲載され、その後の事例はないが、犬の交通事故が皆無になったとは考えられない。事故は起きていたが、判例集にこれ以上載せる必要はないと判断したものと思われる。交通事故防止のための御触れはその後も出ている。

○元禄五年一月七日には、子犬を母親から離さないよう町触れが出た。

「子犬が道路に出てきて危ないので、番人に申し付け、子犬は母犬のそばに置いておきなさい。そうしないと番人はおとがめを受ける」

ここでいう番人は各町内で雇っている木戸番人、武家屋敷町で雇っている辻番人のことだ。責任を押し付けられた上に、何かあればおとがめを受ける番人はたまったものではない。

○元禄五年七月五日、また御触れが出た。**「まだ道路に子犬がいる。不届きである。子犬が成長するまでは小屋に入れ、人や馬にも踏まれないようにしなさい。町中に人をかむ犬がいる。通行人はよけていると聞くが、そのような犬はつなぎ置きなさい。いずれも近日中に人を行かせて調べさせる。もし放っておいたら処罰される」**

『御仕置裁許帳』掲載の十八件の犬事故死のうち十五件（十五匹）は「犬の子」「子犬」だった。生類憐みの令のおかげで、犬がどんどん増え始めていたのである。

●犬の交通事故（**『御仕置裁許帳』を元に作成**）

一　①貞享3年（1686）9月5日　昼、船町（中央区）で米を運んでいた芝車町（港区）、長蔵の車が道路で寝ていた犬をひき殺す。土地の者が奉行所に召し連れる。「不届である」と長蔵は牢舎入り。８日後に赦免。

②貞享４年（１６８７）４月28日　当月25日芝田町《たまち》（港区）で米14俵を積んだ大八車が主なし子犬をひき殺す。引き押し３人牢舎。１人は６月10日牢屋内で病死、２人は同24日赦免。

③同５月19日　本銀町《ほんしろがねちょう》（中央区）で大八車の材木が荷崩れ。積み直し中に材木を落とし脇にいた町内勘左衛門の犬の子が死ぬ。引き押し３人牢舎。６月24日赦免。

④同５月24日　鉄砲洲《てっぽうず》（中央区）で大豆を積んだ大八車に無主の犬の子が駆け入り死亡。引き押し２人は気づかず。土地の者が召し連れる。牢舎、１カ月後赦免。

⑤同６月８日　前日鉄砲洲の車が八丁堀（中央区）で材木を積み赤坂（港区）に向かう途中、稲葉右京亮《うきょうのすけ》（臼杵《うすき》藩）屋敷近くで犬の子をひく。辻番が目撃。右京亮家来が召し連れ来る。３人牢舎。24日赦免。

⑥同６月13日　松平出羽守（松江藩）中間《ちゅうげん》５人、三十間堀（中央区）から大八車で材木を運搬中に犬の子をひき、悲鳴で気づく。車を止め、犬に水を飲ませ、介抱するも死亡。揚屋《あがりや》（未決因用の雑居房）入りの後、出羽守家来に引き渡し。

⑦同７月６日　地車で薪《まき》を運んでいた３人、南鍋町《みなみなべちょう》（中央区）で「犬の子をひいた」と町民にいわれ、戻ってみると主なし犬の子が死んでいた。人込みで犬が見えなかった。揚屋入りの後、13日赦免。

⑧同7月11日　暮れ時分、壁土を運んでいた大八車、牛込堀端《うしごめほりばた》（新宿区）で辻番から「犬の子をひき殺した」と止められる。どこから犬が出て来たか不明。4人牢舎。30日赦免。

⑨同7月22日　牛車をひいていた芝車町の使用人1人、日比谷（千代田区）で子犬をひき殺す。土地の者が召し連れ来る。子犬が見えなかった。「粗末なる仕方、不届き」と牢舎。8月2日赦免。

⑩同9月13日　銭を積んだ大八車が葺手町《ふきでちょう》（港区）で町内の主なし子犬をひき殺す。道路に人が多く犬を発見できず。「不届き」と引き押し2人牢舎。24日赦免。

⑪同12月25日　木薬《きぐすり》を運ぶ大八車、引手《ひきて》長兵衛は西紺屋町《にしこんやちょう》（中央区）で寒さに手がこごえて転び、車を道路脇に引き入れ犬に当たる。長兵衛は手鎖。先導をなまけた宰領の甚左衛門は牢舎。29日赦免。

⑫元禄元年（1688）1月18日　本多中務《なかつかさの》大輔《たいふ》（姫路藩）下屋敷へ大八車で扶持米を運んでいた中間2人、須田町（千代田区）で大名衆に出合い車を脇によける。そこに子犬が走り込み、ひき殺す。中間2人牢舎。のち屋敷より追放。

⑬同2月3日　大八車で薪を運んでいた内藤能登守（磐城平《いわきたいら》藩）の家来召使ら4人、桜田善右衛門町《さくらだぜんえもんちょう》（港区）で主なし子犬に当たり、犬の悲鳴で気づく。手当てするも同夜死亡。4人揚屋入り。11日赦免。

⑭同年日付不明　芝車町から本材木町（中央区）へ空車《からぐるま》5台で稼ぎに出る。4台目の車が京橋

（同）を渡ったところで町内の主なし犬が車に襲いかかり、ひき殺される。引き押し2人は揚屋入り。5月29日赦免。

⑮同7月1日　酒六樽を積んだ車が呉服町（中央区）で犬数匹の喧嘩に出合い車下に逃げ込んだ犬を助けて放すが、別の子犬がまた逃げ込み、ひき殺す。3人揚屋入り。5日後、手鎖の上、家主に預ける。

⑯元禄2年6月8日　松平薩摩守（薩摩藩）家来の中間が宰領となり4人で大八車を引く。芝西応寺町《さいおうじちょう》（港区）で犬が喧嘩して車下に駆け込む。急いでいたので車を止めず、ひき殺す。25日5人は江戸十里四方追放。

⑰同7月24日　黒田伊勢守（直方藩《のおがた》）が屋敷を拝領し、家来中間5人が荷物を運ぶが、大手町（千代田区）の大名屋敷前で走り込んで来た犬の子をひき殺す。5人は揚屋入り。30日江戸十里四方、京、大坂などから追放。

⑱元禄3年8月14日　室町河岸《むろまちがし》（中央区）で屋根板、竹を積んだ大八車、伊勢町（同）で犬の子をひく。土蔵の間から飛び出すが、引手2人には見えず不問。宰領は牢舎、9月8日赦免。

4　アヒル、ハト、猫の交通事故は処罰され、人身事故は処罰なし

大八車にひかれて死ぬのは犬だけではなかった。

○貞享四年六月十日、大八車に味噌を積んで運んでいた喜兵衛と三郎兵衛の二人が、宇田川町（港区浜松町）でアヒルをひき殺した。二人は牢舎となり、二十四日に赦免された。

○元禄二年五月九日、大八車で薪を運び終わった権兵衛と源兵衛、松平周防《すおう》守屋敷前（中央区銀座）でハトをひき殺した。牢舎後、六月八日に赦免となった。

猫もひかれた。

○元禄三年三月十七日、難波町《なにわちょう》（中央区日本橋富沢町《とみざわちょう》）の大工次郎兵衛と弟子次郎助の二人は大八車に材木を積んで住吉町《すみよしちょう》（同人形町）を通りかかった。次郎兵衛は犬の子が道に出ているのに気づき、弟子に道路脇にのけるよう指示した。ところがその場所が坂だったため弟子が車を離れると、荷物の重みで車は後ずさりし始め、そこへ近くにいた飼い猫が走り込んで来てひかれてしまった。

二人は手鎖を申し付けられ、その間に二人の処分をどうするか老中にお伺いが立てられた。不慮の事故につき弟子は赦免となったが、次郎兵衛は大八車に宰領（監督）を付けるべきところを付けていなかったため、三月二十八日、手鎖を外され牢舎入りを命じられた。ところが牢内で病気となり、四月十一日に町内に預け置きとなり、病が癒えた八月二日、再び牢舎入り。家主五人組からお許しの訴えが出て、同七日赦免となった（以上『御仕置裁許帳』）。

前例のない生類憐み事件の場合、町奉行だけでは判断ができず、老中にお伺いを立てていた。

『御仕置裁許帳』に掲載されている猫の事故死はこの一件だけだが、南伝馬町《みなみてんまちょう》（中央区京橋）の名主の日記には裁許帳に掲載されていない猫の交通事故死の記録がある。

○宝永三年（一七〇六年）九月八日昼、通《とおり》三丁目代地《だいち》（中央区京橋）の菓子屋弥兵衛の飼い猫が家の中から飛び出したところ、これを追いかけて通りに出た黒虎毛の男猫が大八車にひかれ死んだ。車引き三人は町内に留め置き、遠江守《とおとうみ》様（町奉行丹羽遠江守）の御番所へ届けた。御検使が二人来て調書を取った。夕方、御番所に行く。御詮議があり、車引き三人は牢舎を命じられた。猫の死骸は箱に入れ念を入れて埋めるよう仰せ付けがあった。猫は弥兵衛店の路地に名主、五人組立ち合いの上、埋めた。車引きは呉服町の権三郎、弥五兵衛、長介（『南伝馬町名主高野家日記言上之控』）。

○元禄八年十一月十三日には「**荷崩れで不慮の事故が起きるので荷物は軽く積みなさい**」、○宝永四年八月二十九日にも「**時折不慮の事故が起きるので空の大八車でも宰領を付けなさい**」と御触れが出ている。記録に残っていない生類の事故はまだほかにもあったと思われる。

ところで、大八車による人身事故は起きなかったのだろうか。人の場合は声をかければ大八車に気づくので事故は少なかったのだろう。『御仕置裁許帳』やほかの幕府史料を見ても、人身事故による処罰例は確認できないが、実は法令がなかったのだ。

生類憐み時代、大八車による犬や猫の事故は処罰されたが、故意ではない人身事故は罪に問われていなかった。「人」の生命は軽く、「生類」の生命は重かった。綱吉の跡を継いだ家宣の治世は七年だけだったが、その最晩年、正徳六年（一七一六年）四月八日に「今後は事故で人を殺したら流罪にする」と御触れが出た。

「車や馬に重い荷物を積み、人をひき、荷物を落とし、または渡し船が転覆して人を殺しても、故意ではないのでこれまでは罰せられなかったが、近年はこの類の事故は多く、罪なしとは言えない。今後は一切流罪とし、場合によってはさらに重罪に処する」

5 「主なし犬も養いなさい」「いなくなった犬は探しなさい」

貞享三年七月十九日の「犬の養育令」は生類憐みという言葉が最初に使われた町触れだった。「主なき犬が来ても食事をやりなさい」と町奉行所から御触れがあったが、江戸町民はどうすればよいのか戸惑った。江戸にいる犬のほとんどが主、つまり個人の飼い主のいない犬だったから、江戸の住民が普段餌をやっている犬もほとんどが「主なき犬」だった。

町の一角にしっかりした自分のテリトリーを持っている犬もいれば、そうでない犬もいる。安全なねぐらと餌をめぐる生存競争は激しい。住人のだれかが「よしよし」と声をかけて食べ物をやった瞬間に、犬はそこに居つこうとする。先住の犬との争いも起こる。犬の嫌いな住人もいる。糞の始末をだれがするのかも問題になる。便所の糞尿は農家の肥料用に売り払い、長屋ならばその代金は大家の収入となる。ところがそこに犬の糞が混じると肥料としての糞尿の値段がぐんと下がる。つまり江戸時代は、長屋でも武家屋敷でも江戸城でも便所に犬の糞を捨てることができなかった。「犬のくそも肥えになるとはばちあたり」（雑俳集『智恵車』）の時代だった。「主なき犬」に食事を与えるのは、ご近所様との関係もあり、その地域の住人にとっては、それなりに気を遣う行為だった。

「最前も委細申し渡しているが……」という書き出しで町触れは始まる。町奉行所から事前に何らかの通告があったようだ。「最前」というから、それほど前のことではない。

「今もって主なき犬が来ても食事たべさせず、または犬そのほかの生類とりやり致すことも、今ほどはしないように聞いている」

このころの町犬は基本的に人の残り物を与えられて生きている。「食事」といっても家から出る残り物の量は限られている。腹をすかせた犬たちはごみ捨て場のごみもあさった。日本橋小田《おだ》原町《わらちょう》の魚市場周辺は犬が多いので有名だった。魚の頭、骨、内臓などがもらえるからだ。犬は生ごみ処理に一役買っていた。川柳「嗅《か》いで見て小田原丁で叱られる」。売り物の魚をクンクン嗅いだら犬も叱られる。

公方様はそういう犬たちの暮らしぶりが気に入らなかったらしい。「みんなが生類憐みの志を持つことが大切だ。犬にはきちんと食事を与えなさい」と仰せられる。のちに中野犬小屋に収容された犬には白米を食べさせたから、綱吉の念頭にある「食事」とは主に「米の飯」だったと考えていい。しかしその費用は出してくれない。「町内のことは町内で。全部自腹でやりなさい」というのが犬養育令の大原則だった。

町触れは「犬そのほかの生類とりやり致すことも、今ほどはしないように聞いている」と指摘している。「とりやり（やりとり）」するのは主に産まれてきた犬の子、猫の子だろう。「きちんと食事を与えなさい」とお上に言われたら、かえって犬の子も猫の子も引き取り手がいなくなる。

◯貞享四年二月十一日「**町内にいる犬を調べ、毛付け**（毛色を帳面に記すこと）**などしておきなさい**」と町触れが出た。同時に「**よそに行ってしまった犬は探さなくてよい**」と指示があった。ところが、十日後の二十一日「犬のことで老中に心得違いがあった」と訂正の御触れが出た。「**犬がいなくなれば、どこからか犬を連れてきて数合わせしていると風聞がある。人々が生類憐れむようにと思召《おぼしめ》され、いろいろ仰せ出されているのに、実《じつ》のない仕方である。これからは養っている犬などいなくなれば、しっかり探し出すようにしなさい。もし粗末にする者がいれば支配の者へ訴え出なさい。背く者は必ず処罰される**」

犬の毛付けの実例――

「一、壹疋《いっぴき》　赤ブチ　男犬　主《ぬし》五郎兵衛」（下谷《したや》坂本町《さかもとちょう》・犬毛付書上）

「一、くろぶち犬壱《ひと》つ　庄兵衛」（世田谷・上野毛《かみのげ》毛付帳）

「一　白犬壱疋　玉蔵院《ぎょくぞういん》　是《これ》は三年已前丑《いぜんうし》の年、求め申し候」（埼玉・下彦川戸《しもひこかわど》村・犬の毛付帳）

ついでに猫の毛付けの実例――

「黒虎女猫壱疋　主《ぬし》伊兵衛　是は七年巳前酉《とり》の年、求め申し候」（下彦川戸村・猫の毛付帳）

　綱吉は自分の出した命令が実行されているか常に情報を集めている。犬のことで何か問題はないか、町では徒目付《かちめつけ》、小人《こびと》目付が目を光らせている。彼らは犬目付と陰で呼ばれ煙たがられた。命令が実行されていなければ、すかさず御触れを出して実行を迫る。

○四月十一日、また御触れが出た。**「主なき犬、最近は食べ物をやらないように聞いている。食べ物をやれば、その人の犬のようになってしまい、あとで難しいことになるので犬をいたわらないと聞く。不届きである」**

　人々はやむをえず犬に餌をやり、多くの場合、各町内が養い主になっていく。大八車による事故が増えたのは「日増しに犬もおごるようになって、人をおそれず、道中に横たわり、車が来ても犬おそれず臥《ふ》している」（『御当代記』）からだった。江戸の町では人を恐れることを知らない犬が次々と誕生していた。

　増えすぎた犬は社会にひずみをもたらす。公方様のお膝元では武家も町人も変わりなく、人々の鬱憤がたまっていった。鬱憤は犬にはね返る。

○貞享四年「増山兵部《ますやまひょうぶ》の家来、犬にかまれ、その犬を切り殺した罪で切腹」

○同　「土屋大和守の家来は犬にかまれ少し犬を切った罪で江戸を追い払われた。大和守も遠慮を命じられ、家に引っ込む」

○同　「土井信濃守（林信濃守の誤記か）中間《ちゅうげん》は犬をたたき扶持を奪われた」（『御当代記』）
○同四月十日「小石川御殿番、保泉《ほいずみ》市右衛門の奴僕《どぼく》、犬を斬り八丈島に流され、市右衛門は俸禄を召上げられる」（『徳川実紀』）

6　続発する「捨て犬事件」と、伊勢神宮の犬問題

犬が何匹も子を産む。もらい手を探そうにも、どこも犬であふれている。引き取り手などどこにもいない。思いあぐねてどうするか。手っ取り早いのが捨てることだ。現在は動物愛護管理法により捨て犬は百万円以下の罰金に処せられるが、その昔は犬を捨てることは犯罪ではなかった。その行為をだれもほめはしなかったが、だれもけなしはしなかった。捨て犬には一定の社会的合意があったとも言える。自分の意思で犬を飼いながら、飼えなくなると捨ててしまう現代の無責任捨て犬とは違う。

貞享三年七月十九日、江戸の町に出た「犬養育令」は、翌年四月十一日、老中、大目付（諸大名担当）から全国に伝えられた（この時、同時に捨て子、人が傷つけた鳥類・畜類の養育について御触れが出た。全文は132～133ページ第六章２に掲載）。

犬養育令が出たことによって捨て犬は犯罪になった。捨て犬事件がどのように処理されたの

か、実例を見てみよう。
○元禄元年（一六八八年）十二月十六日、北新堀《きたしんぼり》（中央区日本橋箱崎《はこざき》）の七兵衛が揚屋に入れられた。土地の世話役をしていた七兵衛は月番の時でも、堀を行き来する船の渋滞を放っておくなど、普段からもめ事を起こしていた。同年六月には北新堀の河岸で主なし犬が十一匹の子犬を産んだが、七兵衛は子犬を籠に入れ、町内のごみ捨て場に捨てた。その時の月番・助右衛門はこれはまずいと捨てられた犬を助け出し、自分の家で養った。名主からこの件で奉行所に訴えがあり、双方を呼び出して詮議の上、「七兵衛は重々不届きである」と揚屋入りとなった。元禄二年九月二日、七兵衛は江戸追放となった（『御仕置裁許帳』）。
○同年八月二十七日、留守居番与力山田伊右衛門は門外に捨てられていた犬の子を養わず、山田は追放された（『徳川実紀』）。
江戸で犬を捨てることは難しくなってきた。犬目付が目を光らせている。犬は何匹も子を産むので、人に隠れて一度に運ぶことも難しい。それでも増えすぎると困るので、捨て犬事件は起きる。しかし、捨てられた犬を見つけても、その後がわずらわしいので、見て見ぬふりをする人が後を絶たない。
○元禄七年四月二十八日、老中から目付衆へお達しがあった。
「このごろ犬の子を捨てている所がある。人が拾ってくれると思っているようだが、そのうち犬は飢えてしまうので捨てないよう堅く申し付ける。捨てた者がわかれば注進すること」

捨て犬を完璧になくすことは難しかった。

伊勢神宮では古くから犬の立ち入りを禁止していた。犬の死に触れると五日間、出産に触れると三日間、穢れが消えないとされた。縁の下で犬が死んでいたり、出産したりした時はその建物にも穢れが及んだ。式年遷宮がある時は、内宮《ないくう》の山田郷、外宮《げくう》の宇治郷の住民が総出で犬狩りをした。建て替えに使う神木におしっこをかけられる恐れもあった。

式年遷宮まであと二年五カ月に迫った貞享四年四月、「主なし犬でも養いなさい」と犬養育令が出た。式年遷宮前に行っていた犬狩りができず、伊勢の町にはじわじわ犬が増えていった。

元禄元年六月二十六日、幕府の山田奉行所から神宮に「歩き回っている犬はつないでおくように」と指示があった。住民側は「捕まえた犬はつなぎとめておくようにしましたが、もし御用木に不浄の事でもありましたら大変です。犬は宮川《みやがわ》（神宮から約四キロ。渡し場がある）の向こうに放したい」と要望書を出した。奉行所は老中にお伺いを立て、八月十八日、住民に「放してもよいが、決して殺してはいけない」と回答した。これを受けて住民側は会合を開いたが、宮川の向こうに放すことには問題があることがわかり、再度お願い書を出した。

「御願い申し上げた時よりも犬の数が増え、その上、（川向こうの）紀州藩、鳥羽藩に御断りなく捨ててかまわないのか、心もとなく存じます。犬を放しましても、戻ってくることは歴然として います。つきましては（伊勢湾を船で渡り）三河路あたりへ運びたいと思いますが、いかがでしょうか」

九月二十五日、山田奉行から幕府の方針が伝えられた。

「海の向こうへ目立たぬように二、三匹ずつ連れて行きなさい。対岸に限らず遠い所へ運ぶことは勝手次第である。とにかく犬が戻らないようにしなさい」

子犬と違って成犬を捨てるのは容易ではなかったが、実行したらしい。

元禄二年九月十日内宮、同十三日外宮の式年遷宮はとどこおりなく行われた。

7 「犬同士が喧嘩をしたら、水をそそいで、分けなさい」

江戸っ子は喧嘩早いというが、犬も喧嘩早かった。犬の生息密度が高いため、縄張り争いがすぐ起こる。食べ物が満ち足りていれば争いごとがなくなるというものではない。犬には自分たちの住む場所が必要だった。確かなテリトリーを持たない犬を、綱吉政権は来《きた》り犬、旅犬《たびいぬ》と呼んだ。食べ物とねぐらを求めてうろうろしている。いい養い主がいて、ライバルとなる手強い犬がいなければ、その土地、家の軒先あたりに居着いてしまう。喧嘩して瀕死の重傷を負うことも珍しくなかった。犬の喧嘩を見ていながら、何もしなかったことを理由に処分された幕府役人がいた。

◯元禄二年十月四日、評定所《ひょうじょうしょ》の目安読《めやすよみ》（訴状読）、坂井伯隆《はくりゅう》は評定所にいた犬が喧嘩しているのを何もせずに見ていたが、「咬み合いを見ながらなおざりにし、犬を死に至らしめた」（『徳川実紀』）ことで閉門となった。通れないように家の門を閉ざし、窓を閉め、家に引きこもるのが閉門である。翌年四月に赦免されたが、綱吉の勘気がゆるみ、再度拝謁を許されたのはさらに四カ月後だった。

◯元禄三年六月、尾張犬山《いぬやま》城主・成瀬隼人正《はやとのしょう》の江戸屋敷前で二匹の犬がかみ合いの喧嘩を始めた。かまれた一匹は隼人正の屋敷に逃げ込み手当てを受けたが、死んでしまった。犬奉行（徒目付）に使いを出し、家臣一人、門番足軽の逼塞《ひっそく》で事を収めた（『鸚鵡《おうむ》籠中記《ろうちゅうき》』）。門を閉め、くぐり戸から目立たないように出入りするのが逼塞である。とにかく何かあれば、だれかを処分しなければ役人が納得しなかった。

　手をこまねいて犬の喧嘩を見ているわけにもいかなくなった。ではどうすればいいのか。だれか知恵者がいたらしい。「水をかければどうでしょうか」。綱吉の命を受け、またお触れが出る。

◯元禄四年二月二十八日「**僻地**（へんぴな場所）**にやせ犬がたくさんいると聞く。心を入れて養育しなさい。犬が喧嘩をしていたら、水でもそそいで引き分けなさい**」

　御犬様に水をぶっかけてはいけない。そそぐ。それで犬の喧嘩が止められるのか、心もとないが、とりあえず犬を傷つけず喧嘩をやめさせるのに水をかけるのは悪くない。猫の喧嘩なら百発百中、止まる。

綱吉の御成りの時に犬が喧嘩をしていたことがあったらしい。また町触れを出した。

○元禄七年二月二十九日「**御成り先の道でも犬がかみ合いをしたら、遠慮なく水でもかけ、犬がけがをしないように引き分けなさい**」。水はそそがずに、かけてもよくなった。

江戸っ子は粋《いき》を好む。つまらないことでも、趣向をこらして面白く楽しくする。それもまた粋。綱吉は大真面目で生類憐みの令を連発しているが、町民は面白くもおかしくもない。無粋《ぶすい》とは思ってもさすがに口には出せない。そこで、どこかの江戸っ子が無粋を粋にしようと思いついた。

「犬がかみ合いをしていたら水でもかけなさい」

「仰せの通りにいたしやしょう」

どうせなら楽しく、粋にやる。江戸の町の表通りの家には防火や打ち水のための桶が置いてある。その桶に「犬わけ水」と大書した。柄杓《ひしゃく》にも同じように書き付けた。「犬わけ水」にも番人がついた。犬という字を紋所にした対《つい》の羽織を着て、その場を盛り上げた。綱吉はその姿を駕籠の中から見たかもしれない。早速またお触れが出た。

○同閏五月三日「**桶、ひしゃくの書き付け、対の羽織を着させること、早々に無用にしなさい。番人を付けるのは目立たないようにしなさい**」

庶民のごくささやかなレジスタンスはひとまず終了した。

○元禄八年十月、下谷坂本町一、二、三丁目が町奉行所に出した書付には「犬がかみ合いをしているときは犬番の者がすぐに出て、水をかけ、草ぼうきで分け、激しくかみ合いをしている時は籠をかぶせ分けます」と記されている。

8　犬医者大繁盛。薬は何を使ったか

犬医者は生類憐みの令が始まるまでこの世に存在しなかった。そもそも人が医者にかかることもまれな時代、犬を医者に見せようと考える人などいるはずもなかった。それが犬養育令のおかげで突然犬医者がこの世に登場した。犬の調子が悪ければ犬医者を呼ばなければならず、放っておけば犬目付がうるさい。

麹町三丁目に箸削りを渡世とする伝助という者がいた。隣の犬がわずらった時、伝助が薬をやるとすっかり良くなった。この話を耳にした役人が「病気の犬に薬をやってほしい」と頼み、四、五匹の病気が治った。以来、伝助は御上公認の御犬医者と呼ばれ、あちこちの町から声がかかった。伝助は長羽織に身を正し、頭巾をかぶり、六人引きの駕籠に乗って診療にやって来た。病犬、孕《はら》み犬、それぞれに脈を取り、思慮深そうな顔つきをして薬を調合し、「いつものように煎じること」など書き付けて渡した。後々で聞けば、薬は小豆粉ばかりだったという。

この話は『元正間記』に書いてある。何か問題があると役人は袖の下を取ってすませたとい

う。伝助は将軍家の御典薬（医師）並みの扱いを受ける御犬医者となった。『元正間記』に書かれた話はほぼ真実を伝えているようだ。『伊勢町元享間記《げんきょうかんき》』という伊勢町（中央区日本橋本町）の町役人の記録にこの伝助が実名で出てくる。

同書によると、宝永四年（一七〇七年）九月二十一日明け方、米問屋が並ぶ伊勢町米河岸《こめがし》の店先で七左衛門店《だな》の清兵衛が犬を二匹見つけた。早速役人に届けると、いろいろ聞かれ、犬医者を呼ぶよう指示された。その時の町入用《いりよう》（出費）は犬医者伝助に二両、弟子に二分、小者四人に一両、検見《けみ》代（診察料）が二分。全部で四両もかかった。このころ金銀改鋳《かいちゅう》があり換算は難しいが、わかりやすく一両十万円として四十万円だ。こんなことがまかり通っていた。犬医者の往診費、診察費、薬代は結局、町内で負担した。

綱吉死去（宝永六年、一七〇九年）の翌年に生まれた京都町奉行所与力神沢杜口《かんざわとこう》は随筆『翁草《おきなぐさ》』二百編を書き残した。その中の小編「元宝荘子《げんぽうそうじ》」に「神田旅籠町《はたごちょう》の平助」という犬医者が出てくる。大坂の薬屋で働いていた平助は使い込みをして江戸に逃げたが、犬の病気を治せる、いい医者がいないと聞いて、平助が調剤して犬にやると、その薬がよく効くと評判になった。とうとう江戸城出入りの犬医者となり、幕府から屋敷まで賜った。綱吉死後、犬医者が無用になった時、ある人が薬について尋ねると「犬は大熱性《だいねつしょう》であるから、（熱を除くため）石膏《せっこう》、人糞、小豆を混ぜて作った。思い付きだが、不思議に的中した」と笑った。

人糞を混ぜて薬を作ったのは本当だろう。人糞を好む犬はけっこういる。元禄二年生まれ和泉屋某が書いた『江戸真砂《まさご》六十帖広本《こうほん》』には「公儀御用達の犬医師を呼びにやると、羽織袴でやって来て、ねり薬のようなものを処方する。この薬は小豆を饅頭のあんにして、下香《げこう》どもをいれるという。孕み犬がいると、腹を撫《な》でて良いとか悪いとかいうそうだ。今思えばおかしなことではないか。芝切通し植木屋五郎兵衛、麴町八丁目小島屋太兵衛、犬医師なり」とある。「下香ども」が人糞だ。

植木屋五郎兵衛は町触れにも出てくる有名な犬医師（犬医者）だった。

◯元禄七年七月の御触れ。「**犬がかみ合い、傷ついたら早速その犬の毛色、傷の様子を書類に詳しく書きつけ、切通しの犬医師五郎兵衛方に連絡し、薬をもらい、念入りに養育しなさい。ただし相応の薬代を出すこと**」（『御当家令条』）。植木屋が犬医師になった理由は不明である。

五郎兵衛の名は下谷坂本町の「犬毛付帳書上」にも出てくる。主なし犬が来ると近所の家持で養い主を決め、「朝夕二度、一合ずつの飯を食わせ、ほかにも残り物をやり、病気の時は犬医師五郎兵衛に見せ、養生させた」（『半日閑話』）。

人の迷惑も顧みず、こんなことをさせて悦に入っている綱吉が名君であるはずがない。

第四章

牛、馬、鳥、魚介、虫…連発される禁令

1 「捨て牛馬」の禁止令と、過酷きわまる処罰

貞享四年（一六八七年）、綱吉は四十二歳になった。男の厄年である。会津藩は前年の三月四日に国元の伊佐須美《いさすみ》神社（岩城国《いわきのくに》一之宮）で綱吉の前厄《まえやく》払いの祈禱を行っている。厄年であることが生類憐みにどのような影響を与えたのか不明だが、まったく関係ないとは言い切れない。生類憐みの令は綱吉の前厄の貞享三年から発せられ、本厄の年から連発される。

○貞享四年一月二十八日、病気の牛馬そのほかの生類を捨てることが禁止された。

「すべて人宿《ひとやど》、または牛馬宿《ぎゅうばやど》、そのほかでも生類煩《わずら》い重くなれば、いまだ死なざる内に捨てるように聞いている。そのようなふるまいをする者は厳しくとがめられる。ひそかに捨てた者がいれば、仲間でも訴え出なさい。その罪を許し、褒美《ほうび》をつかわす。貧しくて（病牛馬の）**世話をしかねる者は訴え出なさい」**

この御触れは諸大名、旗本にも伝えられた。かつては、多くの歴史学者がこの時を生類憐みの令の始まりだとしていた。貞享三年七月の犬の車事故防止・養育令は江戸限定の御触れだったが、捨て牛馬の禁止令は全国規模の本格的な生類憐みの令だった。

牛馬は武士、百姓、伝馬業者にとって大切な財産だったから、通常は捨てたりしない。ところ

が、牛馬が高齢になったり、病気になったりして、働くことができなくなると、飼うことへの負担が大きくなり、捨ててしまう飼い主がいた。徳川幕府の制度の下では、武士、百姓、町人が牛馬の死体を処理することはできなかった。藩や土地によって違いはあるだろうが、死牛馬を処理し皮革を作るのは穢多《えた》の権利であることが多かった。働けなくなった牛馬を捨てても、処理されるシステムが出来上がっていた。

まだ死んでもいないのに捨ててしまうのは何事か。人のために働いてくれた牛馬を捨てるのは不仁である。慈悲心がない。綱吉は怒った。現在の動物愛護管理法では、人が飼っている動物のうち「哺乳類《ほにゅうるい》、鳥類、爬虫類《はちゅうるい》（畜産・実験動物を除く）は終生飼養しなさい」と定められている。牛馬の終生飼養を法令化したという意味では、綱吉は動物愛護の先駆者と言えるだろう。

捨て牛馬の禁止令は、日ごろから馬の世話になっている武士をはじめ、かなりの人々に共感を持って受け入れられたようだ。ただしその罰は今まで考えられなかったほど厳しかった。

○同年四月九日、病馬を捨てた武州神奈川領寺尾《てらお》村（横浜市）の三人が三宅島に流罪、代場《だいば》村の七人も流罪となった。二日後の十一日、十人の流罪処分について、幕府は諸大名、幕府代官所、町奉行などを通じ、全国に御触れを出した。

「このたび武州寺尾村、同国代場村の者、病馬を捨て不届きの至りである。死罪にも仰せ付けられるべきではあるが、このたびはまず命を御助し、流罪に仰せ付けられる」

捨て牛馬で人を処罰した前例は、おそらくどの藩にもなかっただろう。この御触れが諸藩をしばる判例になる。

　しかし捨て牛馬はすぐにはなくならなかった。
○同年九月二十八日、武州下仙川村《しもせんがわ》（調布市）の百姓次郎兵衛は渋谷で銭六百文をもらって馬を取り換え、この馬を引いて上目黒《かみめぐろ》まで来たが、馬が倒れたため、鞍《くら》を外し、馬をその場に残して帰った。翌日、戻って見ると馬が死んでいたので、そのまま捨ててしまった。百姓は牢舎の上、十二月に八丈島に流罪、妻娘は親類預けとなった。すかさず幕府は「**捨て馬の儀につき、この度も流罪を仰せ付けられた。今後またあれば重罪を科する**」と御触れを出した。
○元禄二年（一六八九年）二月二十七日には病馬を捨てた武士十四人、農民二十五人が神津島《こうづしま》に流された。
　綱吉政権の法の執行は厳罰主義に貫かれている。捨て馬で処罰された事例を探していたら、赤穂浪士が切腹を命じられた日の幕府日記『年録』の記事が目にとまった。

元禄十六年（一七〇三年）二月四日、吉良《きら》邸に討ち入りした赤穂浪士四十六人が切腹を命じられた。細川越中守（熊本藩）お預けの大石内蔵助《くらのすけ》以下十七人、松平隠岐守（松山藩）お預けの十人、毛利甲斐守（長府藩）お預けの十人、水野監物《けんもつ》（岡崎藩）お預けの九人の名前が列記されている。そのすぐ後に「捨馬で磔」の記事があった。

　この日、勘定奉行の久貝《くがい》因幡守宅に幕府領会津南山《みなみやま》代官所の依田《よだ》五兵衛が呼ばれた。代官所管内で捨て馬事件が発生したが、どのように処罰すればよいのか判断できず、江戸の勘定奉行に上申したのである。勘定奉行は捨て馬をした西沢村の馬喰《ばくろう》（馬売買人）、彦八を磔にするよう依田に申し渡した。

捨て馬は「死罪にもすべき」罪であることを幕府は忘れてはいなかった。

2　「生きた鳥、魚介、亀」の売買・飼い置きの禁止

綱吉の生類憐みは急加速していく。

○貞享四年二月二十六日、大名から将軍への献上物に制限が加えられた。

「諸大名が献上する諸国物産のうち鳥類は一年に一度少量にしなさい。活鱗《かつりん》（生きた魚）、**貝類は献上してはならない。老臣へはタイ、スズキ、イシガレイ、ヒラメ、アマダイ、モウオ**（藻魚＝磯魚）、**アユ、ハタシロ**（マハタ）、**このほか軽《かろ》き魚物**（高級でない魚）**は贈ってもよい」**

○二十七日、江戸に暮らす武家、庶民の生活を直撃する御触れが出た。生かしておいた魚鳥亀貝の売買が禁止されたのである。

「食べ物にする魚鳥、生かしておいて売買すること堅く無用とする。にわとり、亀も同様である」「鶏、亀、貝類に至るまで食べ物は一切飼い置いてはいけない。ただし慰めに鳥を飼い、魚を飼うのは別である」

江戸城の台所で生きた食材の料理が禁止されてから一年四カ月、江戸の町でも生きたものを売り買いし、食べることが禁止された。やりだしたら徹底してやるのが綱吉だった。この段階では鳥や魚を飼うことまで禁止されていない。

○翌二十八日、また町触れが出た。

「昨日御触れをしたところ今まで飼い置いていた鳥をあわてて絞め殺した者がいる。食べ物にするため生かしておいた魚鳥をあわてて殺すことは無用である。もし絞め殺す者がいればおとがめを受ける。生け鳥、生けすにいなくても貝類そのほか鯉、鮒、海老などと同じように生きているものを商売してはならない」

あわてたのが貝採りと貝売りだった。三月三日のひな祭りにハマグリの吸い物は欠かせない。貝を採る者も、売る者もみな貧しい。ひな祭りのために用意したハマグリをどうするのか。貝採り、貝売りは「おそれながら」と奉行所に訴え出た。「貝をもって身命をつなぐ者、浜々浦々幾千人。貝を売らなければたちまち飢死にいたします」。奉行は「貝売りをやめても、ほかに仕事は見つからないだろう」と以後、ハマグリ、シジミ、アサリの商いを認めた（『御当代記』）。

こういう判断は奉行が勝手にできることではない。最終的には綱吉の意向を聞いて決められる。公方様は慈悲をもって貝類の販売を認めた。これも善政だったということになる。

○同三月二十六日、綱吉政権は鳥、亀、生けすの魚についてまたまた町触れを出した。ニワトリや、アヒルなどを除いて鳥を飼うことが原則禁止された。

「生きた鳥を飼い置くことを禁ずる。鶏、あひるの類、そのほか唐鳥《からどり》の類、野山に住まない鳥は放しても餌が十分でないので養い置くこと。卵を産めばよく飼い育て、それぞれ所望する者へ遣わすこと。鶏を絞め殺して売ってはならない。亀は一切飼い置いてはならない。生けすの魚は売買してはならない」

ニワトリやアヒルは人に養われて生きている。キンケイ（錦鶏）、ギンケイ（銀鶏）などの唐鳥（外国産の鳥）も同じだ。野山が生息地ではないと綱吉が考えた鳥以外、飼うことが禁じられた。鳥を絞め殺して売り買いするのはもってのほかだった。

○四月二十三日、江戸で生きたヤモリと黒焼きのヤモリの売買を禁じる。ヤモリの黒焼きは強精剤にする。「惚れ薬」に使うともいう。

生きた魚鳥亀貝類などの売買禁止など一連の御触れは江戸の町に出されたものだ。地域限定の禁止令なのだ。なぜ江戸だけなのだろうか。次に挙げる虫売り禁止令も同じだ。

3　「虫」の売買・飼育の禁止

綱吉は虫を飼うことも禁止した。

○貞享四年七月二日、町触れ**「どこでも生類を売買してはいけない。キリギリス、松虫、玉虫**

の類、慰めにも（趣味でも）飼ってはいけない」

虫売り禁止令の出る半月ほど前、虫売りのことを日記に書いた人物がいる。江戸時代の事典『嬉遊笑覧《きゆうしょうらん》』に著者不明のその日記が引用されている。

「貞享四年日記、六月十三日。きりぐ〵す商売いたし候者、相尋候町々覚《あいたずねおぼえ》、四谷、麹町、本郷、湯島、神田すだ町（須田町）二丁分、相尋候処《ところ》一人も見え申さず、とあり」

きりぎりす商売をしている者、つまり虫屋を探し回ったが、一人も見つからなかったという。だれの日記だろう。なぜそんなにまでして虫屋を探したのか。突然、その謎が解けた。日記の主は元禄期を代表する俳人宝井其角《たからいきかく》だった。日本の鳴く虫について調べていたラフカディオ・ハーン（小泉八雲）が『虫の音楽家』の中で「其角日記」と題してまったく同じ文章を引用していたのだ。

其角はなぜ虫屋を探して四谷、麹町、本郷、湯島、神田須田町と歩き回ったのか。その理由は推測するしかない。そのヒントとなる記事が『御当代記』に載っている。

○貞享四年七月二日「京橋五丁目の町の者、松虫、蛬《きりぎりす》を売り、牢舎となる。翌日、すべて虫を売り買いしてはいけないと御触れが出る」

『御当代記』は虫売りが捕まった翌日に御触れが出たと書いているが、町触れが出たのは七月二日だから、翌日ではなく当日捕まったことになる。町触れが町民に伝わったのが翌日だったとすると二つの文章を矛盾なく読むことができる。ただ『御当代記』の記述は虫売りが抜き打ちで捕まったように読めるが、町奉行所が貧しい虫売りにそこまでやるか、疑問が残る。事前に何か警告のようなものがあって、それを気にしなかったか、知らなかった者が捕まったのではないか。

事前の警告。其角が虫屋を探し回った理由がこれでなかったか。其角は俳句を通して大名、旗本との付き合いがあり、幕府の情報も入ってくる。「虫売りを続けていると捕まるぞ」。幕府の動きを知って、虫屋に情報を流そうとしたのではないか。其角日記は将来それが世に出ることを念頭に置いて書かれている。「(虫屋は)一人も見え申さず」と日記に書くことによって、虫屋と接触した事実を隠そうとしたのかもしれない。

この虫売り禁止令も江戸限定だった。なぜ江戸だけなのか。私は次のように推測している。江戸城ではすでに生きた魚鳥などの料理を禁止している。城内での殺生を禁じ、功徳を積むことで嫡子誕生を祈願したが、側室は懐妊しない。そこで、さらに功徳を積むためその範囲を江戸の町にまで広げたのではないか。

江戸で生類売買・虫売り禁止令が出た翌月、貞享四年八月、隆光はお城近くに知足院を移転し、新しい寺院を建てたいと内々で綱吉に願い出た。綱吉は「今年は厄年なので来年しかるべきところを与えよう」と内諾した。

翌元禄元年二月十二日、江戸城近くに知足院の新伽藍《がらん》を建てるよう仰せがあった。十三日、綱吉は「祈禱所は城の丑寅《うしとら》(東北の鬼門の方角)に建てよ。方角を違えてはならない」と命じた。その方角には鬼門封じのために神田明神・平将門、湯島天神・菅原道真が鎮座し、その先には上野寛永寺、筑波大権現が江戸城を守護していた。知足院は江戸城に最も近い場所に建つことになった。十四日、御大工立会いの下、江戸城中奥、将軍御休息の間の上段真ん中に印を立て、そこから丑寅の方角へ糸を引いた。その先は大奥である。さらにずんずん糸を引いてたどり着いた先は一ツ橋門外の戸田山城守の屋敷だった。綱吉は屋敷を取り払わせ、そこに祈禱所の建築を命じた。その場所は大奥に最も近く、通常は男が出入りしない平川門の近くだった。綱吉は隆光の祈禱の力に賭けた。願いは一つ、嫡子誕生だろう。

綱吉は能を好んだ。「人間五十年、下天《げてん》の内をくらぶれば、夢幻の如くなり」（能『敦盛』）。綱吉四十三歳。子を授かるために残された時間は少なかった。

4　愛娘「鶴姫」のための、鶴愛護令

○貞享四年（一六八七年）二月、下彦川戸村（埼玉県三郷市）から幕府代官所に誓約書が出された。「小石川から放たれた御飼鶴《かいづる》が降りて来たら、番をつけ報告しなさいということですが、下人《げにん》子供までにも申し聞かせ、降りた所をすぐに申し上げます」（『三郷市史』第二巻近世史料編一）

幕府代官所から「鶴に事故がないように見張りをつけなさい」と百姓に指示があり、それに対

して下彦川戸村が代官所に出した書付である。同様の指示は近隣の村々にも出ている。「御飼鶴」とあるから、綱吉の小石川御殿（白山御殿、綱吉館林藩下屋敷）で放し飼いにしていた鶴だろう。鶴を放したのは、一応は生類憐みによるものと考えられるが、それだけなのか、判断は難しい。綱吉は鶴が好きで、中でも丹頂鶴を愛し、丹頂の絵を何枚か描き残している。鶴は千年というから縁起のいい絵だった。

延宝五年（一六七七年）四月、小石川下屋敷で側室お伝が娘を産んだ。綱吉は鶴姫と名付けた。

同七年（一六七九年）五月、お伝は嫡子となる長男徳松を神田屋敷で産んだ。

天和元年（一六八一年）七月、鶴姫五歳の時、綱吉の命により紀伊家の嫡子徳川綱教《つなのり》との婚約が成立した。

貞享二年（一六八五年）二月、鶴姫九歳、綱教二十一歳の時、鶴姫は紀伊家に輿入れした。「鶴に番をつけなさい」という代官所の御触れはその二年後に出た。何かの願いを込めて小石川に飼われていた鶴を放したのかもしれない。あるいは鶴が勝手に飛んで行ったのかもしれない。

同四年（一六八七年）十一月、鶴姫十一歳。月のものがあり、綱吉の命でお歯黒を染めた。知足院隆光は祈禱を命じられ「愛染法七座修行」を執り行った。

○元禄元年（一六八八年）一月二十九日、鶴字鶴紋使用禁止令が出た。

「鶴屋と申す家名を付けてはならない。鶴丸の紋の付いた衣類を着てはならない。鶴と申す名を人に付けてはならない」

鶴姫にはばかりがあると「鶴」の文字や絵を使わせないようにしたのである。京都の菓子屋鶴屋は駿河屋になり、江戸浅草の饅頭屋鶴屋は麓屋《ふもとや》になった。江戸市村座と中村座の座紋からは鶴が姿を消し、井原西鶴は西鵬《さいほう》と名前を変えた。この年、鶴姫十二歳。鶴字鶴紋使用禁止令は鶴姫の懐妊祈願と関係があると考えていいだろう。嫡子徳松は五歳で亡くなっている、鶴姫に男の孫ができれば、綱教を養子にして跡を継がせ、自分の孫が徳川家を継ぐことも可能になる。綱吉が鶴を大事にせよと命じるのは、生類憐みのためだけでなく、自分の娘が鶴姫だからなのだ。

その後の鶴と鶴姫のことも、ここで書いておこう。

鶴字鶴紋使用禁止令から八年後、やっと鶴姫が懐妊した。偶然かどうか、この年、元禄九年（一六九六年）三月に越谷領（埼玉県）大間野村の沼で丹頂鶴二羽、七左衛門村の沼で真鶴《まなづる》一羽が放たれている（『越谷市史』第一巻）。これも生類憐みなのか、鶴姫がらみなのか、判断が難しい。どちらでもあるのだろう。

鶴姫は二十歳になっていた。この年六月二十五日の「隆光僧正日記」に隆光が紀州邸に出かけ、「御産所」で祈禱したことが記されている。綱吉による易経の講釈のある日だったが、出席するはずだった隆光は柳沢吉保に事情を話し、綱吉の「内意」を得てから紀州邸に向かった。昼前、鶴姫のもとに伺い、「御平産所」と「御産後御座之間」で祈禱し、部屋の五方に「安鎮之御札」を押し込めた。無事出産すれば祈禱の効力があったことになる。しかし効験《こうげん》足らず、その後、鶴姫は流産した。
○元禄十五年（一七〇二年）五月二十四日、虎の門に鶴が飛来して、騒ぎになり、すぐに御触れが出た。「**近所の町方は申すに及ばず、どこの町でも鶴が降りてきたら、早速木戸を閉めて通行人を止め、番所へ連絡しなさい**」。翌二十五日の『護国寺日記』には「放れ鶴が降りてきたら御目付衆に注進しなさい」と記されている。

鶴に関する一連の動きは生類憐みの令によるものだと解釈されてきたが、それはそうだとしても、より正しくは鶴姫のための鶴愛護令と呼ぶべきだと思う。

鶴姫は子を得ることなく宝永元年（一七〇四年）四月十二日、二十八歳で亡くなった。これで綱吉は自分の血をひく者に跡を継がせることができなくなった。同年十二月五日、綱吉は甥の綱豊を養子に迎えた。綱豊は西の丸入りし、名を家宣と改めた。
○宝永四年（一七〇七年）八月二十七日、小石川鳥飼番《とりかいばん》（鶴番）四人が重追放処分を受けた。小石川御殿（現小石川植物園）の下に放し飼いされていた鶴の管理が悪く、死んでしまった責任を取らされた。重追放は流罪に次ぐ重い処罰で、関東、中山道筋、東海道筋、近畿圏、肥前に入ることができない。

綱吉は御殿下《ごてんした》の田んぼに鶴の飼育場を設け、番人を置いて餌付けしていた。鶴は小石川と早稲田の田んぼを行き来していたという。早稲田大学近くの鶴巻町という地名はその名残である（『新編武蔵風土記稿』『元禄宝永珍話』『年録』）。

5 俳人・宝井其角の、巧みな生類憐み批判

貞享四年（一六八七年）七月、虫売り禁止令の後日談をしておきたい。元禄六、七年ごろだろうか、其角は浅草浅茅原《あさじがはら》に吟行《ぎんこう》に出かけた。ここは謡曲『隅田川』で知られる旧跡である。わが子梅若丸《うめわかまる》を探して京から来た母親が浅茅原の塚の上で梅若丸の亡霊と手と手を取り交わす。江戸時代は虫聴きの名所でもあった。其角は浅茅原から渡し舟で向島に渡り、三囲《みめぐり》稲荷（三囲神社）に俳句を三句奉納した。その中の一句――

頬摺やおもはぬ人に虫屋迄　（『五元集《ごげんしゅう》』）

其角には解釈の難しい句がたくさんあるが、その中でも「頬摺や」の句はとくに難解だ。『五元集全解』（岩本梓石《しせき》、昭和四年）は次のように評釈している。「焦尾琴《しょうびきん》（其角句集）に浅茅原吟行と前書きがある。虫屋とは虫売る家のことではなく、虫かごのことを昔は虫家《むしや》といった。しかしこの虫屋は虫売り屋かもしれない。頬摺やは、この虫かごをのぞくので、思いもよらぬ人と頬を摺り寄せるという意である。あるいは捕まえた虫をのぞかせても

らったか、虫屋に行って知らない人とのぞきあったか、語尾の迄の字がはなはだ不可解である」（要約）

要するによくわからない。神社に奉納するくらいだから、其角にはこの句に特別な思い入れがあったに違いないが、其角が虫かごを前にしてこの句を詠むはずがない。貞享四年七月二日の町触れで虫売りはすでに禁止されていたからだ。

生類憐みの令と関連づけ、深読みして虫屋の句を解釈してみよう。ある日、其角は浅茅原に吟行に出かけた。そこに一人の男が近づいて来た。頰を寄せ、其角に小声で話しかける。

「その節はありがとうございました。あの時、助けられた虫屋でございます」

思わぬ人との再会だった。

「頰摺や、おお、あの時の虫屋迄」――

其角は寛文元年（一六六一年）江戸に生まれ、十四、五歳のころ、芭蕉の門に入り、宝永四年（一七〇七年）、四十七歳で死去した。生類憐みの時代に俳句生活の大半を過ごしたことになる。其角は生類憐みの令に批判的だったが、あからさまに批判すれば、捕まってしまう。だからといって黙っていたら胸のつかえがおりない。いきおい生類憐みがらみの句はわかる人にしかわからない難解な句になる。

其角句集『雑談集《ぞうだん》』（元禄四年）の中の連句――

酒宴《さかもり》にさかなのなきぞ比興《ひきょう》なる　粛山
迷惑ながら馬になる袖　彫棠《ちょうどう》
養《やしなう》を孝とはいはじ月の道　其角

連句の生類憐みによる解釈――
公方様だって魚抜き。肴《さかな》（魚）のない酒盛り、これも一興でしょう。（粛山）
御迷惑でしょうが、私も一興。袖踏んで馬（綱吉を指す隠語）になって歩きます。（彫棠）
ところで生類憐みですが、犬に飯を食わせてただ養うのは孝行とはいえません。月の出た明るい道なのに、わざとらしく親の手を引いて歩くようなものです。（其角）
其角は用心深い。連句で綱吉を揶揄しているように見えて、そうではないと言い張ることもできる。「犬をただ養うのでは孝にはなりません。だから生類憐みの志を持つことが肝要なのです」と弁明できる。そこまで考えて其角は生類憐みの句を詠んでいるように思う。

香薷散《こうじゅさん》犬がねぶつて雲の峰　其角（『五元集』）

猛暑だ。夏空に峰のような雲が見える。あまりの暑さに犬までが香薷散（熱を取り去る漢方薬）をねぶって（なめて）いる。そういう情景の句である。

香薷は和名ナギナタコウジュという草で、花穂《かほ》などを乾燥させて薬にする。花穂の形が薙刀《なぎなた》に似ている。平安時代の『本草和名《ほんぞうわみょう》』では「いぬえ」「いぬあららぎ」と呼ばれている。花穂を犬のしっぽに見立てたようだ。

犬が香薷散をねぶるのは実景かもしれない。「御犬様の体の熱をとってやりましょう」。犬医者がもっともらしい顔で香薷散を処方する。生類憐み揶揄の句である。犬に香薷散をやるのは無用の骨折りだろう。

元禄四年（一六九一年）八月、其角は大山不動（神奈川県）に吟行した。

鹿やせて餅くふ犬の毛並みかな　遠水《えんすい》
腰おしやかゝる岩根の下紅葉《したもみじ》　其角

句集『雑談集』には、二つの句が並んで載っている。

遠水の句は写実の句。鹿はやせているが、参詣人から餅をもらって食べている犬は毛並みがいい。毛並みがいいのは生類憐みのおかげだ。

その次の其角の句も写実の句。大山不動へは急な山道を上る。そこで参詣人に楽をさせようと、銭九文で腰を押す商売があった。俳友智海《ちかい》宛の手紙に「（また江戸に来て）さわがしき犬の屎《くそ》ども御ふみ成さるべく候」とあり、「（大山不動では）十八丁の岩壁を（上る助けに）九文にて腰をおし申し候」「今様《いまよう》の無用の骨を折り申し候」と書かれている。

これでやっと大山不動の句が二つ並んでいる理由がわかった。いずれも無用の骨折りなのである。生類憐れみで犬にたらふく餅を食わせるのも、岩壁の腰押しも。

元禄二年（一六八九年）三月二十七日早朝、松尾芭蕉は深川にあった門人杉山杉風《さんぷう》の別宅・採茶庵《さいとあん》を出て『おくのほそ道』の旅に出た。杉風は通称鯉屋杉風。芭蕉の後援者で、深川芭蕉庵はもとは鯉屋の生けす番小屋だったという。江戸本小田原町《ほんおだわらちょう》（日本橋）にも生けすを持ち、生きた鯉を商っていたが、芭蕉旅立ちの時は生けす商売を禁じられていた。

芭蕉は日光街道の宿場町千住で見送りの人々と別れた。その中に杉風もいた。

行春《ゆくはる》や鳥啼魚《とりなきうお》の目は泪《なみだ》

これも謎の句である。奥の細道の句では最も解釈が分かれるが、わかりにくいのは生類憐みの令のせいかもしれない。綱吉という一人の絶対権力者の登場によって、それまで何の問題もなかった「生きたるものの商売」ができなくなった鯉屋杉風。そのどうしようもない現実を批判することもできない。杉風と別れるにあたって、魚のように流せば水の中に消えていく涙を流したのではなかったか。この日、芭蕉は巷の塵《ちり》を打ち払って、生類憐みの令とは無縁の細道の旅に出た。

第五章

馬憐み令

1　綱吉が最も愛したのは「馬」だった

戌年生まれの綱吉は犬にこだわり、見知らぬ犬でも養いなさいと人々に命じ、娘の名が鶴姫だから鶴を傷つけないよう大切に保護した。綱吉の個人的感情が投影されてはいるが、生類憐みの令であるには違いない。だが、綱吉が本当にこだわり続けたのは馬だった。

綱吉は正保三年（一六四六年）一月、江戸城で生まれた。幼名は徳松。自分の子供にも同じ名をつけた。承応二年（一六五三年）八月、元服し、松平右馬頭《うまのかみ》綱吉と名を改めた。通称右典厩《うてんきゅう》公。典厩は律令時代の馬寮の長官である。元服してから将軍になるまで二十七年間、綱吉の官職名は右馬頭だった。人一倍、馬に愛着を持つようになって当然だろう。

馬は飾り立てずに、自然な姿が一番美しいと綱吉は思っていた。延宝八年（一六八〇年）八月、将軍位に就いた綱吉は、将軍用の馬を買わせるため早速奥州に人を派遣した。「ただし筋延べの馬は買うな」。ごつごつしたとも（後肢）の筋を切って広げ、のびやかに見せた馬が人気になり始めていた。馬の姿形を変え、それを喜んで買い求める世の中の風潮が気に入らなかった。奇妙な格好、奇妙な行動をして世間を騒がせるカブキ者が江戸の町を横行していた。武士も町民も徒党を組み、男達《おとこだて》と称して世間を闊歩していた。そういう時代に綱吉は将軍になった。綱吉は馬を飾り立てる行為をやめさせようとした。

◯貞享二年（一六八五年）九月十九日には「**馬の筋延べは不仁である**」と述べ、馬の姿形に手を**加える「拵《こしら》え馬」を禁止した。**この御触れは全国に伝えられた。

◯貞享三年（一六八六年）二月三日には「**雨天の時、馬の尾を巻くのは縄二重までならかまわない。馬喰の馬は拵え馬と紛らわしいので尾巻を禁止する**」と御触れが出た。尻尾の巻き方にまであれこれ言う。

◯同七日には「**馬の尾の先を焼くこと、治療のためならかまわない。尾ぐき**（尾骨）**を切り、焼きごてをあてることは禁止する**」とまた御触れが出た。

◯同二十三日には「**このごろ馬の尾筋を取って通る馬がいると上聞に達した。馬主を調べなさい**」と大目付から徒目付、小人目付に仰せがあった。

華美を禁じ、馬の姿形に手を加えることを嫌い、次々と御触れを出した。

ここまでは隆光が江戸に来る前までの話である。

貞享四年（一六八七年）一月の捨て牛馬の禁令は、それまでに出された馬に関する御触れとかなり性質が異なる。それまでは馬の外見を問題にしていたが、この時初めて牛馬をどのように扱うか、心の問題を提起した。いまだ死なざる内に捨てるな、と綱吉は命じた。病んだ牛馬にも慈愛を持って接することが人の道ではないか。綱吉はそう主張している。

貞享三年七月の「犬養育令」も、今回の「捨て牛馬の禁令」も、隆光による生類憐み進言の影

綱吉が描いた馬の絵。満開の桜の下で一頭は草をはみ、もう一頭は桜の方を眺めやる。綱吉は飾り立てていない自然な馬の姿を好んだ。（京都妙心寺蔵）

響がうかがえる。綱吉は「憐れむ」という心の問題の大切さに目覚めた。

馬を傷つけた者、死なせた者、殺した者も処罰されたが、軽くて流罪だった捨て牛馬に比べると、その罰は軽かった。多くの事例は「人の道に反する」とまでは言えない事件だったからだ。

○貞享三年（一六八六年）九月一日、青山下野守下屋敷（港区南青山）前で米四俵を運んでいた馬が突然悲鳴を上げた。馬引きが驚いてみると、馬の尾の脇を小刀で突き立てている男がいた。男は松平左京太夫家来使用人の加左衛門で、この日は主人に暇をもらい方々で酒を飲み、前後不覚で事件を起こしてしまったという。加左衛門は牢舎の上、同月二十五日、追放処分となった。

このほかにも酒に酔って馬に切りつけ、江戸十里四方追放などに処せられた事例が『御仕置裁許帳』に七件掲載されている。

○元禄二年（一六八九年）十月十八日、原宿村（渋谷区）の百姓使用人八兵衛は馬に竹を積んで目黒橋（目黒区）を通りかかったが、馬に乗っていた世田谷村の百姓権助に竹が当たり、権助は落馬、馬は川に転落し死亡した。竹を積んだ馬を引いていた八兵衛は「事故ではあるが相手の馬を殺したのは事実である」と牢舎入りを命じられ、約三カ月半後に赦免された。

拵え馬で捕らえられたものもいるはずだが、町方の記録では具体例が見つからない。『寛政重《かんせいちょう》修諸家譜《しゅうしょかふ》』によると、小納戸《こなんど》若藤杢《わかふじもく》右《え》衛門《もん》が元禄三年二月五日に改易、同五年五月九日に許されているが、拵え馬による処罰だったようだ。武家での出来事は内々に処理されることが多いので、記録に残りにくい。

放《はな》れ馬（迷子馬）のことも問題になった。

○元禄七年（一六九四年）三月五日、二人の旗本が放れ馬の面倒を見なかったことを理由に遠慮（外出禁止）を命じられた。四日後「**最近放れ馬がいたが、飼料を与えるのが遅い。荷下ろしも長引いている。生類は心を入れて憐れむようにしなさい**」と町触れが出た。

○同四月三日には百人組の与力が家の近くの病気の馬をよく介抱したとお褒めの言葉を頂戴した。

○同九月十二日には「**最近放れ馬の中に病馬がいるようだ。放れ馬のようにして捨て馬をしているのならば問題である**」と町触れが出た。

2 「馬のもの言い事件」の犯人追跡への執念

元禄六年（一六九三年）六月、日本の歴史上、類例を見ない事件が起きた。「馬がものを言った」という、それだけの話が大事件に発展した。だれがそんな話を言い触らしたのか、綱吉は幕閣に徹底捜査を命じた。「すべての町民を調べ、だれから聞いたか、噂を逆にたどっていけば犯人が見つかるではないか」。仰せに従い、六月十八日に町触れが出た。

このごろ馬がものを言うと申し触れする者がいる。先年も灸針《きゅうしん》のこと申し触らし、またこのようなこと（申し触らすこと）が起きた。不届きである。どこの馬がものを言うのか。（疫病が流行ると）薬の法組《ほうぐみ》（処方）まで申し触らしているそうだが、どの医書にそんなことが書いてあるのか。町内ごとに調べ、書付にして出しなさい。隠せば罪になる。（要約）

申し触らし（流言《りゅうげん》）は犯罪だった。町触れ記録『撰要永久録』によれば、噂の出所を突き止めるため口書き（調書）を取られた江戸町民は三十五万三千五百八十八人に及んだ。子供などを除き、ほぼすべての町民から調書を取ったようだ。幕末の与力佐久間長敬《さくまおさひろ》によると、この事件は町奉行所内にも長く言い伝えられ、綱吉の指示に対し、奉行所は膨大な数の調書を取るのは無理だと難色を示したが、綱吉の不興を買い、切腹でも仰せ付けられる者が出てはいけないと柳沢吉保が心配し、奉行、与力も命がけで調べにあたったという。「甲は乙から聞いた、乙を呼び出して尋ねると丙から聞いた、それをたどって段々手を広げ、一日に数百人を呼び出し、昼夜調べ、ついに突き止めた。奉行も与力も命がけだった」（『佐久間氏襍稿《ざっこう》』）

元禄七年三月十一日、町触れが出て、筑紫団右衛門という浪人の処刑が町民に伝えられた。

「この者の儀、去年夏中《なつちゅう》、馬ものを申す由、虚説申し出し、その上はやり煩いよけの札、並びに薬の法組まで作り、実なきことを書付流布いたし、重々不届きに付き斬罪に申し付けるものなり」

『元正間記』には馬が何を言ったのか、もう少し詳しく書いてある。「馬のもの言うことには、そろりころりという煩《わずら》い（コレラ？）が流行る。早く南天の実と梅干を煎じて飲めば煩いを受けず。さもなければ、そろりと煩い、ころりと死ぬまで」。神田須田町の八百屋惣右衛門が前年、大坂から取り寄せた梅干を高値で売ろうとして、団右衛門に売り方を頼み、そろりころり話で人を引き付けて、梅干しと処方箋を売りさばいたという。

団右衛門は幕臣近藤登之介組の与力、筑紫新助の弟で、江戸市中引き回しの上、浅草で斬罪となった。八百屋惣右衛門は流罪と決まったが、島送りになる前に牢死した。ところで、この事件でとんだとばっちりを受けた人物がいる。笑い話『鹿の巻筆《まきふで》』を書いた鹿野《しかの》武左衛門だ。『元正間記』によると、落語家でもある武左衛門は市川団十郎が乗った馬が楽屋口で「いこう（すごく）重い」とものを言ったという笑い話を創作し評判になった。これにヒントを得て団右衛門が「そろりころり」の話を作ったのだという。

武左衛門は人心を惑わしたとして伊豆大島へ流された。五年後の元禄十二年四月、赦免となり江戸に戻ったが、体調すぐれず、同年八月に没した。武左衛門は何ひとつ犯罪に関わっていないのに処罰された。

将軍になるまでの二十七年間、右馬頭様と呼ばれていた綱吉には「馬がものを言った」と、た

鹿野武左衛門作『鹿の巻筆』の「堺町馬の顔見世」挿絵。
江戸の米河岸できざみたばこを商う芝居好きの甚五兵衛、市川団十郎が舞台で乗る馬の後脚となって念願の初舞台を踏む。舞台右手に陣取った「米河岸客衆」が馬の脚の登場に「いよ馬様、馬様」と声をかける。甚五兵衛は黙っているわけにもいかず「いいん、いいん」と言いながら、舞台を跳ねまわった。
『鹿の巻筆』に書いてある「馬のもの言い」はこれだけの話だ。馬が「いこう重い」と言った、と『元正間記』にはあるが、これは落語家・武左衛門が人前でしゃべった時の話のようだ。
『鹿の巻筆』は貞享3年（1686年）の出板で、その時は何のおとがめもなかったのに、8年後の元禄7年（1694年）に馬のもの言い事件に巻き込まれ、武左衛門は伊豆大島に流罪になった。とんだ、とばっちりである。板元《はんもと》の弥吉は江戸追放に処せられた。馬のことになると、綱吉は過剰反応を示す。（挿絵は『江戸笑話集』日本古典文学大系、岩波書店より転載）

わけ話が流布すること自体が許せなかったのだろう。「馬のもの言い」の町触れの中に「先年も灸針のこと申し触らし」とあるが、これも綱吉の個人的なことが関係している。「灸針のこと」は元禄二年四月の町触れに出ている。「灸をしてはいけない日があると書物にもないことを言い触らした者がいる。不届きである」というのだ。駿河の人が「私の所持している書物に書いてあります」と名乗り出て、お咎めなしになったが、なぜ綱吉が灸の記述にこだわったのかというと、綱吉は鍼灸師の杉山検校《けんぎょう》（杉山和一《わいち》）を重用し、いつも灸をしていたからだ。灸の臭いを忌避する伊勢神宮の参拝規則では「灸は三カ所まで。四カ所以上は三日参拝をはばかる」となっているが、綱吉が定めた将軍家墓所、霊廟参拝時の規則では「灸は何カ所でも行水《ぎょうずい》すれば参拝してもよい」となっている。「灸をしてはいけない日がある」と言い触らすのは自分がしていることに対する批判であり、「不届き」なのだ。綱吉は噂に過敏に反応する。「馬のもの言い」を空前絶後の大事件に仕立て上げたのも、綱吉の過剰反応だった。綱吉政治は一応の理屈に支えられながらも、そこに綱吉の個人的理念、感情がさまざまにからみ合っている。犬の養育令の時と同じだ。

3 綱吉の異名、「右馬頭」に疑問を呈した「唐犬」権兵衛

どうやら「馬」は綱吉を指す隠語として使われていたらしい。「馬のもの言い」事件の過剰反

応もそう考えると理解しやすい。

綱吉が将軍になったころ、江戸の町には男達《おとこだて》と呼ばれた無頼《ぶらい》の徒が闊歩《かっぽ》していた。天和三年（一六八三年）一月、綱吉は中山勘解由《かげゆ》直守を盗賊追捕《ついぶ》の役に起用し、火付、盗賊、男達を徹底的に取り締まった。『元正間記』は、中山勘解由によって江戸の男達の命脈は断たれたと記している。その中に当時知られた男達で、幡随院《ばんずいいん》長兵衛の一の子分だった唐犬《とうけん》権兵衛が中山邸に出頭し、「唐犬」と「右馬頭」の問答をする話が出てくる。少し長いが要約する。

中山勘解由はこの度、盗賊改めの役を仰せ付けられ、男達と名のついた者を根絶せよとの上意を受け、その日早速、下谷《したや》金杉《かなすぎ》の唐犬権兵衛宅に踏み込んだが、権兵衛が留守にしていたため、母親・女房・伜《せがれ》・小者の四人を召し捕った。伯母の病気見舞いから帰ってきた権兵衛は騒ぎを知り、「これよりすぐに中山殿に参る」と言って家を走り出た。

権兵衛は中山殿の玄関にかしこまり、「年寄りの母はもちろん妻と子も、拙者のことで身を苦しめるは心外でございます。御慈悲をもってご赦免、願い奉ります」と申し述べた。中山は「さては名代《なだい》の者。願いにまかせ、母妻子《つまこ》は赦免する。権兵衛に縄をかけて目通りさせよ」と申しつけた。

「早速まかり出《いで》、神妙である。その方、年来男達を業《なりわい》とし、水野十郎左衛門（幡随院長兵衛を殺害した旗本）を手込《てごめ》にいたしたこと、相違ないか」

「お尋ね、いかにも相違ございません。水野殿手込にいたしましたことは、やむをえない意趣があるからでございます」

「有体《ありてい》の申し分、男達というだけのことはある。それにつき尋ねたいことがある。それだけの器量があり、異名《いみょう》もいろいろある中で、唐犬とは畜生の名である。なぜそのようにつけたのであるか」

「唐犬の異名、ご不審をこうむり、つまびらかに申し上げますが、私もお尋ね申し上げたいことがござります。公方様、館林様であられましたその節、右馬頭様と申す畜生の御名は、どういう訳にて付かせられましたか、それを承って唐犬の異名のいわれを申し上げます」

さすがの中山勘解由も顔を赤くし、返答にも及ばず、「牢舎、申しつけよ」と下知《げじ》し、唐犬権兵衛は伝馬町の牢屋敷に引っ立てられた。

この時、男達の類三十七人、市中引き回しの上、品川鈴《すず》ケ森《がもり》において打首獄門となった。道すがら男どもは「中山勘解由の祭りじゃ、とんからから」と大声で歌った。これにて江戸の男達は止《や》んだ。（要約）

唐犬権兵衛は実在の人物である。中山勘解由が盗賊追捕役になる前年、天和二年（一六八二年）刊行の『好色一代男』の中で、井原西鶴は名の知れた江戸の男達として唐犬権兵衛を登場させている。小説主人公の世之介《よのすけ》は女遍歴を重ね、親から勘当され「また江戸に来て唐犬権兵衛のもとに身を寄せていた」。世之介は両の額を剃り上げていた。「あたまつき（髪の形）が人と変わって、男前も良く、女が好きそうな風だった」と西鶴は記す。剃り残した髪が耳の垂れた唐犬（西洋犬）のように見える。これを唐犬額と呼んだ。

　唐犬の異名のいわれについて『元正間記』は次のように書いている。

「先年、芝のあたりへ行き、御旗本大道寺権内《ごんない》という人の屋敷の前を通りかかると、大道寺手飼いの唐犬二匹をけしかけられた。左右から飛びかかるところを権兵衛、躍り上がって二匹の犬を踏み倒し、鼻面つまんで、七、八間《けん》、投げ飛ばす。また飛びかかるところを下駄で踏み殺し、それから唐犬の異名を取った」

　大道寺権内は書院番、桐の間番を務めた実在の旗本である。唐犬・右馬頭問答が実際にあったとは思い難いが、「馬」が綱吉を指す隠語として使われていたことの傍証にはなるだろう。

　唐犬権兵衛のその後について触れておきたい。『元正間記』は、中山勘解由と問答した後、品川で打ち首獄門に処せられたかのように書いている。定本西鶴全集『好色一代男』（校注潁《え》原《ばら》退蔵）の唐犬権兵衛・頭注には「江戸の町奴、幡随院長兵衛の子分。水野十郎左衛門を襲い、品川に於いて梟首《きょうしゅ》せられた」とあり、ほかの古典文学全集も多くがこの注を踏襲している。ところが『元正間記』をよく読むと、唐犬権兵衛が打ち首になったとは書いていない。

『男達見《おとこだてみ》立《たて》角力《すもう》番附《ばんづけ》』（江戸中期）の大関は幡随院長兵衛、関脇は唐犬権兵衛で、前頭に唐犬十右衛門、唐犬三右衛門、唐犬五郎治、唐犬五郎左衛門の名が見える。唐犬十右衛門は初代市川団十郎の幼名海老蔵の名付け親として知られている。著者不明『久夢日記』によると、前頭の唐犬四人は中山に捕まらず「ぶなん（無難）にて病死」したという。だが肝心の唐犬権兵衛がどうなったかについてはまったく触れられていない。

権兵衛は長生きしたという説がある。明治初年の『本朝俠客伝』（酔多道人著）によると「権兵衛は捕縛を逃れ、世を忍び、二十余年諸国遍歴のあと自首した。権兵衛は流刑となったが、後年、赦に会って江戸に帰り、生涯花々しき話をなして没したりと云う」。

「花々しき話」をしたそれらしい人物は確かにいる。江戸中期の柏崎永以《えいい》『事跡合考抜粋《じせきごうこう》』には「享保の始め、凡《おおよ》そ九十歳斗《ばかり》なる唐犬組の十兵衛と云《いう》、男達の果《はて》、小川町《おがわまち》の武家にて語らう」とある。この十兵衛がその後の権兵衛だったと思われるが、断定するだけの材料がない。いずれにしても唐犬権兵衛が処刑されたという記録が見当たらない。

4　晩年、馬憐み令を連発

老境に入った綱吉は、何か気になることがあったのか、馬についての御触れを連発する。

○元禄十五年（一七〇二年）五月六日、町触れ「**馬の荷物の分量は馬の様子を見て考えること。**

病馬、痛みある馬はいたわり、（荷物運びに）**使わないこと」**（宝永二年五月に再令、同四年二月に再々令）
○宝永三年（一七〇六年）二月十九日、町触れ「**いまだに痩《や》せ馬がいる。心を入れて養育しなさい。養えないものは訴え出なさい」**
○宝永五年（一七〇八年）八月十二日、**馬の首毛ふり**（焼き切り）**を禁じる。**「**古くはこのようなことはしなかった。駆けるのに役立たず、火を使うことを戒めるためにもこれからは一切無用とする**」。新井白石『折たく柴の記』は「これより後は、人々の引く馬も乗る馬も、みな野にある馬を見るようになった」と記す。
○同九月二十九日、小姓《こしょう》組の仙石左門、乗っている馬が途中でわずらい出したが、粗末に扱い、閉門を仰せ付けられた。
○同十月二十三日、御触れ「**生類憐みの儀、心がけ、病気の時は念を入れて養育しなさい。馬が途中で患ったり、けがした時は遠慮なくすぐ近くの屋敷に引き入れ介抱しなさい。道中の時は宿場の馬方が介抱しなさい**」
綱吉の晩年は大地震、大洪水、富士山噴火と異変続きだった。ずいぶん弱気になった感じがする。馬を大切にし、憐れむことで、天に許しを乞うているようにさえ思える。
○同二十七日、酔って馬を傷つけた徒士が追放され、二人が暇を頂戴した。「馬に乗る人々は馬に乗らず、引かせるだけになってしまった」（『折たく柴の記』）

宝永六年（一七〇九年）一月十日、綱吉がはしかにかかり亡くなった。十七日、寛永寺への出棺を前に馬の首毛ふりが解禁になった。

「先代が仰せ出されたが、馬の痛みにもならないので、前々の通り（首毛を）振ってよい」（『改正甘露叢』）

首毛が長くなりすぎてみっともない馬を葬列に使うわけにいかなかったのである。

第六章

「捨て子」の養育令・禁止令は、生類憐みの令なのか

1 歴史教科書が評価する、綱吉の「捨て子保護」

綱吉は捨て子を根絶しようと本気で取り組んだ最初の徳川将軍である。まず捨て子養育令を発し、しばらくして捨て子禁止令を出した。「生類憐みの令は悪い面ばかり強調されるが、捨て子の禁止令のようにいいこともやったではないか」と綱吉政治再評価論が浮上する中、捨て子問題はプラス評価の大きなウエートを占めている。

高校日本史教科書を開いてみる。捨て子問題はどのように書かれているだろうか。

「綱吉は、仏教にも帰依し、その影響で1685（貞享2）年以降、極端な動物愛護令である生類憐みの令を出した。これは捨子の保護など評価するべき点もあったが、違反者を厳しく処罰したので不満を持つ者が多かった」（高校教科書『新選日本史B』東京書籍、平成26年）

「1685（貞享2）年から数次にわたって発令された、動物愛護令の総称。とくに犬を大事にすることを命じた。この法律は、犬の殺生をさかんにしていたかぶき者の取り締まりや、捨て子の保護など、殺伐とした戦国の遺風をたとうとしたねらいがあったとされる」（同『高校日本史B』実教出版、平成26年）

「殺生を禁じ、生あるものを放つ、仏教の放生の思想にもとづく生類憐みの令は、捨子の保護など綱吉政権による慈愛の政治という一面をもっている。しかし大部分の人びとにとって行き過ぎた動物愛護の命令は迷惑なもので、とくに犬の飼育料を負担させられた関東の農民や江戸の町民の迷惑は大きかった」（同『詳説日本史改訂版』山川出版社、２０１７年）

いずれも「捨子の保護」命令を生類憐みの令の一つとして取り上げている。東京書籍『新選日本史B』は極端な動物愛護令であるこの法令の「評価するべき点」だとし、実教出版『高校日本史B』はそのねらいは「殺伐とした戦国の遺風」を断つことだと「される」と述べ、山川出版社『詳説日本史改訂版』はこの法令には「慈愛の政治の一面」があると指摘している。

このような記述は高校教科書に限ったことではない。辞書、事典類にも普通にみられる。物事を一方的に評価することを避け、こういう面もあるよ、と長所と短所のバランスをとって良しとする。ただ気をつけなければならないのは、足して二で割ることによって、問題点を明らかにしないまま、歴史的事実と評価を灰色に変えてしまうことだ。「良い面もあった」という綱吉の捨て子問題に対する評価はその典型例だろう。

私は高校教科書の記述に同意しない。

その理由の第一は生類憐みの令の「生類」に「人」を含んで解釈していることだ。綱吉が「生類」と語る時、その中に明らかに「人」は含まれていない。この明白な事実を見誤っている。捨て子関連の法令は生類憐みの令と同時に出された人憐みの令なのだ。

第二に、綱吉が特に「捨て子の保護」に力を入れたとする認識は正確ではない。捨て子はそれまでも保護されてきた。貞享四年に「捨て子養育令」が出ているが、これは前例を踏襲したものと考えられる（前例については後述）。元禄三年に徳川幕府で最初の「捨て子禁止令」が出ている。捨て子を禁止し、捨てた者を厳罰に処することによって捨て子をなくそうとした。綱吉が力を入れたのは「捨て子の保護」ではなく「捨て子の根絶」だった。

第三に、捨て子養育・禁止政策が十分に機能したかのような印象を与える記述になっていることだ。綱吉は捨て子を防ぐため町民の妊娠まで報告させた。徹底監視型の政策によって捨て子が減ったかというと、そうではなかった。町方に残された史料を見る限り捨て子が減ったとは言い切れないからだ（町方の記録は後述）。

2 「生類」に「人」は含まれているのか

貞享四年（一六八七年）四月十一日、捨て子、人が傷つけてしまった鳥獣、主なし犬について慈悲の心をもって取り扱うよう命じる御触れが同時に出た。重要な御触れなので全文を訳しておく。

覚

一　捨て子があればすぐに届け出なくてよい。その土地の者がじかに養うか、望む者にあげてもよい。（人にあげる場合）付け届け（金銭）は不要である。
一　鳥類、畜類を人が傷つけたら、今まで通り届けること。とも食い、生類が自ら痛みわずらった時は届けなくてよい。
一　主なし犬に近ごろ食物を与えないという話を聞く。与えればその者の犬のようになってしまい、あとあと難しいことになるため、いたわらない者もいると聞く。不届きである。今後はそのようなことのないように心得よ。
一　飼っている犬が死ぬと支配方へ届けていると聞くが、問題がなければ無用である。
一　犬ばかりに限らず、すべて生類、人々、慈悲の心を元とし憐れむことが肝要である。

「捨て子があればすぐに届けなくてよい」という書き出しはずいぶん唐突な感じがするが、この御触れ以前に何かあって、それを受けて捨て子の養育令が出たようだ。おそらく武州寺尾村、代場村で病馬を捨てた十人が島流しになった一件が関係しているだろう。寺尾村の三人は一カ月半ほど前の三月一日に牢舎入りし、四月九日に流罪が申し渡され、翌十日に三宅島に送られた。島送りは捨て子養育令が出る前日である。どこかの段階で町方の者から「捨て馬が問題なら、捨て子はどういたしましょうか」と奉行所に問い合わせがあったのではないか。その回答が捨て子養育令だったように思われる。

捨て子は人の道に反するという考えは江戸時代人の共通認識だった。それが生類憐みの令、特に捨て牛馬の禁止令が出たことがきっかけで、改めて「捨て子はみんなで大事に育てなさい」と御触れを出すに至ったと思われる。この段階では従来の幕府方針を踏襲する捨て子の「養育令」であって、綱吉に捨て子問題を何とかしようという強い意思が感じられない。

生類憐みの令に捨て子の保護政策を含む見解は、一九七〇年代後半以降、生類憐みの令研究をリードしてきた歴史学者塚本学によって提起された。その主著『生類をめぐる政治―元禄のフォークロア』（平凡社、一九八三年）の中で塚本は「生類とは本来ひとをふくむものだった」「捨子捨病人を禁止し、その養育を求めるのが生類憐み政策の重要な一環だった」と述べた。教科書、事典類などで、生類憐みの令は捨て子養育令・禁止令を含むとする記述は塚本の所説によっている。

生類は仏教で使われる言葉である。生類には人を含む場合と含まない場合がある。動物という言葉に人を含む場合と含まない場合があるのと同じだ。ただし綱吉は一貫して人と生類（人以外の動物）を区別して御触れを出している。前出の「捨て子養育令」に始まる御触れの最後の項目に「すべて生類、人々、慈悲の心を元とし憐れむこと」とあるが、この中でも「生類」と「人々」はきちんと区別されている。「生類」の中に「人々」は含まれていない。

綱吉以前の幕府文書でも生類は人を含んでいない。将軍家綱時代の寛文八年（一六六八年）に幕府は海外からの「生類」の輸入を禁止している。人を輸入するはずがないので、生類に人が含まれていないのは明らかだ。このとき輸入禁止になったのは「生類（見るだけで役に立たない外国の動物）」「衣服に使えない織物」「薬にならない植物」などで、いずれも不要不急のぜいたく品だった。綱吉時代の天和三年（一六八三年）にも同じ御触れが出ている。

生類憐みという言葉が初めて使われた貞享三年七月の町触れには「主なし犬が来ても食事を食べさせず、または犬そのほかの生類とりやり（やりとり）致すこと……」とある。「犬そのほかの生類」に人を含めば、人も犬と同じように「とりやり」されてしまう。そんなことを幕府が勧めるはずがない。

生類憐み政策を推進した側用人柳沢吉保も「生類」と「人」を分けて考えている。『柳沢家秘蔵実記』によると、吉保は生類憐みの令が不評であることを心配し、綱吉の機嫌のいい時を見はからって、「生類憐み」をさらに進めて「人憐み」にするよう提案した。

「御上《おかみ》（綱吉）はことのほか正直な人で、その御心に比べおとがめが強くなってしまいます。生類のことなど仰せに背けば、重き軽きにかかわらず、上意《じょうい》に背く心は同じことなので、背いた面々を処罰されました。（吉保は）生類を人に御替《おかえ》あそばされてはいかがでしょうか、と申し上げましたが、それは大いに心得違いであると御意《ぎょい》（綱吉の意思）を示されました」

綱吉は吉保の提言を一蹴した。為政者である綱吉にとって人を憐れむのは当たり前のことだった。綱吉は「人」ではなく、多くの人が顧みようとしない「生類」を憐れむことに格別の意味を見出したのであって、「生類」を「人」に代えることはできないのである。

塚本は生類憐みの令を「単に綱吉の愚行」とする歴史観から脱却し、生類憐みの令の持つ歴史的意味と当時の社会状況を明らかにしようと試みた。「ひとをふくむ一切の生類が権力によって保護」され「生類憐みの志をひとびとがもつことで世は安定し、人民は安らかな生活ができる」とする綱吉の意思をそこに見た。しかし「ひとをふくむ一切の生類」に対する保護（慈悲の心）に力点を置き、人を生類の中に含んでしまうと、綱吉が本来目指していた人を含まない「生類」を憐れむという行為の意味を見失うことになる。

塚本は貞享四年一月の「すべて人宿《ひとやど》、または牛馬宿《ぎゅうばやど》、そのほかでも生類煩《わずら》い重くなれば、いまだ死なざるうちに捨てるように聞いている」という御触れの中の「人宿」という言葉に注目し、「捨て病人」を禁止したと解釈したが、この御触れでいう「生類」とは主に病気の牛馬を念頭に置いたものだ。人を「死なざるうちに捨てる」のは綱吉以前から厳罰の対象で、人を「いまだ死なざるうちに捨てるように聞いている」ような事例は確認できない。[注2] これは人をも含む御触れではないのだ。

○元禄元年（一六八八年）十月九日に幕府道中奉行から「**捨て病牛馬の禁止**」（再令）と「**病気の旅人に薬を与えるなど念を入れ介抱すること**」を命じる御触れが同時に出ている。後の方は捨て病人禁止令ではない。天和三年（一六八三年）二月二十九日に出た御触れ「辻番は道路の病人、酒酔いの介抱をしなさい」と同趣旨の介抱命令であり、同じ御触れは家綱時代にすでに出ている。

○元禄元年六月十九日、囚獄（中央区日本橋小伝馬町）の獄守に命じた囚人の待遇改善命令が「人を含む生類憐み政策」の一つだとする研究者もいるが、どうだろうか。この命令が出る前の月に鶏を売買した町人二人、白雁《はくがん》を捕まえた一人が牢死している。そのため牢獄の待遇改善策として「冬に風が吹き抜けないよう獄舎の所々に格子を設け、月に五度ずつ行水をさせ、宿無しの者には雑紙《ざつがみ》をやり、秋には布子《ぬのこ》を一枚増やして二枚ずつ与える」（『御当家令条』）ことにした。もともと大した罪でもないのに牢に入れられ、牢死する不運な人がこの三人だけでなくほかにも大勢いたのだ。人を痛めつけておいて大丈夫かと手を差し伸べても、それを慈悲とは言えないだろう。

3　多くの捨て子を養い続けた老中・阿部忠秋

昔の物語、随筆には捨て子の話がよく出てくるが、捨て子を拾ったと公的な機関に届けずにわが子として育てたり、欲しい人に授けたりしている。現在の民法では人は生まれると同時に人としての権利を有し、生後十四日以内に出生届を出すと決められているが、江戸時代にはそのような規定はなかった。江戸時代の戸籍である宗門人別帳には何歳までに子の届を出せばよいのか、

注2　『御仕置裁許帳』によると家綱時代の寛文四年に長患いの兄を両国橋から落とした男が獄門に処せられた。捨て病人の事例は綱吉時代の判例集では確認できない。

統一した規定がなかった。藩によって異なるが、二歳から五歳くらいで子の名前を届けることが多かったようだ。乳幼児の死亡率が高く、養子に出すことも多かったから、急いで届けなかったのだろう。つまり乳幼児はすぐに公的機関に届け出る必要がなく、書類上はこの世に存在しないも同然だった。

家光、家綱時代に老中を務めていた阿部豊後守忠秋《ぶんごのかみただあき》は数多くの捨て子を拾って来て屋敷で育てた。捨て子はみな豊後守の一存で養った。だれに断る必要もなかった。綱吉が亡くなった宝永六年（一七〇九年）の序文がある著者不明の武家逸話集『武野燭談《ぶやしょくだん》』には、豊後守が毎年数十人の捨て子を拾ってきて養い育てたと記されている。

豊後守はしばしば寛永寺、増上寺の将軍家霊廟に代参に出かけたが、早朝まだ人通りも少ないころに屋敷を立つので、町で捨て子を見つけることが多く、拾って自分の屋敷で育てた。これが噂になって豊後守に拾われるよう捨て子をする者が後を絶たなかった。家臣が「貧しき者の計略にかかるのも口惜しく、これから先のわからぬ小児を養うのも無益の費えです」と諫めると、豊後守は笑って答えた。

「親子ほど恩愛深いものはない。ことに乳房の嬰児《えいじ》を捨てる親の気持ちにもなってみよ。何とも養えないから捨てるのである。どれほど悲しいことだろうか。それを拾い養い、相応に見立てて召し使う時にはそれほどの費えにはならない。そもそも御城下に捨て子があるは天下の恥なり。その恥を隠すは老臣の役なり」

捨て子は天下の恥であり、よからぬことであるという認識が豊後守にはある。それなのに老中でありながら子を捨てた親を探し出そうともしないし、処罰しようともしない。親は貧しくて子を育てられないから捨てるのであって、その親を探し出して子を戻したところで問題は解決しないのだ。親を見つけて罰することよりも、捨てられた子をどうするかの方が重要だった。豊後守は拾ってきた子を屋敷で育て、奉公人として使った。女子は出入りの町人、あるいは軽輩者でも「もらいたい」という者があれば、相応に形を整えて縁付けてやった。

「捨て子があればすぐに届け出なくてよい。その土地の者がじかに養うか、望む者にあげてもよい」という綱吉時代の捨て子養育令は前例を踏襲して出されたものだった。綱吉が特にどうこうしたということではない。

4 「金銭付きで養子をもらい、捨てる」事件への厳罰

捨て子は古くから社会問題だった。平安時代初め弘仁四年（八一三年）、何とか捨て子をなくそうと朝廷は「捨てた親は杖《つえ》百打ちの刑に処する」（『政事要略』）と布告した。鎌倉幕府誕生の直前、建久二年（一一九一年）には「病者と孤児を捨てるのは厳禁である」（『三代制符』）と宣旨《せんじ》が出ている。ずっと昔から捨て子は犯罪だった。

老中阿部豊後守が拾ってきた子の多くは生まれて間もない乳飲み子だった。だれかに拾われることを期待して実の親が捨てる。この場合、親が見つかっても意外なほど軽い処分ですんだようだが、軽いためか、なかなか記録に残らない。

時代は下がるが、江戸中期の宝暦・明和《めいわ》年間、幕府勘定奉行に播州平田《ひらた》村（兵庫県三木《みき》市）から問い合わせがあった。村の娘との間に生まれた子を生活苦で育てられず捨ててしまった平田村百姓について「娘の親とも話がつき、村払い（村追放）は重すぎるので、きつく叱り置くにとどめたいがどうでしょうか」という内容だった。勘定奉行は「地頭（大名）の判断でよいので拙者方へは届けなくてよい」と返答している（『日本財政経済史料巻九』）。

天明三年（一七八三年）、江戸横山町に数え二歳の男児を捨てた百姓の妻は「きついお叱り」を受けただけで釈放された（『よしの冊子《そうし》』七）。よほど悪質な場合はともかく、拾われることを期待して子を捨てた親に対する処罰は、もともとその程度だったのかもしれない。

綱吉の時代にはもっと悪質な捨て子が横行していた。わが子がいい人に拾われ育てられることを期待する捨て子ではなく、金目当ての養子の捨て子事件だ。金銭（付け届け）付きでもらった養子を捨て、金銭だけを頂戴する。捨て子養育令に「付け届けは不要である」とあるのは、そのことを指している。

綱吉政権は一貫して捨て子問題に対して厳しかった。捨て子養育令がまだ出ていない時から、金目当てで養子や預った他人の子を捨てた者を死刑にしている。綱吉以前も極刑に処せられていた可能性はあるが、判例が見つからない。綱吉時代の判例集『御仕置裁許帳』には養育令が出る前の処罰例が三件出ている。〇三歳の娘に養子の口があると母親をだまし、娘を人にやった男が天和三年に牢死し、死後斬罪になった件、〇奉公に出た母親から娘二人を養子に出してくれと頼まれ、金三分と銭二百文を受け取って子を捨てた男が貞享元年に牢死した件、〇金二分付きで生まれて間もない娘を養子にもらい、道端に捨てた男が貞享四年に牢死し、死後獄門晒首《さらしくび》になった件だ。生類憐みの令が出る以前から、金銭目当ての養子捨て子事件は犯罪だった。

綱吉が捨て子禁止令を出す一年七カ月前、〇元禄二年三月十八日、数え一歳の女の子を捨てた父親が捕まり牢に入れられた。永富町《ながとみちょう》（千代田区内神田）に住む七左衛門は体が不自由で働けず、女房は女児を産んだあと、同じ長屋の夫婦に子を預け、授乳を兼ねた乳持ち奉公に出た。ところが子供を預けた長屋の女房が離縁され、やむなく子を引き取った七左衛門は困り果てて日本橋の商家の前に子を捨てた。『御仕置裁許帳』は子の生死を記していないが、無事拾われたようだ。父親は揚屋に入れられ、四カ月後にやっと赦免になった。当時の捨て子としては相当重い罰だった。

5　元禄三年、江戸時代初の「捨て子禁止令」

〇元禄三年（一六九〇年）十月二十五日、江戸時代最初の捨て子の禁止令が発令され、諸藩にも伝えられた。

「捨て子はいよいよ御制禁《せいきん》である。養育できない理由があれば、奉公人はその主人、御料（幕府領）は代官手代、私領はその村の名主・五人組、町方はそこの名主・五人組に申し出なさい。育てられなければ、その土地で養いなさい。この上、捨て子をすれば必ず罪となる」
○八日後の十一月三日、追加の御触れが出た。
「今後は七歳までの子どもは名主方の帳面に付け置き、子供が死んだか、奉公に出したか、養子に出したか、よそに引っ越したか、よそから引っ越してきたか、詳細に記しなさい」

いろいろな御触れが次々出るため、幕府も町民もだんだん混乱し始める。病死した犬や捨て子があった場合、番所に届けたり、届けなかったり、町内でやり方が違ってきた。
○元禄七年十一月二十九日、江戸の名主から町奉行に「病気や喧嘩で死んだ犬、それに捨て子は望む者の養子として届けなくてもよいと以前（貞享四年四月）御触れがありましたが、届けている町もあります。どのようにするのがよいか御指図してください」と御伺書が出た。
○翌月二日、町奉行は幕府の見解を確認した上で「どんな理由でも死んだ犬、捨て子があれば届けなさい」と回答した。
○中野犬小屋に犬収容が始まる一カ月前、元禄八年十月十一日には「前々から触れているが、捨て子はいけない。度々捨て犬があり、不届きにつき堅くしてはならない。捨て子、捨て犬、養うのが難しければ、支配方へ申し出なさい」と御触れが出た。とうとう捨て子と捨て犬が同一レベルの扱いになってしまった。庶民からすれば、どちらもお上の仰せられることであって、人と犬を区別する理由も必要もなかった。

生類憐みの令の中に、人憐みの令である捨て子禁止令が混在してしまった。

○元禄九年八月二十二日、幕府は捨て子に関する新たな町触れを出した。これからは妊娠まで調べなさいというのだ。

「捨て子はしてはならない。子を育てられない者は申し出なさい。今後は地借《ちがり》、店借人《たながりにん》が子をはらんだら大家、地主に知らせ、出産、傷産《しょうさん》（未熟児死産）、流産、三歳までの子は死んだか、よそへやったか、帳面に記しおきなさい」

妊娠を届けさせた政権は初めてだろう。自分の決めたことは徹底的に実行させようとする綱吉の性格がよく表れている。九月七日にもほぼ同じ内容の町触れを出して念押しした。

捨て子禁止令はその後、元禄十三年七月、元禄十五年十月、宝永元年（一七〇四年）九月に繰り返し出されている。捨て子があった後に、注意喚起のために発令されたものと思われる。

『御仕置裁許帳』には元禄三年の禁止令以降に起きた実子の捨て子事件が三件記載されている。

○元禄四年、女房を奉公に出したため、父親は一歳の娘を養えず芝金杉（港区）の門前に捨てた件。父親は流罪を申し付けられたが、その前に牢死した。

○元禄四年、柳原《やなぎわら》石置き場（千代田区）に子を捨てた男と手伝った男がつかまり、伊豆利島に流罪となった。

○元禄九年、父親が目の見えない九歳の娘を本所《ほんじょ》（墨田区）の割り下水に捨てて逃げた。娘は助け出される。捕まった父親は翌年牢屋内で患い、元の家主に預けられるが病死。罰として死体は埋葬されず、捨て置きとなった。

金目当ての捨て子事件はいずれも極刑に処せられた。

○金銭付きでもらった養子を捨て、死罪獄門三人
○金銭付きでもらった子を切り殺して川に捨て、磔一人
○養子の口があると母親にうそをつき、金銭付きで預かった娘を捨て、死罪獄門一人

このほか、

○発見した捨て子が間もなく死んだため捨てて捕まり、牢死一人
○養子などを捨て、追放・牢死三人
○下女の子を捨てさせ、牢死四人
○発見した捨て子を置いたままにして犬に食われて死亡させ新島に流罪が一人

以上のような捨て子事件が『御仕置裁許帳』に掲載されている。

諸藩でも捨て子事件の重罰化が進んだ。加賀藩では綱吉時代に十一件の捨て子・子殺し事件があったことが史料上確認できるが、全員が死罪（磔または梟首《きょうしゅ》）に処せられている。実子を川や古井戸などに捨てた事実上の子殺しが五件、畑に捨てたケースが一件、銀付きのもらい子・養子を捨てたケースが四件、残り一件は生活苦から孫を町内に捨てたケースだった。[注3]

6　捨て子がなくならなかった理由

捨て子禁止令発令後の綱吉政権下では、実の子を捨てた親は「流罪」「牢屋で患い病死、死体捨て置き」に処せられている。実子捨て子は原則流罪だったようだ。それ以前は、子供を川に投げ入れるような、死ぬことを承知で捨てた悪意の事件でないもの、だれかに拾われることを期待した捨て子であれば、お叱りか、重くても所払い（町払い、村払い）程度ですんでいたと思われる。禁止令以後は非常に重い罰が科せられ、そうすることで捨て子そのものを根絶しようとした。厳罰で自分の命令を徹底させようとするのが一貫した綱吉の政策だった。生まれた子や養子の名前を名主方の帳面に必ずつけるようにさせたのも、捨て子保護のためというよりも、金目当ての養子捨て子事件をなくすことが主目的だった。

教科書には綱吉が「捨て子の保護」に力を入れたと書いてあるが、保護とは具体的に何を指しているのかわからない。「捨て子に乳をたっぷりやりなさい」「栄養あるものを食べさせなさい」

注3　立浪澄子「越中における産児制限の歴史と子育て意識の変容Ⅱ―公事方記録に見る加賀藩の子殺しと実態から」を参考にした。

と命じたわけでもない。引き取り手を探すというレベルの話なら綱吉以前から行っている。「捨て子養育令」は捨て子の保護・養育について述べてはいるが、目新しいものではない。綱吉が力を入れてやろうとしたのは「捨て子の根絶」である。そのために「捨て子禁止令」を出した。生類憐みの令の一環であるという思い込みに引きずられて、「捨て子の根絶」が「捨て子の保護」にねじ曲がってしまった。

捨て子禁止令以降、金目当ての養子・もらい子の捨て子事件は激減した。犯人はすべて極刑に処せられ、『御仕置裁許帳』で確認できる処罰例も減っている。

同じ時期『御仕置裁許帳』記載の実子捨て子事件は三件しかない。処罰三件は少ないようだが、禁止令による抑止効果が出たとは考えられない。金目当てではない捨て子はなくならず、親も注意して捨てるようになり、捕まらなかっただけだ。捨て子禁止令が何度も出たということは捨て子がなくならなかったことを意味する。南伝馬町の名主高野家が町奉行所に提出した言上《ごんじょう》帳《ちょう》を見ると、そのことがはっきりする。

高野家は現在の中央区京橋の一部（南伝馬町二丁目、南伝馬町三丁目新道《しんみち》、南塗師町《ぬしちょう》、南鞘町《さやちょう》、松川町一、二丁目、通三丁目代地）と港区赤坂と元赤坂の一部（赤坂田町《たまち》五町、赤坂伝馬町五町）を支配する大名主だった。『南伝馬町名主高野家日記言上之控』には元禄十三年以降、綱吉時代だけで捨て子の記録が十一件あり、そのうちの九件は捨てた親がわからない捨て子事件、一件は父母行方知れずの捨て子、一件は養育していた捨て子（養子）が病死した件だった。＝148～150ページに別表綱吉は捨てられた子供の身元を突き止めるため、妊娠の有無まで調べさせていたが、効果はほとんどなかった。町人社会ではお腹が大きくなれば、近所の者はだれでも知ることになる。生まれた子がいなくなれば、すぐに気がつく。捨て子がなくならない最大の原因は別の所にあった。

○元禄五年十一月一日、大坂町奉行所から捨て子の町触れが出た。

「捨て子禁制の儀は前々より度々触れているが、最近も捨て子の報告が来る。大方は在郷または町はずれの非人の子だろうから、町中に注意し、夜番の者に申し付けて、捨てた者はもちろん、怪しい者も見つけ次第、捕まえて来なさい」（要約）

捨てられる子の大方は非人の子、と奉行所は断定的に述べている。

貧しい者の中でも非人の抱える悩みはとりわけ深刻だった。被差別社会の最下層民である非人に落とされた者は人間扱いされない生活を強いられた。非人の子はまた非人である。わが子を地獄のような生活から救い上げるには捨てるしかなかった。

江戸でも捨て子の多くは非人の子だとする見方が広がっていた。将軍吉宗時代の享保十一年（一七二六年）一月、捨て子問題をどうするか、町奉行から意見を求められた江戸の名主が「去年中申し上げました通り、非人どもの方に少しずつ金を添えて（捨て子を）渡すよう仰せ付けられれば、捨て子はことの外、減ると存じ奉ります」（『撰要永久録』）と答えている。もともと非人の子だから非人に戻してしまえば、子を捨てる者はいなくなるという理屈だが、実行はされなかった。子が捨てられるのは何かの事情があってのことで、また非人になっては捨てられた子のためにならないからである。

元禄五年五月七日、谷中《やなか》感応寺裏門前で江戸の非人たちに幕府から施行米《せぎょうまい》（お救い米）が下された。浅草弾左衛門《あさくさだんざえもん》、車善七《くるまぜんしち》、品川松右衛門《しながわまつえもん》手下《てか》の非人四千三百二十九人、頭《かしら》のいないよそから来た非人千三十七人が施しを受けた（『御当家令条』）。

綱吉の時代には五千人をはるかに超える非人が江戸の町にいたのだ。

捨てた親を詮索して処罰し、捨て子をなくそうとする綱吉式のやり方はあまり成功しなかった。結局、貧困と被差別問題を解決しない限り捨て子はなくならなかった。綱吉の死後、徳川家の跡を継いだ家宣は直ちに生類憐みの令を廃止したが、人憐みの令である捨て子禁止令は廃止しなかった。幕府、諸藩ともに綱吉時代と同じように金目当ての悪質な捨て子、子が死ぬことを承知の捨て子には死罪を命じ続けた。情状酌量の余地のある実子の捨て子については流罪のような厳罰をやめ、「きついお叱り」や「所払い」など軽い処分ですませるようになった。理念を先行させ、厳罰主義で物事を解決しようとする綱吉政治の特質が捨て子禁令にもよく表れている。「捨て子はしてはならない。生類憐みの志を持つことが肝要である」と綱吉はひと言も発しなかった。捨て子禁止令は生類憐みの令でないからである。

●『南伝馬町名主高野家日記言上之控』記載の捨て子事件

一　①元禄13年5月1日　深夜、南塗師町（中央区京橋）の家の前に2歳ばかりの女子が捨てられていた。朝、奉行所に届ける。「養いたい者があれば訴え出なさい」と仰せ付けられる。6日、芝金杉の長兵衛が「養いたい」と申し出て認められる。

②元禄14年4月18日　南伝馬二、三丁目四つ辻、喜兵衛家脇に5歳ばかりの女子捨て置かれ、今朝見つけ、介抱する。近所の子供が「鈴木町（隣接地）の子だ」と言うので調べたところ、同町四郎兵衛の姪すてと判明した。父親は居所知れず、離別した母親も行方知れず、四郎兵衛が娘を引き取った。

③同8月11日　真夜中、南塗師町の半右衛門家の前に2歳ばかりの男子捨てられる。同月15日霊岸島川口町の喜兵衛の願いにより養子に遣わされる。

④同8月29日　朝、南塗師町の孫兵衛家の前で捨てられた生後2～3カ月の女子を発見。9月7日、本材木町の屋根屋次郎右衛門の願いにより養子に遣わされる。

⑤元禄15年3月21日　明け方、通三丁目代地の家の前に生後2～3カ月の男子が捨てられているのを辻番人が見つける。4月2日、永沢町の長左衛門が養子にもらい受ける。

⑥同4月28日　真夜中、南塗師町の家の前に2歳ばかりの男子が捨てられているのを辻番人が見つける。5月7日、南鍛冶町の十兵衛の願いにより養子に遣わす。

⑦同閏8月14日　南鞘町善兵衛は昨年5月11日新両替町に捨てられていた男子を養子にもらい受けたが、5歳になる男子は腹中を患い、閏8月13日午後死亡した。新両替町の庄兵衛が立ち会い、死骸を寺に送り弔う。翌14日奉行所届け出。

⑧元禄16年1月21日　通三丁目代地、伊兵衛の家の前に昨夜、当歳（1歳）の女子が捨て置かれ、今朝伊兵衛が見つけ、家で養い、奉行所に届けた。女子は同日昼前、わずらい出し、医者が駆け付けたが、同日夕、息を引き取った。死骸は検死の上、小塚原回向院下屋敷に埋められた。

⑨元禄16年11月13日　南伝馬町六兵衛家の前に当歳の男子捨て置かれ、朝見つけ早速養育し、奉行所に届け出る。同17日、下槇町《しもまきちょう》の彦兵衛の願いにより養子に遣わされる。

⑩宝永元年2月12日　南伝馬町、太右衛門家の前に生後1カ月ほどの女子が捨て置かれ、夜明け前に番人が見つけ奉行所に届ける。茅場町の平右衛門が願い出て同16日養子に遣わされる。

⑪宝永3年10月30日　松川町市左衛門宅路地に生後50〜60日ばかりの女子が捨てられ、晩方、泣き声で市左衛門が気づき、奉行所に届ける。11月11日霊岸島銀町《しろがねちょう》の八兵衛の願いにより養子に遣わされる。

第七章

徳川光圀の生類憐み

1　世継ぎをめぐる綱吉との確執

元禄三年（一六九〇年）十月十四日、水戸家徳川光圀の隠居が認められた。翌日、光圀は父と同じ中納言（黄門）に昇進し、家格を守ることで隠居の花道が用意された。「多病」であることが隠居の理由だった。「寒いときは知らずに（痔で）下血漏れすることがある。大樹公（綱吉）が御清浄の御吟味をされている時に不調法の上の不調法になる」（『桃源遺事』）と光圀は語った。「御清浄の御吟味」とは将軍家霊廟のある三山（東叡山寛永寺、江戸城紅葉山、三縁山《さんえんざん》増上寺）参詣時の規則を綱吉が新たに制定したことを指す。「痔などは衣服に付く程度なら供奉に差支えはない。御内陣は遠慮しなさい」と定められた。「知らずに下血漏れすることがある」光圀は霊廟内陣に入るのを遠慮しなければならず、そのことを隠居の理由に挙げた。見事な「口実」だった。実際、参拝中に下血すれば、あとでどんな問題になるかわからない。世継ぎ問題で綱吉と確執があった光圀は水戸家に傷が付かないうちに養子（兄の次男）綱條《つなえだ》に家督を譲ろうと考えていた。

光圀は初代水戸藩主徳川頼房《よりふさ》の三男だが、本来家督を継ぐべきであった長男頼重《よりしげ》（讃岐《さぬき》高松藩主）に代わって二代目水戸藩主になった。なぜ長男が跡を継がなかったかというと、長男誕生時、将軍家光にまだ嫡子がなく、尾張家、紀州家にも嫡子がいなかったため、御三家末弟の水戸家の男児が将軍位につく可能性が出てきた。そのことをはばかって長男は家臣に預けられ、水戸家を継ぐことができなかった。そこで光圀は長子相続の原則を守るため、わが子を兄の養子に出し、代わって兄の長男を養子に迎え、その養子が亡くなったため今度は兄の次男に水戸家を継がせた。こうして水戸家の血筋を本来の長子相続に戻した。この実子交換養子縁組は光圀、生涯の自慢だった。

嫡子がいない家綱（家光の長男）の跡は、家光の次男が早逝したため、三男の綱重が継ぐべきだったが、綱重も病死したため、光圀の考えでは、長子相続の原則に従い綱重の嫡子綱豊が継承順位第一位、家光四男の綱吉は継承順位第二位になった。ところが家綱の死去時、十九歳の綱豊に対し「まだ若い」という意見が出て、光圀もこれに同意し、三十五歳の綱吉が五代将軍となった。光圀は「いずれは血筋を戻し、綱豊を将軍にすべきだ」と考えていたが、綱吉にその気はまったくなく、徳川家を継ぐと、御年二歳の嫡子徳松を館林藩主とし、藩主のまま江戸城西の丸に若君として迎え入れた。「綱豊を将軍家の養子（世継ぎ）とし、徳松は綱豊のあとの甲府藩主とすべきだ」という光圀の意見は綱吉の不興を買った。

徳松は五歳で病死し、そのあと綱吉は子に恵まれなかった。「何としても自分の血を分けた男児が欲しい」。それが綱吉の最大のテーマになった。「水戸の思うようにだけはしたくない」と誓っていたかもしれない。万策尽きて綱豊を世子として西の丸に迎え入れた時は、徳松死去から二十一年も経っていたのである。

2　光圀は綱吉に「犬の皮」を贈り、生類憐みを諫めたか

綱吉の嫡子問題を抜きにして生類憐みの令を語ることはできない。天和三年（一六八三年）に徳松が死去した後、綱吉周辺では動物の殺生を避けようとする動きが顕著になった。あとで振返れば、それは生類憐みの令が始まる前兆だった。

母桂昌院は護国寺参りを欠かさない。とにかく綱吉の子が欲しい。綱吉誕生時の祈禱をした護国寺亮賢に今度も祈禱を頼み、意見も聞いただろう。「善行を積めば子が授かるかもしれない」。桂昌院と綱吉は殺生をやめ、身の回りの生き物の命を救って功徳を積もうと考えた。江戸近辺で猟師以外の鉄砲の使用を禁じた。将軍家の鷹匠を減らし、数多くの鳥の命を救った。将軍家の台所で生きたものを料理することをやめさせた。綱吉は全国の大名に同じことをしなさいと命じてはいない。綱吉の意識は将軍家の大奥に向けられている。

徳松が死んで三年後の貞享三年（一六八六年）、綱吉は僧隆光を知足院住職にせよと厳命した。『徳川実紀』が記す通り、隆光はすでに綱吉神田屋敷に出入りし、綱吉はその祈禱の力を高く評価していたと思われる。そのことについては第二章で詳述した。徳松誕生時の祈禱をしていた可能性すらある。知足院隆光は「嗣《し》（跡継ぎ）を求めるのは生物《しょうぶつ》を愛するのがよろしいでしょう」

（『三王外記』）と進言した。綱吉は江戸城近くに知足院を移したいという隆光の願いを許し、祈禱所をどこに造るかまで指示した。元禄元年（一六八八年）十一月十八日、新しい知足院に綱吉御成り。辰の刻（午前八時ごろ）から酉の刻（午後五時ごろ）になるまで綱吉は知足院にいた。しかし、隆光の祈禱の力をもってしても、綱吉が子を授かることはなかった。

貞享年間のある日、側用人の牧野備後守（成貞《なりさだ》）から御三家の面々に「大樹公（綱吉）に若君が生まれないので御養君（養子）をもらい相続されてはどうでしょうか」と相談があった。光圀が「それは上意か」と問うと「上意ではありません」と答えがあった。光圀は言った。「大樹公はまだ若く若君が御出生されないとも限らない。もし若君が生まれず御養子となれば甲府宰相（綱豊）がいる。もし理を非に曲げ甲府宰相をいやと思召《おぼしめ》しなら尾張中将（綱政《つなまさ》）がいる。これをも理を非に曲げいやと思召せば紀伊中将（綱教《つなのり》）がいる。これをも理を非に曲げいやと思召すなら余の倅《せがれ》少将（綱條《つなえだ》）もいる。御養子のことを決めるのはまだ先でも遅くはない」（『桃源遺事』）。これでこの話は立ち消えになった。

綱吉は実は、長女鶴姫の夫、紀伊家の綱教を養子にすることを考え始めていたのではないか。牧野が上意を抜きに勝手に養子のことを御三家に打診することなどありえない。紀伊家の綱教はこの時、後継順位第三位だった。光圀は長子相続の原則を盾に綱吉の考えを否定した。綱吉と光圀の目に見えない確執はさらに激しさを増していく。

『桃源遺事』は光圀の死の翌年、元禄十四年（一七〇一年）に水戸藩士が編纂した光圀語録・逸話集である。綱吉の犬愛護政策について、光圀はこんなことを語っている。

「江戸城で御三家おそろいの席で、西山《せいざん》公（光圀）は老中阿部豊後守（正武《まさたけ》）に御物語あそばされた。生類を御憐みあそばさるる事は、人を御憐みする余りを生類にまで及ぼすことと存じております。しかしながら、これまでは人すら御仕置きになり、どう申しましょうか、害のある生類まで殺してはいけないとのこと。もっとも生類であっても罪がなければ、みだりに殺すようなことがあってはいけません。それゆえに手前の屋敷にいたずら犬が参り、悪事をいたしましたので申し付けて殺させた、と御話あそばされた由」

西山公はこのようにして生類憐みの令の行き過ぎを諌めた、と多くの人は理解したが、この逸話はもう少し深読みして考える必要があるように思う。豊後守は光圀の話をもっともと思いながらわが胸に納める。綱吉に申し述べて事を荒立てるようなことはしない。光圀からすれば水戸屋敷での犬殺しが何かの拍子で発覚した時に「老中には伝えてある」と言えば話はそれで収まる。家臣が主君に何事かを諌める時は切腹覚悟でするものだ。このくらいのことで綱吉と争い、兄の子を養子にもらい受けた水戸家の一大事になるようなことはしない。

こういう話はやがて尾ひれがついて伝わっていく。『元正間記』に隠居した光圀が綱吉に犬の皮を贈って生類憐みの令を諌めた話が載っている。「腰に当てて寝敷に使えばはなはだ温まり養生になります」と口上付きで贈られた箱を開けると、中に犬の皮が十枚納めてあった（皮の枚数は諸説ある）。将軍は不機嫌になったが、おとがめにはならなかった。老中ほか五十人に同じ箱入りの犬の皮が贈られ、諸役人も舌を巻いて黄門様のご器量の程に恐れ入った――と書いてある。この話は明治以降、講釈師がさらに尾ひれをつけて面白おかしく語り継ぎ、映画にもなったが、綱吉が怒ることがわかっていて、犬の皮を献上するはずがない。まったくの創作である。黄門様の回顧談にもない。

3　綱吉に隠居を命じられた光圀が残した詩

元禄三年十一月二十九日、徳川光圀（水戸黄門）は江戸を立ち、水戸に去った。光圀が隠居したのは、自発的だという説と綱吉に追いやられたという説がある。江戸研究で多大な功績を残した三田村鳶魚《えんぎょ》は「追いやられ説」だ。

「綱吉だっていつまでも辛抱してはおらぬ。元禄三年五月三日、光圀に隠居、国住まいを命じた。（略）光圀はいかほど腹を立てたものか、江戸を発って国へゆく時に、養子綱條《つなえだ》へ与えた詩の結末に古謂君雖以不君、臣不可不臣とある。将軍は背倫悖徳《はいりんはいとく》の将軍でも、かりにも将軍に仕える身分であるから、俺は無法な申付けでも服従して、隠居もすれば、国へも帰るぞというのだ。勝手にしやアがれ、手前は手前、俺は俺だと、熊公八公なら江戸っ子をきめこんだところなのである」（『足の向く儘《まま》』）

綱條に与えた問題の詩は『桃源遺事』に載っている。その後半部分——

嗚呼汝欽哉　ああ汝、つつしめよや
治国必依仁　国を治むるは必ず仁によれ
禍始自閨門　禍《わざわい》は閨門《けいもん》（婦人の部屋の入り口）より始まる
慎勿乱五倫　慎んで五倫を乱すなかれ
朋友尽礼儀　朋友には礼儀を尽くし
旦暮慮忠純　旦暮《たんぼ》（朝夕）、忠純をおもんぱかれ
古謂君雖以不君　古きにいう。君以《もっ》て君たらざるといえども
臣不可不臣　臣、臣たらざるべからず

将軍綱吉のもとで、水戸家をいかにして守っていくか、その心得を詩に託したのである。「主君が主君として足らぬところがあっても、家臣は家臣としての務めを果たさなくてはならない。ああいう主君だからこそ、朝夕、主君への忠純を忘れず、臣として尽くせ。処世を誤り、家をつぶすようなことがあってはならない」という戒めである。

「勝手にしやアがれ、手前は手前、俺は俺だ」という三田村鳶魚の解釈は面白いが、私は「自発的隠居説」をとる。「将軍とそりの合わない自分は江戸にいない方がいい。養子綱條もその方が

気を使わずやりやすいだろう。あとは故郷で俺は俺、勝手にやらしてもらいましょう」。鳶魚ファンの私だが、どうも結論は反対の方へ向かって行く。

「禍は閨門より始まる」というのは世継ぎ問題を指している。大名家の御家騒動の原因のほとんどが世継ぎ騒動だった。綱吉は自分の血を分けた子を世継ぎにしたいがために、光圀の言うことには耳を貸さない。綱吉も光圀もこの問題にこだわっている。漢詩のこの一行、どこか暗示的である。民を悩ましている生類憐みの令も、元は「閨門（世継ぎ問題）」から始まっている。光圀はそう語っている気がする。

4　光圀の方がよほど生類愛護家だった

水戸からさらに奥、西山荘（茨城県常陸太田市）に隠居した光圀は松前藩から献上され、江戸屋敷で飼っていた丹頂鶴をこの地に放した。この鶴を天神林《てんじんばやし》村（同市）の長作という者が殺してしまい、牢に入れられた。光圀は自ら成敗すると言って長作を庭に引き出し、「憎き奴かな。鶴を殺したがよいか、これがよいか」と刀を四、五回、長作の肩のあたりにあて、つーっと振り上げた。「もうこれまでか」と思った時、「この者を殺しても鶴は生き返らない。禽獣のために人を殺すのは人の道にあらず。助け置く」と刀を収め、死刑を取りやめて追放を申し付けた。

追放とは居住地の町村から追い払う罰だ。光圀は「どこかに落ち着くまでの蓄えとして、米飯と路銀をやりなさい」と役人に指図した。「このような者は食べ物がなければ、またどのような悪事をするかわからない。当分飢えないようにしておきなさい」。そこに詰めていた者は「御慈悲の至り、言語に絶し、あり難き義に存じ奉り候」と感じ入ったと『桃源遺事』は記す。実話だろう。綱吉なら死罪にするところを、米飯路銀付きの追放ですませ、男の更生にまで配慮した。さすが黄門様、という話だ。しかし光圀は「生類憐み」という行為に反対していたのではない。反対していたのは「──の令」の厳罰主義の部分である。

隠居後の光圀の家臣への指示は、綱吉の生類憐みの志とほとんど反する所がない。

「慰めに（遊びのために）漁猟をすべきではない。御用があれば猟師、漁民に仰せ付けるがよい」

「馬の筋延べはよろしくない。第一不仁の至り。用にも立たない」

「味のため鶏犬を殺して食うのは不仁である。鶏は時を知らせ、犬は家を守る。それをどうして憐れまないでいられようか」

「病気で役に立たなくなった牛馬を養う民どもには飼料を下された」

生類憐み原則賛成、人への厳罰反対というのが光圀の基本姿勢だったと言えるだろう。

「西山公は捨て子をも度々拾われた」

捨て子禁止に反対する理由はもともとなかった。

しかし、綱吉と光圀の生類憐みには決定的な違いがあった。綱吉は鶴や馬など特定の動物だけを好んだが、光圀はありとあらゆる動植物に興味を持っていた。「禽獣草木を世話して増やすのは身（自分）のためではない。日本のためを思うゆえなり」と光圀が言ったのは本心だっただろう。

植物は朝鮮人参、コショウなど香辛料、梅、リンゴ、ミカン、ザボンなど実のなる木、その他いろいろ育てた。虫はミツバチ、ホタル。タニシ（食用）は三河から取り寄せ、池に放した。赤貝、サザエ、ハマグリ、ナマコは常陸の海に放した。山椒魚、ナマズ、食用になりそうなカメも放し育てた。鳥はアオサギ、カササギ、白キジ、獣は白鹿、ノロ鹿、白イノシシ、ヤマアラシ、リスを山林に放ち、羊、綿羊、カモシカ、ロバ、豚、オナガザル、ジャコウネコを飼育した。クジャク、インコ、オウムその他の外国産の鳥も育てていた。綱吉は個人の理念と感情で生類を憐れみ、光圀は動物への共感を持って生類を憐れんだ。

綱吉の生類憐みの志は、光圀が隠居したころ新たな段階に入り始めている。子を授かりたいという一心から、江戸城台所で生きたものの料理を禁止したが、効果は現れない。生類憐みの令を出しても事態は進展しない。「もう子を得るのは難しいかもしれない」と綱吉自身が感じ始める。しかし始めてしまった生類憐みをやめるつもりはない。

綱吉は理屈を好む。少年時代から学問が好きだった。父家光がそのことを気にしていた。「徳松（綱吉）は知っていることも知らないように振る舞うべし。利発すぎれば竹千代（兄家綱）に憎まれるぞ。利口なることを褒めはやすな」（『武野燭談』）。学問好き、理屈好きは将軍になっても変わらなかった。嫡子誕生を断念した綱吉は生類憐みに新たな政治的な意味を発見する。その先に「聖人君主」への道が続いていた。

第八章

「聖人君主」への道

1 「鳥、獣、魚……には、それぞれ住むべき場所がある」

生類憐みの令に儒学、中でも朱子学の考えがどのように取り入れられているか、見ていきたい。綱吉の生類憐みは「生き物を殺さず、食わず、功徳を積む」という段階から、新しい国づくりのための「生類憐み政策」に変貌していく。

幕府の学問に朱子学を取り入れたのは徳川家康である。天下人となった家康は朱子学者の藤原惺窩《せいか》に仕官するよう求めたが、惺窩はこれを固辞し、代わりに弟子の林信勝《のぶかつ》（羅山《らざん》）を推挙した。羅山は家康の近くにいて和漢の書を講じた。

羅山『三徳抄《さんとくしょう》』に言う。

「草木の種を植えれば草木を生じ、鳥獣はまた鳥獣を生み、人はまた人を生み、鳥は空をかけ、獣《けもの》は野山を走り、魚は水に住む。これまた偽りなし。つらつらよろづの物をみると、一つとして真実の理でないものはない」

真実の理は太極《たいきょく》ともいい、天理ともいう。朱子学では天理（真実の理）はすべての物に内在していると考える。人には人の、鳥には鳥の、獣には獣の、魚には魚の天理がある。禽獣虫魚にはそれぞれの住む場所、生きる場所がある。君は君、臣は臣、父は父、母は母、子は子の務めがあるように、「鳥獣にもそれぞれの務めがある」（『仮名性理《かめいせいり》』）と羅山は言う。「君（君主）は天下の人を愛し、臣は君によく仕え、父は子を憐れみ、夫は外を治め、婦《ふ》は内を治め、兄は弟を教え、弟は兄に従い、友達は礼儀を以て交わる」「父母を愛してのちに妻子兄弟を愛し、そののちに一族を愛し、そののちに万民を愛し、その上に鳥獣草木をも愛する。これが仁を押し広める順序である」

林家朱子学は既成秩序を是認する。

将軍になった綱吉は羅山の孫信篤《のぶあつ》（鳳岡《ほうこう》）と儒者の人見友元《ゆうげん》を呼んで月に二、三度『経書《けいしょ》』について討議をさせた。朱子学者である信篤には別に月に二、三度『大学』を講じさせた。君主には君主にふさわしい学問が必要だった。

天和二年（一六八二年）正月元日の講書始に、綱吉は『大学』の小序から三綱領までを読むよう柳沢吉保に命じた。三綱領（明徳《めいとく》・新民《しんみん》・止至善《ししいぜん》）は朱子学の基本理念で、学問をもって己の明徳を明らかにし、それを天下国家に知らしめ、民を新たにして国を治め、善に至ってとどまる。以後、毎年の講書始に吉保は『大学』を講じるよう命じられた。

母桂昌院のために護国寺を創建したことでもわかるように、綱吉は母の影響を受けて信心深い人間に育った。生類憐みを発令する以前に鷹狩りをやめ、江戸城台所で鳥類、生きている魚介類の料理を禁じたが、これも無益な殺生を避け、功徳を積む仏教的な行為だったと考えられる。私的生活で先行して生類憐みを始めていたとも言えるだろう。「犬養育令」（貞享三年七月）から始まった初期の生類憐みの令も憐みや慈悲の心を強調する仏教色の濃厚な法令だったが、武家や庶民を巻き込んだ法令となった段階（貞享四年一月）で、私的な生類憐みは公的生類憐みに衣替えを始め、君主の学問である朱子学と合体することによって綱吉の生類憐みは新しい段階を迎える。

綱吉は猟師が鳥や獣を撃ち、漁師が魚を獲ることは禁じなかった。猟師には猟師の「分《ぶん》」、漁民には漁民の「分」があり、猟（漁）をすることは天理に反しないからだ。魚鳥を飼い置いて食べることを禁じ、さらに進んで、魚鳥、虫まで飼うことを禁じたのは、天の理に反し、不仁であると考えたからだろう。鳥獣虫魚、すべての生き物にはそれぞれの住むべき場所がある。だから元いた場所に放すべきだと綱吉は考える。同じように仏教では功徳を積むために動物を放生する。

最初の生類憐みの令が出て一年三カ月がたった貞享四年十月十一日、江戸の名主たちが北町奉行所に呼ばれ、書付を渡された。その中になぜ生類を憐れむのか、なぜ「主なき犬」にも食事を与えて養うのか、綱吉の思うところが記されていた。

「上《かみ》より（生類憐みを）仰せ出されたのは人々に仁心《じんしん》も生じるように思召《おぼしめ》されてのことである」

この時、初めて生類憐みの令で「仁心」という儒教の言葉が使われた。法の目的は人々が仁心を持つことにあると綱吉は考えている、と奉行所は説明した。仁心と憐み（慈悲）、儒仏の精神を一体化させることに綱吉は生類憐みの令の新たな意義を感じ始めていた。

名主たちが「思召し」を聞かされた翌々月、さらに「仁心」あふれる仰せが出た。

○十二月一日「**鹿猪の被害で百姓が迷惑しているのなら玉を込めていない鉄砲でおどして追い払**

いなさい。もし玉を込め殺生などしたら、本人だけでなく名主、五人組まで処罰される」

空砲で追い払うだけで被害がなくなるはずがない。仁心あふれる仰せには現実に起きている物事を解決する力がなかった。こんなことで人々に仁心が生まれようもないのだが、厳罰を科すことによって法令を実行させようとした。[注4]

この八日後、幕府の命令で古河《こが》（茨城県）に滞在中の儒学者熊沢蕃山《ばんざん》が禁錮に処せられた。蕃山の弟子だった幕府大目付を通じて出された献策書『大学或問《わくもん》』を綱吉は受け入れなかった。蕃山は岡山藩の藩政改革で実績を上げ、その名は全国に知れ渡っていたが、一方では林羅山のように「耶蘇《やそ》の変法なり」と言って排斥する動きもあった。

『大学或問』は冒頭で「人君（君主）の天職は何ぞや」と問いかけ、「（人君は）人民の父母たる仁心ありて、仁政を行うを天職とす」と述べている。蕃山は百姓の税軽減、藩の財政難解消、参勤交代の期間延長（藩主の国元滞在延長）、寺請《てらうけ》制度（檀家制度）の廃止など二十一か条の提言をした。「上の人の令する所、善であっても、庶民の人情、社会の変化から外れていることがある」と生類憐みの令によく当てはまるような文言もあるが、内容はあくまで献策である。綱吉も部分的のその提言を取り入れたかに見える。

注4　元禄二年三月十四日、猪狩りをした白金台（港区）の百姓六人が捕まった。六月二十八日になって「猪鹿狼は害になる時のみ鉄砲で撃ってよい」と御触れが出たが、それでも百姓六人は流罪に処せられた。

「学校は人道を教える所也。治国平天下《ちこくへいてんか》は心を正しくするを本とす。是政《まつりごと》の第一なり」と蕃山は言う。綱吉の思う所と相違する所がない。蕃山はさらに付言する。「大君《たいくん》、老臣・諸侯・上士・中士をひきいて議論講習す。大君の道徳に親切なる一言は、他の千言万語よりまさりて、諸侯・諸士の心志《しんし》を感動す」

元禄三年八月二十一日、綱吉は自ら『大学』を講じ、諸老臣がこれを拝聴し、以後、月に一度の『四書』の講演が常例となった。将軍（大君）が儒学を講じることなど、いまだかつてなかった。『大学或問』に触発されたと考えていいのではないか。そして何よりも「（人君は）仁政を行うを天職とす」という冒頭の言葉が綱吉を刺激したのではないか。蕃山は古河城内の一隅で禁錮生活を送ったが、番人も付けられず、自由に述作することができた。綱吉は蕃山提言のすべてを拒絶したのではなかった。蕃山、元禄四年八月十七日、死去。享年七十三。

2 「釈迦の慈悲」と「孔子の仁愛」の融合こそ、生類憐みの令

江戸には仏教大寺院は数々あったが、儒教の殿堂がなかった。綱吉は上野忍岡《しのぶがおか》にあった林家孔子廟《こうしびょう》に父家光が参拝したことがあると聞き、孔子生誕の日[注5]にあたる元禄元年十一月二十一日に側用人牧野成貞の先導で初めて参拝し、林信篤に命じて聖帝堯《ぎょう》の事績を記した『堯典《ぎょうてん》』を書院で

進講させた。

「堯舜《ぎょうしゅん》、天下を帥《ひき》いるに仁をもってして、民これに従う」（『大学』）

堯と舜は古代中国の伝説的聖帝である。「人皆堯舜たるべし」と日本の朱子学の祖、藤原惺窩《せいか》は言った。「堯舜が天下を治めていた時、天下の民、皆に仁心があり、堯舜のようだった」（『大学要略』）。綱吉が思い描く理想社会も堯舜の時代にあった。聖徳と慈悲の心が満ちあふれ、万民がその分《ぶん》に応じて幸せに暮らしている。綱吉の死後、柳沢吉保も「（綱吉は）天下を堯舜の時代のようにしようと思召されていた」（『常憲院贈大相国公《じょうけんいんぞうだいしょうこくこう》実紀』）と述懐している。

綱吉は元禄二年（一六八九年）二月二十一日、三年三月二十一日にも林家孔子廟に参拝した。二十一日は孔子生誕の日。綱吉はこういうことをおろそかにしなかった。性格がよくわかる。

元禄三年七月九日、綱吉は林家の孔子廟を神田台に移し、廟殿を建築するよう命じた。八月二十一日には江戸城で綱吉による『大学』の講座が始まった。十一月二十一日には「大成殿」の文字を染筆《せんぴつ》し、新造の孔子廟に扁額《へんがく》にして掲げるよう信篤に命じた。十二月二十二日に大成殿（湯島聖堂）が落成、工事総奉行の松平輝貞ほか関係者が拝謁を賜り、大工棟梁依田伯耆《ほうき》に銀十枚が下された（『徳川実紀』）。

綱吉は堯舜の道を目指して突き進んでいる。生類憐みの令によって仁政が実現できると考えて

注5　孔子生誕の日は林信篤による解釈。諸説ある。

いる。絶対権力者のやることはだれも止めることはできない。御政道批判は許されない。

元禄五年（一六九二年）八月二十日、側用人牧野備後守を通じ、老中、若年寄に示した書付で綱吉は次のように述べた。

海山川の殺生はいけないと言うのは信心ではない。（略）耕作などに害のある虫のほかは虫類を殺すことはよくない。座敷の内などの人に障《さわ》りのある虫も救い放し、すべてなるたけ殺さないようにしなさいとの思し召しである。死んだ虫も生きている虫と同様に扱いなさい。死んだものを憐れむ心である。要するに仁は人の本心であるはずなのに、年来風俗不仁であるがために、慈悲を専《もっぱ》らにして生類憐みの真実に至れば、自然に仁愛惻隠《そくいん》の心は広く人に及び、仁道《じんどう》盛んになる時には五倫乱れず、天下の風俗はこれにより改まると思召されておられる。（幕府文書『被仰出留《おおせいだされとめ》』）

殺生禁止が信心ではないというのは、自分のためにやっているのではないと言い換えてもいいだろう。世のため、人のためなのだ。死んだ虫でも生きているつもりで扱う。[注6]そのくらいの真心があれば、思いやりの心が世の中に広がり、平和な社会が実現できる、というのだ。この文書は幕閣に向けて出されたもので「表向きに出してはいけない」と注釈が付いている。

堯舜の道を歩もうとするにつれ、綱吉にはどうしても解決しなければならない問題があった。

堯舜が平気で肉食していたことだ。無益な殺生を禁じる仏教の教えと儒教の肉食を矛盾なく融合させなければならなかった。幕閣への書付で生類憐みが目指すものを明らかにした綱吉は、一カ月ほどたった九月二十二日、「観用教戒《かんようきょうかい》」と題した一文を柳沢吉保に与え、釈迦（仏教）と孔子（儒教）の道について、自分の思うところを述べた。

釈迦・孔子の道は、慈悲を専らとし、仁愛を要《かなめ》とし、善を勧め、悪を懲《こ》らしめる。まことに車の両輪のようだ。最も恭敬《きょうけい》を厚くすべきものである。そうであるのに、仏道を学ぶ者は先人の説にまみれ、君主を離れ、親を残し、出家遁世《とんせい》して、その道を得ようとする。このようであれば、世の中は五倫ことごとく乱れてしまう。これははなはだ恐るべきことだ。（原文は漢文）

綱吉は儒教と仏教の双方に深くかかわりを持ちながら、封建国家の君主として儒道を進む。こ

注6　『御当代記』は元禄五年の記事の中で、綱吉近くに奉公する者は「（よそでも食べてはいけないもの）獣類、鳥類。貝類、鯉、鮒、海老、海鼠《なまこ》、章魚《たこ》、鰻、ふぐ、どじょう、はぜ、蟹《かに》、玉子等」「生あるもの、のみ、しらみ、蚊、蝿《はえ》等まで殺しません」と誓紙を書き、「御奉公衆の家中は下水を道に打たない。ぼう振りむし（ボウフラ）を道行く人が踏み殺すからである」と記す。これより早く元禄二年七月六日、上山《かみのやま》藩（山形県）への飛脚便は「田螺《たにし》、川魚、蚊、蝿なども殺生無用の由」（『上山三家見聞日記』）と伝える。江戸では「蚊蝿」の町触れは出ていない。

ここに述べられた仏教批判は羅山の言葉をほぼそのまま転用している。羅山は言う。「浮屠《ふと》氏（仏徒）は山河大地を仮のものとし、人倫を幻妄《げんもう》とし、ついには義理を絶滅させる。わが道（儒道）では、君に仕えるのは必ず忠、親に仕えるのは必ず孝をもってする。彼（仏徒）は君臣を去り、父子を棄て、それで道を求めようとする。わが道は彼らが言う道とは違う」（『羅山林文集』第五十六）

羅山は「天地の間で古《いにしえ》も今も変わらぬものがある」と主張する。君臣、父子、夫婦、兄弟、友人の間の「五倫」である。現実世界に生きる君主・政治家・思想家として綱吉は儒道の忠孝を重んじた。仏教には忠孝の教えがなかった。

綱吉は世俗社会の絶対権力者である自分に従わない仏教宗派を排斥、弾圧した。能が巧みで綱吉に重用された斎藤新八郎《しんぱちろう》は貞享四年二月十四日「不受不施《ふじゅふせ》という邪宗にかたむき」三宅島に流された。信者以外の施しを受けず、施しもしない日蓮宗不受不施派の信者である新八郎は君命を拒絶し、日光東照宮お下がりの鏡餅を頂戴しなかった。七月十二日には同派の僧侶二人が佐渡に流罪となった。不受不施派は家綱時代にすでに禁止されていたが、新八郎の一件以来、弾圧は厳しさを増した。元禄四年四月三十日には不受不施の教義を捨てないまま非田《ひでん》派を名乗ることを禁じ、七月十二日に同派の僧侶六十九人を八丈島、大島、三宅島、新島、神津島へ流罪にした。宗派内の騒動にも綱吉は断罪を下し、高野山の学侶《がくりょ》（密教の学僧）と行人《ぎょうにん》（行者）の争いでは元禄五年九月四日、裁定に従わない行人派僧侶六百二十七人を薩摩、大隅、壱岐、肥後天草、五島、隠岐に流罪にした。ここでも厳罰主義が貫かれた。

羅山に始まる林家朱子学は、綱吉の時、幕府の最高学問としての地位を確立した。それまでの儒者は僧侶や将軍家の奥医師と同じように剃髪《ていはつ》していたが、林信篤は束髪《そくはつ》を許され、大学頭に任じられ、士分を与えられた。

しかし綱吉には儒道に容認できないことがあった。それは禽獣《きんじゅう》（鳥と獣）の生命を奪い、それを食して平気なことだった。「観用教戒」は続ける。

儒道に学ぶ者は聖人君子の言《げん》にまみれ、禽獣を祭り（神にささげ）、あるいは常食としている。これは万物の生を害することを厭《いと》わないからだ。このようであれば、世の中はことごとく不仁となり、夷狄《いてき》（野蛮な外国）の風俗のようになってしまう。これははなはだ恐るべきことだ。儒仏を学ぶ者はその本《もと》を失ってはいけない。

儒教の国・中国では禽獣を神にささげて誓いを立てた。それだけでなく盛んに肉食をした。綱吉は禽獣を食べることをすでにやめている。仏教は殺生を禁じている。綱吉は肉食を否定することで、儒道と仏道の交わる「生類憐み」の道を見出し、釈迦の慈悲と孔子の仁愛を実現しようとした。生類憐みの令が不評であることは綱吉も知っている。だからこそ綱吉はやめない。不評なのは生類憐みの志を持つことの大切さを人々がわかっていないからだ。綱吉は生類憐みの道を突き進む。それは堯舜でさえやったことのない聖人君主への道だった。

綱吉は「観用教戒」で特別奇異なことを主張しているわけではない。奈良時代の養老五年（七二一年）七月に元正《げんしょう》天皇（女性）が同じような詔《みことのり》を出している。母・太上《たいじょう》天皇（元明《げんめい》天皇）の病気平癒を祈願する詔である。

「およそ天子の座につき、天下に君主として臨めば、仁愛は動植物に及び、恩情は羽毛（鳥と獣）までおおう。ゆえに周公《しゅうこう》（古代中国の聖帝）と孔子の教えは仁愛を最も優先し、老子と釈迦の教えは深く殺生を禁じる。よろしく放鷹司《ほうようし》の鷹と鷹犬、大膳職《だいぜんしき》の鵜《う》（鵜飼いの鵜）、諸国の鶏猪《けいちょ》（鶏《にわとり》と豚）をことごとく元の所に放ち、その生をとげさせよう」（『続日本紀《しょくにほんぎ》』、筆者訳）

この世は「天《てん》」が支配している。天皇も将軍も「天の下《した》」を治めているにすぎない。大地震、大洪水、大飢饉、蔓延《まんえん》する疫病、愛する人の病——これは天が下している罰なのかもしれない。どうしようもない現実から解放されることを願って、天皇は殺生禁断を命じ、大切な家畜、魚鳥その他、拘束されて生をまっとうできない生き物を放ち、天に許しを請うた。

綱吉もまた天を恐れる一人の人間だった。同時に「天の下」で絶対的権力を握る将軍でもあった。「生類憐み」の道を進むことによって慈悲と仁愛に満ちた世界を実現するはずが、現実に突き進んだのは、法令に従わない者は容赦なく罰する「生類憐みの令」の道だった。

「物を生かすのは仁である。悪を除くのは義である。鼠を殺せば仁ではないが、悪さをする鼠を殺さないのは義ではない。殺そうか助けようかと思う中に、仁義はそなわるものだ」（『三徳抄』）

殺そうか助けようか、その判断をするのは綱吉だった。生殺与奪の権は綱吉が握っている。自分が出した法令に従わない者は許しがたく、慈愛と規律を秤《はかり》にかければ、慈愛は軽く、規律ははるかに重かった。

3　江戸城のお堀で魚を獲った町人九人、全員死罪

綱吉の厳罰主義は徹底している。元禄二年（一六八九年）五月十一日、江戸城のお堀でコイやフナを捕まえ、それを売り買いしていた町民九人が全員死罪となった。この事件の経過をたどっていくと、綱吉がどんな人間であったかが、かなり鮮明になるだろう。

中根《なかね》主税《ちから》は綱吉に登用され、貞享三年（一六八六年）九月に持弓頭《もちゆみがしら》となった千石の旗本である。持弓組は弓をあずかる幕府の戦闘部隊で、この当時は江戸城のお堀など城周辺部の警備を担当していた。中根は貞享四年二月には火付《ひつけ》・盗賊を捕まえる盗賊追捕《ついぶ》の役も仰せつかった。相当なやり手で怪しい者をどんどんひっ捕らえて、次々と小伝馬町《こでんまちょう》の牢獄に送った。そのために小伝馬町では囚人を収容しきれなくなり、非人頭車善七の支配する浅草溜《ため》に縦二間半（四・五メートル）に横五間（九メートル）の小屋を作り、ここに中根が捕まえた未決囚を収容した。元禄二年閏一月、中根は放火事件の後始末をするため、ある遊女屋を取り潰し家財道具一切合切を売り払ったが、この時、店の遊女まで売ってしまった。これが綱吉の禁忌に触れ、中根は「死罪にも処すべきと

ころを八丈島に遠島」となった。

江戸城のお堀で魚を獲り、中根に捕らえられた九人は未決囚のまま牢獄に残された。このため町奉行所が取り調べをやり直し、判決を下すことになった。この時の町奉行所の記録が『御仕置裁許帳』に残されている。

奉行所で調べを受けた一人、増上寺大門《だいもん》前の清兵衛は次のように述べた。

「私は十四年以上前から引き網を使ってお堀の鯉鮒を獲っておりました。仲間は六人おりまして、獲った場所（お堀）は山下御門内（千代田区有楽町一丁目付近）、虎之御門から数寄屋橋《すきやばし》まで、溜池《ためいけ》、赤坂御門左右、清水御門、内桜田堀です。七、八年前は元締め仁左衛門のもとでやっておりましたが、稼ぎが少なく、その後はやめました」

取り調べは元禄二年（一六八九年）四月に行われたから「七、八年前」にやめたというと、少なくとも天和二年（一六八二年）ごろにはやめていたことになる。

桜田久保町の五郎左衛門は次のように述べた。

「十七、八年前から八、九年前まで虎之御門、幸橋《さいわいばし》、溜池、赤坂御門外堀で網を使い鯉鮒を獲っていました。商売には使わず、人に贈ったり、自分で料理したりしました」

いずれも、生類憐みの令が出る以前に鯉鮒獲りをやめている。

新右衛門町の大津屋八兵衛は「御法度（生きた魚鳥売買禁止）以降、お堀の鯉鮒の買い取りはやめました」と述べたが、それでも捕まった。

桜田鍛冶町の安左衛門は次のように述べた。

「網元の市郎兵衛が親の代、三十年以前からこの商売をやっているが、何か問題が起きたことはないというので、十一年前に私も加わりました。四年以前十月ごろ、平川口のお堀に網を揚げに行ったとき、番人らしいものが出てきたので仲間二人と逃げました」

四年以前十月は数え計算では貞享二年十月のことになる。中根が盗賊追捕になって一カ月後だ。供述書を読むと、親の代からお堀で魚を獲って商売していたが、何も問題にされなかったという。過去にお堀の魚獲りを禁止する御触れが出ていたかどうかは不明だが、少なくともおとがめを受けるようなことはなかった。運上金を払い、昼日中、船十艘を使って溜池で魚獲りをした者もいる。それが中根が持弓頭になることによって、生類憐みの令が出る前であろうと何だろうと、一網打尽にしてしまった。中根は八丈島に島流しになったが、町奉行所は中根が捕らえていた全員を死罪にしてしまった。

中根の八丈島送りには綱吉の判断が働いている。全員死罪という奉行所の判断も綱吉の意向を受けてのことだろう。かつては罪にならなかったことが綱吉の意思で罪になる。生きた魚鳥の売買禁止という後からできた法律で昔の事件を裁く。絶対権力者である綱吉はそんなことは気にしない。

○元禄四年十月二十一日、蛇を使って客を集め、薬を売った男と蛇を貸した男が捕まった。町触れが出て、蛇に限らず、生類に芸を仕込み、見世物にすることが禁止されたのはその三日後だった（のち薬売りは江戸追放、蛇を貸した男は牢死した）。

まだある。

○元禄五年二月六日、一年前まで蛇を使い薬売りをしていた別の男、半年前にやめた男、二人が捕まり、牢舎の後、江戸追放となった。かつては罪にならなかった蛇を使っていたことが、禁止の町触れが出たことによって、過去にさかのぼり罪に問われたのである。

綱吉がお堀で漁をした者を厳罰に処した理由は、ほかにもあった。綱吉は江戸城を清浄化、聖域化したいと考えていたのである。漁をして生き物の命を奪い、血を流すことは江戸城に穢れをもたらすことでもあった。

4　儒仏に、清めの「神道」が加わり、生類憐みの令完成

綱吉は復古主義者だった。

肉食を穢れとする考えは平城京遷都以前に制定された大宝令《たいほうりょう》（七〇一年）の中にすでに表れている。祭事の前、散斎《あらいみ》（荒忌）の一カ月間、役所の者は「死者の弔い、病気見舞い、肉食、処刑の判決、処刑の執行、音曲、不浄の事」を禁じられた。律令制は中国から導入されたが、中国では肉食を禁じていなかった。中国では肉親が亡くなると死者を弔うために喪に服したが、日本で

は死そのものを穢れと考え、祭事の前に死者を弔うことも禁じた。

平安時代の延喜式《えんぎしき》（九二七年）では、人の死、肉食に対する穢れ意識がさらに鮮明になる。「穢れに触れれば物忌《ものいみ》すること。人の死は三十日、出産七日。六畜（馬牛羊豕《ぶた》犬鶏）は死五日、産三日、食すれば三日、ただし鶏は除く」と定められた。獣類でない鶏は六畜から外されたが、六畜という言葉はそのまま使用された。中国律令制では財産である六畜（六つの家畜）の規則が定められたが、日本では六畜の規則は死・出産・肉食の穢れの規則に変わった。六畜の穢れは延喜式よりも前、藤原氏が政治の実権を握り、天皇の神聖化が進められた清和《せいわ》天皇の貞観《じょうがん》時代（八五九〜八七七年）に始まったと思われる。この時代から犬の死穢と産穢の記録が現れる。のちに鹿、猪を食べることも三日の穢れになった。穢れは伝染するとされ、穢れに触れた者は家に籠らなければならなかった。

天和三年（一六八三年）閏五月、綱吉の嫡子徳松が亡くなったが、何日の喪に服すればよいのか、はっきりしなかった。家康の時の服忌令《ぶっきりょう》（服喪の規則）では「子忌《こいみ》七日」「人、生まれてより七歳まで忌なし」だった。七歳までは喪に服さなくてよかった。

家光時代の「不断《ふだん》（普段）御城に用いる服忌量（令）」では「子忌十四日、服九十日」となっていたが、七歳以下は子に含まれず服喪の対象外だから記載がなかった。「忌」は家に籠って慎んでいる期間、「服」は外に出て活動はするが心中まだ喪に服している期間のことだ。[注7] 徳松は五歳だったが、「忌十四日」として綱吉は喪に服し、まだ喪中の六月七日、牧野備後守に服忌令を整理、改正するよう命じた。

貞享元年二月三十日、「父母忌五十日、服十三カ月」に始まる改正服忌令が公布され、「嫡子忌十四日、服九十日」の新たな規則が加えられた。嫡子は同じ子でも特別扱いになった。穢れによる物忌の期間は「産穢（出産）父七日、母三十五日、流産父三日、母七日。血荒《ちあれ》（初期の流産）、死穢（同じ建物に死人といること）、踏合《ふみあい》（死人と行き当たること）は行水すればよい」と定められ、六畜による穢れの規則はなかった。服忌令はその後もしばしば改正された。

◯貞享三年（一六八六年）六月六日、御小姓伊東淡路守が閉門処分になり、その後、八戸藩南部《なんぶ》直政《なおまさ》にお預けとなった。『御当代記』は「淡路守は妻なくして一人の妾《めかけ》がいた。これに子が生まれたが、血忌《ちいみ》（産穢）を隠していたことがわかった」と述べている。同年四月二十二日に改正された服忌令には「妾に子が出生した時は遠慮三日」とある。この規定にひっかかった。淡路守の閉門は「頬に止まった蚊を手で殺し、顔についた血を紙でぬぐい、手も洗わず御そばに仕えたからだ」と噂が立った。二つとも処罰の対象になったのかもしれない。

淡路守を預かった南部直政は元禄元年九月に御側《おそば》に取り立てられ、翌年一月二十六日「病気辞職」を申し出て認められた。何の病気かというと、手にできものができたのである。綱吉の御前での膿《うみ》による穢れをはばかった。

仏教の憐みと儒教の仁心を合体させ、仁政を行うことに綱吉は生類憐みの令の新たな意義を見つけ出したが、その根底に動物の死に対する古くからの穢れ意識が潜んでいる。

元禄元年（一六八八年）十二月六日、江戸城紅葉山、上野寛永寺、芝増上寺の将軍家霊廟に参詣する時の御清《おきよめ》の規則が定められた。将軍家聖域をさまざまな穢れから守るためだった。人の出産、できもの、はれもの、痔、月水、房事、けがによる出血、鶏を含む六畜の死に触れること、六畜とそのほかの獣類を食することなどが穢れとされ、穢れが消える期間が詳細に決められた。六畜の中に鶏が入れられたのは、江戸城内の台所での鳥料理が禁止され、生きた鳥を殺して食べることを禁じる町触れが出ていたせいだろう。

肉食した場合はすぐに穢れが消えず参拝できなかった。その期間は次のように定められた。

羚《かもしか》羊狼兎狸鶏　五日
牛馬　百五十日
豕《ぶた》犬羊鹿猿猪　七十日
二足（鶏以外の鳥類）　前日の朝六時までならかまわない。玉子と魚は食してよい。

この当時伊勢神宮では、牛馬豕犬羊鹿猿猪などの獣肉食による穢れは百日間、狐狸兎などは三日（『伊勢太神宮参宮儀式』）で、鶏を食べることは問題にされていなかった。全体的には神宮並みか、それ以上の厳しさだと言えるだろう。

注7　大宝令（七〇一年）には「生まれて三月《みつき》から七歳まで服なし」とある。この当時の「服」は喪服を着て死者を弔う期間のことで、江戸時代とは意味が異なる。

牛馬鶏豕犬羊が屋敷内で死んだ時、同じ棟にいた者は一日の穢れとなり、その間は供奉《ぐぶ》できなかった。同じ棟でも仕切りがあり、入り口が違えば穢れにはならなかった。出血の時は、血が止まり行水すれば供奉できた。途中けがなどで血が出た時は、御目に触れぬよう退き、遠慮すると定められた。その内容は平安時代以来の朝廷、伊勢神宮などの規則をほぼ踏襲したものだった。同二十二日には別に紅葉山御宮（東照権現）参拝時の潔斎《けっさい》の規則を定めた。出血についてはより具体的に「三しづくより内は苦しからず。三しづくに及べば穢れになる。行水すれば内陣までも供奉してよろしい」と定められた。これも伊勢神宮の規則にならったものだ。

綱吉が禁裏を尊崇すること、並々ならぬものがあった。父家光は関白左大臣・鷹司《たかつかさ》信房《のぶふさ》の娘孝子《たかこ》を正室に迎え、さらに公家の娘で伊勢神宮と深いかかわりを持つ於万《おまん》を側室とし、於万に仕えていたお玉《たま》も側室にした。お玉は綱吉を産み、綱吉は鷹司家の信子《のぶこ》を正室に迎えた。禁裏ファミリーの中で育ち、暮らしていた綱吉は将軍を天皇のように清らかで、権威ある存在に高めたかったに違いない。従来生類憐みの令として考えられてきた「トビとカラスの巣払い令」（次章で詳述）も主目的は江戸城の聖域化にあった。

柳沢吉保は「儒仏神に勝劣（優劣）之《これ》なし、神は濁らず清らかに、仏は慈悲を専らとし、儒は忠孝を第一とす」（『柳沢家秘蔵実記』）と述べている。獣肉食を穢れとすることと生類を憐れむことは一見矛盾するようでもあるが、獣肉食を穢れとし、食べないことによって、獣の命は救われる。儒仏に神道が加わって、綱吉の生類憐みはより完璧なものになった。

第九章

「トビとカラスの巣払い令」とは何か

1　なぜトビとカラスの巣を払うのか

生類憐みの令の中には、どこが生類憐みなのか、さっぱりわからないものがある。はたして生類憐みの令に入れていいものか、それさえ疑わしくなる奇妙な法令がある。

○元禄元年（一六八八年）二月十八日に出た「トビとカラスの巣払い令」がそれだ。

「森林、街道の並木、屋敷の廻り、鳶烏《トビカラス》が巣を掛けないように普段から見回り、もし巣を掛けたらその巣をこわし、卵など産まないうちに早く取り捨てなさい。幕府領、私領、武家屋敷、社寺などにこれを布告する。そのほかの鳥の巣には手出しをしてはいけない」（『改正甘露叢《かんろそう》』）

トビとカラスの巣を払うことがどうして生類憐みになるのか。かなりの難問である。巣払いの理由について、古くから歴史学者、研究者の解釈は分かれている。

【増殖対策説】

「鳶烏は人に害をする。生類憐みで殺すわけにいかず、増えすぎたので巣払いをした」（内藤耻叟『徳川十五代史』）

「鳶や烏の繁殖には弱ったらしい。御仁政を取り消すわけにはいかず、巣払いでお茶を濁した」（高柳光寿『高柳光寿史学論文集』）

「鳶や烏にたいしては、もっと人里離れた山の奥に巣をつくらせたかったのであろう」（桑田忠親『徳川綱吉と元禄時代』）

【小動物捕食防止説】

「烏鳶は、（ほかの鳥が）産卵ふ化する時、他の小鳥または生物を捕えるからである」（三上参次『江戸時代史』）

「鳶や烏は虫を取って食うというので、捕獲して伊豆七島へ送った」（尾藤正英『日本の歴史・元禄時代』）

「鳶や烏が諸鳥を取ることを嫌ったものであろうし、諸鳥の生を憐れむためと解してよいだろう」（塚本学『生類をめぐる政治―元禄のフォークロア』）、「鳶が諸鳥のひなを取ることを嫌った」（同『江戸時代人と動物』）

【善意の虐政説】

「綱吉は善意で生類を憐れもうとするが、人や動物の迷惑について考えない。その典型である」（徳富蘇峰『近世日本国民史』）

最近の研究者の多くは三上参次、塚本学に代表される小動物捕食防止説を採用しているが、同意できない。ワシタカ類、フクロウ類は小鳥やネズミを捕食するが、綱吉はそのことを問題にしていない。蛇は鳥の雛をよく襲うが、蛇も問題にされていない。尾藤正英説のように虫の捕食を嫌ったのだとすると、虫を食うツバメの巣払いまでしなければならない。虫を食うカエルもトンボも追い払わなければならない。虫説は採用しがたい。トビ、カラスは野鳥のひなを襲うことはあるが、綱吉は弱肉強食を問題にして生類憐みの令を出したことはない。ワシタカ類が鳥や小動物を捕獲するのは生きるための天の理だった。

「鳶や烏の繁殖には弱ったらしい」という高柳光寿説はどうだろうか。繁殖に困って巣払いをしたとすると、巣払い令は生類憐みの令ではないことになる。内藤耻叟は「綱吉は人に害を与えるトビ、カラスを嫌い、巣払いをした」と考えた。

私の結論は簡単だ。生類憐みの令として論じられてきた巣払い令は生類憐みの令ではない。綱吉はトビ、カラスを嫌った。なぜ嫌ったか、これがわかればすべて氷解する。結論を言えば、江戸にある将軍家聖域がトビ、カラスの糞で穢れるのを嫌ったのである。最初の巣払い令は元禄元年二月に出ているが、同じ年の十二月に三山（東叡山寛永寺、紅葉山、三縁山増上寺）参拝時の「御清」の規則が定められた。巣払い令と御清の規則は同じ線上にある。

「綱吉糞害憤慨説」は俳人宝井其角が手紙の中で披瀝《ひれき》している。

2　紅葉山のカラス、島流しされる

元禄四年閏八月二十五日付で宝井其角が出した手紙の中に江戸城紅葉山で起きたカラスの一件

が書かれている。宛て先は智海師となっているので僧侶のようだ。智海は元禄二年にも江戸に出て来て其角の門人の墓参りをしている。俳句を通じて交遊があったらしい。

江戸を訪れた智海から御礼の手紙が其角に届き、これに其角が返礼の手紙を出した。「御息災にて御着府目《め》出《で》度《たく》」で手紙は始まり、俳人路通《ろつう》の句集『勧進帳』出版に触れたあと、紅葉山のカラスの島流しについて書いている。

良夜《りょうや》四ツ過（午後九時すぎ）清影《せいえい》

名月や畳の上に松の影

一、紅葉山のカラスは徳に（徳川様に大切にされるのに）飽きて、公方様が参詣した時、裃《かみしも》に糞《くそ》をかけました。この罪でカラス三千羽余、八丈島に流されました。みんな羽を切って流されました。（天皇の猫に襲いかかり）犬島に追いやられた清少納言『枕草子』の犬のようで滑稽。今月十一日のことです。

（原文＝紅葉山の烏《カラス》ども徳ニ飽候《あきそうらい》て、公方様御成之節、御上下《かみしも》に屎《くそ》しかけ申候《もうしそうろう》。此咎《このとが》によりて、烏三千羽余八丈嶋へ流サレ申候。皆羽ヲ切ツてながされ候。清少納言の犬嶋の例もと、をかし。当月十一日の事ニ候）

『蕉門俳人書簡集』（飯田正一著）によると、この手紙は明治になって俳人服部嵐雪《はっとりらんせつ》に始まる「雪中庵」から出てきたものだという。其角の手紙には偽書もあるので注意が必要だが、手紙の後半に出てくる大山不動尊（神奈川県伊勢原市）吟行の話など書かれている内容から見て、偽書である可能性はまずない。この手紙の問題の一つは日付である。カラスが八丈島に流されたのは「当月（閏八月）十一日の事」となっているが、『徳川実紀』にはそれらしい記事がない。約二カ月後の十月二十一日に新島にトビ、カラス九百五十羽を放した鳥医、徒目付が銀を賜った記事があり、これが伊豆諸島での最初の放鳥の記録だと考えられてきた。そうだとすると、それより前、閏八月二十五日付の其角の手紙は誤りだということになり、信憑性が疑われて生類憐み研究者からこの手紙は無視、または軽視されてきた。

偽書であるはずがないと思っていろいろ調べていくと、確かな史料であるはずの『徳川実紀』の方に問題があることがわかった。放鳥についての記事漏れを発見した。

幕府日記『年録』閏八月十三日に次の記事がある。

銀十枚　佐原十左衛門
同　馬場藤左衛門
同二枚ずつ　二丸《にのまる》坊主
御小人《おこびと》目付
右　御用にて三宅島へ遣わされ候に付き之を下される

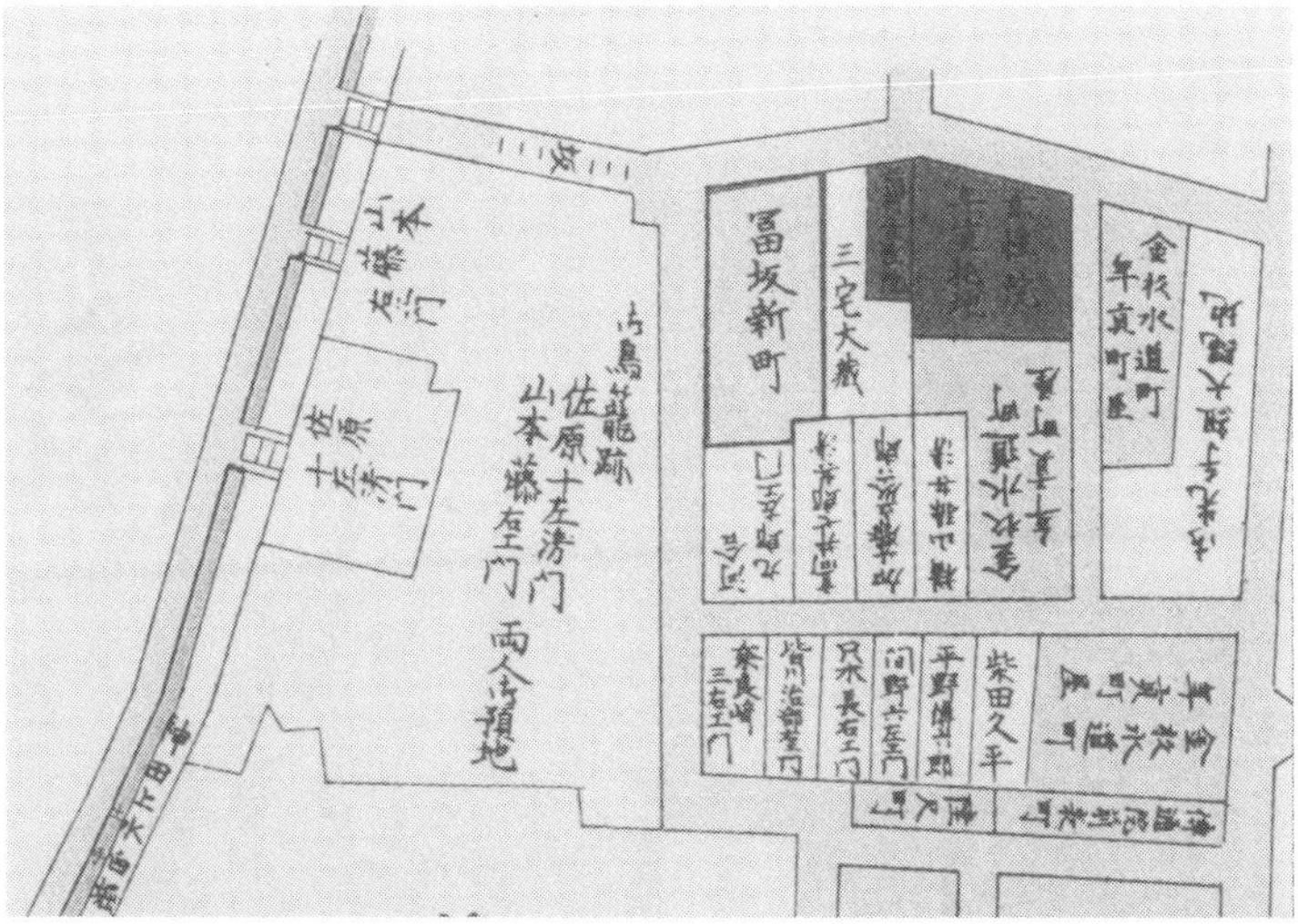

「御鳥籠跡」（『御府内沿革図書』朝倉治彦監修、原書房）
通称烏《カラス》屋敷（現文京区春日2丁目）。「小石川に烏屋敷というのがあって、その屋敷に幾千羽かため置き、八丈島へ烏を流した」と『元正間記』は記す。佐原十左衛門も山本藤右衛門も元鷹匠で、生類方を務めた。烏屋敷沿い（地図左側）には神田上水が流れていた。

この記事には放鳥という言葉がないので『徳川実紀』の編者が見逃したらしい。佐原は元鷹匠で巣払い責任者。馬場は徒目付で生類憐み担当。放鳥に関する記録であることは間違いない。御小人目付は馬場配下の者だろうが、二丸坊主の役目がよくわからない。

綿谷雪『考証江戸八百八町』には「鳶やカラスの島流しは、いっさい普通の流罪人と同じ方式により、深川万年橋から船を出し、亀島町役所で何某法印（修験者）が羽止めの祈願をしてそれらがふたたび飛び帰らぬようにまじない、又、船が三浦三崎を過ぎるまでは江戸の方角をわすれさせるために黒布を鳥籠にかけた（『走卒記』）」と書いてある。『走卒記』は未見の史料だが、カラスの島流しの様子を具体的に記したものはこれくらいだろう。二丸坊主は放鳥時に実際にお経を読んだのかもしれない。

其角の手紙と『年録』の記事には大きな違いがある。

其角の手紙では、閏八月十一日にカラスを載せた船が八丈島に出発している。『年録』では、閏八月十三日に佐原、馬場らが三宅島に行くための路銀を頂戴している。日付は二日違い、行く先は八丈島と三宅島だが、どちらかが間違っているというよりも、どちらも正しいのではないか。八丈島に行く船と三宅島に行く船があったと理解しておきたい。

『御仕置裁許帳』によると、閏八月十三日に雀を売った男と鉄砲で鳥を撃った男が薩摩に島流しになっている。海は荒れず、風向きもよく、このころ島送りにする船が相次いで出港していったのかもしれない。

カラスが八丈島に島送りになった話は『元正間記』にも書いてある。

3 「綱吉の御頭にカラスの糞」

著者不明『元正間記』は、綱吉時代の元禄から次の家宣時代の正徳までの間の世の中の出来事を書き記した本だが、御政道に関わることが実名で書かれているため、出版されず、筆写されてひそかに読まれた。元禄以前の家綱時代のことも書かれているが、綱吉時代に江戸にいた武士の手によるもののようだ。筆写されたため異本も多く、内容にも違いがある。共立女子大所蔵本『元正間記』(翻刻・矢野公和、中山右尚)の解題によると、八代将軍吉宗の享保年間に成立したようだ。信頼に欠ける雑説、町の風聞も引用されているが、他所には見られない貴重な情報も数多く記されている。

『元正間記』にも、綱吉が紅葉山に参詣した時、カラスが綱吉に糞を落とした話が載っている。糞が落ちた場所は其角の手紙では裃になっていたが、『元正間記』では頭となっている。

そのころ又、江戸で烏《からす》取りの役人が仰せ付けられ、所々の広小路、あるいははきだめ(ごみ捨て場)などに烏が集まるので大きな網を張って烏を取った。何羽となく籠に入れ、小石川に烏屋敷というのがあって、その屋敷に幾千羽かため置き、八丈島へ烏を流した。将軍、紅葉山に御参詣のみぎり、御頭《おかしら》に糞を落とし、御立腹にて、右のとおり仰せ付けられ、江戸中の烏を取って島へ送られたのである。

これは犬のように諸人が迷惑することもなく問題はないのに、護持院僧正(隆光)が出仕のみぎり、烏を残らず御殺しになされてもかまわないのに、遠島を仰せ付けられたこと、御慈悲の御政道にて、生類を食わず、生草《しょうそう》を踏まずとは誠に聖人の道であります。(略)いよいよ生類御憐愍《れんびん》をなされれば、天下泰平、御武運長久と仰ぎ奉ります、と言上した。

ほぼリアルタイムで書かれた其角の方が情報の精度が高いと思われるが、いずれにしても綱吉にカラスの糞が落ちたことには変わりがない。其角の手紙は明治になって世に出たもので、『元正間記』の筆者は手紙の存在を知らなかっただろう。それぞれの情報源は違うと考えていいだろう。

紅葉山には家康を祀る東照宮のほか、秀忠、家光、家綱の霊廟があった。静かで、鬱蒼として、人の出入りもほとんどない。こういう場所はカラスの格好の住み家になる。最初の巣払令が出た元禄元年だけで綱吉は七回、紅葉山にお参りに行っている。その前年は十回行っている。カラスに糞をかけられてもおかしくない。

実際、江戸城の森にはカラスが多数住みついていた。時代は下がるが、文政五年（一八二二年）、隠居した前平戸藩主松浦静山《まつらせいざん》は「御城内の紅葉山は烏の宿所になっている」と『甲子夜話《かっしやわ》』に書き記している。

ペリーが浦賀に来航した嘉永六年（一八五三年）、のちに十三代将軍となる家定《いえさだ》が誕生して間もなく、若君のいる西の丸大奥から要望が出た。「紅葉山のカラス威《おど》しの鉄砲、西の丸の大奥へ聞こえ、やめるわけにいかぬなら、音を小さくしてほしい、と老女より申し上げたが、音は止めるわけにはいかないとばかりに返答はなかった」（『内安録』）。幕府は紅葉山霊廟をカラスから守るためにカラス威しで追い払っていたのである。

江戸城は海に近く、トビがたくさん宙を舞っていた。将軍家光のころ、京都に行った江戸の俳人の見聞記『見た京物語』は、京に少ないものとして「侍、酒屋、鳶、烏」などを挙げている。幕末、江戸詰めとなった紀州家の侍医が書いた『江戸自慢』には「鳶、鴉《からす》はいたって多く、雀は少《すく》なし」とある。徳川初期から一貫して江戸はトビ、カラスのたくさんいる町だった。

トビはよく悪さをする。将軍吉宗時代の随筆集『享保世話』に「このごろ鳶は魚屋商売人の荷物、往来を行く人の持ち物、豆腐などをみだりにさらっていく。狼藉《ろうぜき》の至りである」と書いてある。トンビにさらわれるのは油揚げかと思っていたら、豆腐もやられていた。江戸の豆腐は京・大坂に比べてものすごくかたく、トビがかっさらっても崩れなかった。

4　江戸城と将軍家霊廟の聖域化

貞享二年（一六八五年）正月、綱吉の周辺で立て続けに奇怪なことが起きた。家綱月命日の八日、綱吉は上野（東叡山寛永寺）に参詣する予定だったが、朝、馬の足を厩舎の者が洗っていた時に、突然馬が死んでしまい、参詣は延期された。一方、東叡山には先番の者が詰めていたが、明け方、御門跡《もんぜき》の座敷におびただしい犬の糞があるのを発見した。異変の前兆か、と人々は首をかしげた。

同月二十日、「紅葉山へ御成り。その前に鳶が一羽落ちて死んだという」（『御当代記』）。『御当代記』は「紅葉山へ御成り」と書いているが、『年録』によると、二十日は家光の月命日で寛永寺に参詣している。十七日に紅葉山に参詣しているので、日付が間違っているようだ。とにかく目の前でトビが落ちてきて死んだ。綱吉が喜ぶはずがない。

貞享三年（一六八六年）十二月十七日、綱吉は家康の月命日で紅葉山に参詣したが、鳥が食い合って死に、死骸が道に落ちていた。

元禄元年（一六八八年）二月に最初のトビとカラスの巣払い令が出て、その十カ月後の元禄元年十二月六日に徳川家霊廟のある江戸城紅葉山、寛永寺、増上寺参詣時の御清《おきよめ》の規則が発令された。人や動物の死、獣類鳥類の肉食、出血などが穢れとされ、穢れに触れた場合どうするか細い規則が定められた。江戸城と将軍家霊廟を清らかにしたいと願う綱吉にとって、好き勝手に糞をまき散らすトビとカラスは許せない存在だっただろう。

ところが、宮中でも伊勢神宮でも、トビやカラスの糞尿は穢れとされていなかった。宮中では鳥の糞のことを鳥矢《ちょうし》といった。[注8] 承徳二年（一〇九八年）七月の賀茂《かも》遷宮の時には、朝廷の奉幣使《ほうへいし》の尻に鳥矢が当たり、騒ぎになった。「樹下《じゅか》奉幣の時、常時（よくあること）」と『中右記《ちゅうゆうき》』に記されている。鳥矢に当たっても穢れではないから神事は中断されなかった。考えてみれば人の糞尿も穢れではなかった。これを穢れにしたら便所にも行けず、畑に肥料を撒くこともできない。

しかし、穢れでなくても糞は不浄だった。そこで綱吉がやったことは江戸城と将軍家霊廟のある場所からトビとカラスに消えてもらうことだった。江戸城と霊廟だけで巣払いしても、また集まってきて巣作りをするので、武家屋敷、寺院、郊外の百姓地でも巣払いを命じた。江戸の町の面積の八割以上は武家地と寺社地が占め、樹木の少ない町人地は当初巣払いの対象から外された。

巣を払われたトビ、カラスは何度も巣を作り直す。そこで幕府は捕獲作戦に切り替えた。『伊《だ》達《て》治《じ》家《け》記録』によると、仙台藩江戸屋敷では長さ一丈七尺（約五メートル）の網を庭に張り、飯にかつお節を混ぜたものをカラス用の餌、イワシやコノシロなどの魚をトビ用の餌とし、鳥が集まってきたところで網を打ち掛け捕獲した。この時、トビ、カラスだけでなくウ（鵜）も捕まえている。こうして捕獲された鳥は籠に入れて、幕府役人に引き渡した。

二度目の巣払い令は元禄三年三月、三度目は元禄四年十一月に出ている。巣の中の卵は壊さずにひなになるまで待ち、トビ、カラスは殺さずに島に放したことだけが生類憐みだった。トビ、カラスは安全な町人地でも巣作りを始めたため、元禄六年二月一日からは町人地も巣払いの対象

注8　鳥矢の矢《し》は屎尿《しにょう》の屎《し》（＝糞）と同音で意味も同じ。馬矢《ばし》（＝馬糞）という言葉があるので宮中言葉で鳥の糞を「ちょうし」と言ったと思われるが、はっきりしない。そのまま「とりや」と読んだ可能性もある。平安時代の貴族日記には、ほかに犬矢、猫矢、鼠矢などの用例が見られる。

になった。

綱吉は世の中を変える政治的手段として生類憐みの意義を明確に認識し始めた。元禄五年、幕閣に「生類憐みの真実に至れば」「天下の風俗はここに改まる」と仰せを出し、柳沢吉保に与えた「観用教戒」では儒教の肉食を否定し、儒仏を一体として慈悲と仁愛の社会を築く意思を示した。初め馬や犬を大切にする理由として「生類憐みの志」を持つことの必要性が強調されてきたが、そこからさらに発展して生類憐みの令は「堯舜の世」を実現するための法令になった。

為政者として綱吉に善意の意思があったことは否定しないが、それだけで十分に説明しきれない生類憐みの令を綱吉は連発している。巣払い令は動物愛護を目的としたものではなく、江戸城の清浄化を目指したものだったが、同じようなことがほかでも起きている。

生きたものの料理禁止は江戸城台所に始まり、それが江戸の町に広げられた。諸藩の国元では江戸のように厳しい食べ物禁令は出ていなかった。綱吉の関心は自分の住む江戸城にあった。

貞享四年二月四日、将軍家台所頭の天野五郎が八丈島に遠島になった。井戸に猫が落ちて死んだのを知らずに井戸水を料理に使ったことが罪に問われた。不注意で猫が井戸に落ちて死んでも八丈島に遠島になることはない。不浄の水で料理したことが綱吉には許せなかった[注9]。

元禄二年五月に、御城の内堀と外堀で網を使いコイ、フナを獲っていた者、商っていた者九人が全員死罪に処せられた（第八章3に既述）。お堀でのコイ、フナ獲りはそれまでお目こぼしになっていたが、綱吉は生類憐みの令が出る以前に魚獲りをしていた者にまで死罪を命じた。お堀での殺生ごとは穢れになる。清らかであるべき江戸城では絶対に許されないことだった。

元禄四年四月十一日に「**鳥類、畜類を傷つけたら届けなさい**」と町触れが出たが、町民から届け出がなかったため、○元禄七年三月十七日になって「**本当に病気や傷ついた鳥はいないのか。調べて書付を出しなさい**」と町触れが出た。幕府の監視の目はどんどん厳しくなる。

○同じ年の九月二日には「**これからは鳥商売を少なくするのでそう心得なさい**」と警告する町触れが出た。猟師の獲った鳥と獣は町中で商売してもかまわなかったため、鳥獣を食べさせる店はそれなりに繁盛していた。綱吉にはそういう情報が上がってくる。

元禄十二年閏九月六日、江戸御曲輪《くるわ》内の町内の店で鳥と獣の商売が禁止された。曲輪内とはお城を中心としてお堀や川、土手などに囲まれた範囲のことで、武家屋敷、寺院、市街地などを含む。町触れで曲輪内の範囲が明示された。

西は四谷御門、市谷御門、牛込御門
北は小石川御門、筋違橋《すじかいばし》御門

注9　不浄のものを出した料理人処罰は綱吉に限ったことではないが、人一倍敏感だったとは言える。館林藩主時代の延宝六年七月十九日「料理の鉢に虫が混じり、砂糖にアリがいた」と飯炊き追放、御台所組頭閉門、御膳奉行が逼塞処分を受けている（「神田記」）。

東は浅草御門、両国橋、新大橋、箱崎橋、小網町《こあみちょう》分、六助橋《ろくすけばし》、江戸橋、材木町辺、三十間堀

南は新橋より赤坂御門まで　御成橋、虎御門、溜池

外堀と隅田川に囲まれたほぼ全域である。その外側では猟師が獲った鳥獣の商売は禁止されなかった。町内の店を対象にした禁止令だったため、振り売り（担ぎ売り）する者が現れたが、元禄十三年十月二十二日にこれも禁止された。

なぜ江戸城周辺がだめで、離れた場所ならかまわないのか。食べられてしまう鳥獣の数を減らし、命を救うということなのだろうか。地域限定の生類憐みは何を意味するのだろうか。

綱吉の生類憐みには私的感情が入り混じる。鳥獣を食べるという穢れから江戸城を守るためだったと思われる。

5　なぜ愛宕山だけが巣払いの対象から外れたか

巣払い令は何度も繰り返し出され、その対象範囲も次第に広がっていく。ところが元禄八年（一六九五年）二月二十三日に江戸愛宕山《あたごやま》（港区）だけが巣払いの対象から外された。愛宕山を外した理由は述べられていないが、察しはつく。綱吉が天狗の祟りを恐れたのだ。

明治新政府が神仏分離令を出す以前、愛宕神社は愛宕権現と呼ばれ、ふもとの円福寺《えんぷくじ》（明治に

廃寺）が権現社を管轄し、円福寺の脇坊《わきぼう》・金剛院本地堂《こんごういんほんちどう》に家康ゆかりの「勝軍地蔵《しょうぐん》」が本尊として鎮座していた。本能寺の変が起きた時、堺にいた家康は身の危険を感じ、大和から伊賀越えで三河に逃走した。この時、甲賀《こうが》・信楽《しがらき》の多羅尾光俊《たらおみつとし》は家に伝わる勝軍地蔵をお守りとして家康に差し出し、護衛となって伊賀の山道を誘導した。勝軍地蔵は長久手、小田原、関ケ原の戦いまで家康の供をし、慶長八年（一六〇三年）、円福寺に安置された。勝軍地蔵はもともと京都の愛宕神社に祀られていたものだが、家康は江戸の勝軍地蔵を別格扱いとした。

京都の愛宕神社は火伏《ひぶせ》（防火）の神様としても名高い。江戸の愛宕神社（権現）も火伏の神として有名になった。明暦の大火をはじめ、いくつかの大火の時、火は愛宕山付近で止まった。江戸の大火は北西の季節風が吹く時期に起こりやすいが、風は高台の愛宕山で弱まり、しかも市街地のはずれにあるため延焼しにくかった。人々は愛宕権現の御威光だと信じた。

京都・愛宕神社の奥の院は太郎坊《たろうぼう》といい、その正体は天狗だった。天狗は空を飛び、葉うちわを振れば風が巻き起こり、火をあおり、また消し止める。鎌倉、室町時代の説話では、天狗はトビとなって人前に姿を現す。カラスとして描かれることもあるが、知名度ではトビ天狗が第一位、カラス天狗がそれに次ぐ。

綱吉は能を好み、時に自ら舞った。能「車僧《くるまぞう》」では、京都愛宕山の太郎坊（天狗）が飛来して僧侶と秘術を競い合う。綱吉は天和三年、貞享元年、同二年、元禄元年、同六年に「車僧」を鑑賞している（「日本庶民文化史料集成　別巻総合芸能史年表」）。綱吉はハッと気づいたのではないか。

「愛宕山で天狗の化身であるトビ、カラスの巣払いをしたら、天狗が怒り、祟りがあるかもしれない」。天変地異を恐れ、地震と雷と大火に震え続けた綱吉は天狗が怒りだす前に巣払いをやめさせたのだろう。愛宕山での巣払い禁止の理由に言及した文章を読んだことはないが、これ以外に愛宕山だけを特別扱いする理由は考えられない。綱吉の性格、性癖は御触れの中によく表れる。

元禄十年二月十五日、巣払いの対象地域が江戸十里四方に広がった（『小平市史史料集21』）。常にその中心に江戸城がある。元禄十一年、十三年、十四年、十五年、十六年、宝永元年、二年、三年とそれからは毎年のように巣払い令が出ている。幕府は江戸の武家屋敷で巣払いを実行させるため諸藩にも御触れを出したが、国元でもトビ、カラスの増殖に困り、巣払いを行った例がある。巣払いはトビ、カラス、その他の小動物愛護のためでないことは歴然としている。野鳥愛護のためならば、幕府の御触れのように五里四方だけ、十里四方だけ巣払いするのはおかしいだろう。巣払い令の核心は江戸城にある。

6　江戸城で「ハトの糞」が忌避された理由

トビとカラスの糞が問題ならハトの糞は問題にならないのか、と疑問を持つ人がいるかもしれない。実は江戸城でもハト（ドバト）の糞は問題になっていた。ドバトは大きな木々や森ではなく、お城や神社仏閣など高い建物に巣を作る。その祖先はヨーロッパ原産のカワラバトで、中国を経て奈良時代に日本に入ってきた。

○貞享四年四月三十日、江戸城の中門《なかのもん》（中之門）を警備する持筒組《もちづつ》の与力、同心全員が「遠慮」を命ぜられた。持筒頭・水野藤右衛門配下の者が門の上に集まったハトに石つぶてを投げたことが生類憐みの令に触れた。「遠慮」とは謹慎である。処分は軽い。ということは従来から持筒組が職務の一端として中門をねぐらにしようとするハトを追い払っていたことを示唆する。

中門は大手門を入って百人番所の先にある大きな門である。両側に巨大な石垣を積み上げ、門の上部は渡り櫓になっている。門は持筒組が警護しているが、門の上部はふだん人が出入りしない。こういう所はハトの住み家になりやすい。

持筒組がハトを追い払っていたのは今の人間には想像もつかない理由によるものだった。建物の中に積もったハトの糞が乾燥し、ちょっとした火でも発火してしまうのだ。

「ある人が言う。火災の時、御城門の渡り櫓が延焼するのは、常に住む鳩糞が火を引くからだ。実なりや否や」（元平戸藩主松浦静山『甲子夜話』）

鳩糞が火を呼ぶ。元禄四年三月、江戸に向っていた長崎オランダ商館の医師ケンペルは駿府（静岡）の天守閣が燃えた話を聞いた。

「人々の語るところによると、その火事は最上の階層に長い年月たまっていたハトの糞の堆積が、（静岡の町で火事があった時）熱を帯びて燃え出したのが原因だという。こういうことは時々起こったというので、家の中の人の住んでいない一番上の部屋は、普通ハトが入って来ないようにする」（『江戸参府旅行日記』）

ハトの糞による火事には先例がある。平安末から鎌倉時代にかけて、天皇、貴族の間でハトを飼うことが流行った。承元二年（一二〇八年）九月、常陸介朝俊《ひたちのすけともとし》は京の朱雀《すざく》門をねぐらにしているハトを捕まえようと、夜中に門に昇った。ところが、松明を焚いて中に入ったため、堆積していたハトの糞が燃え始め、朱雀門が焼失してしまった（『明月記《めいげつき》』）。

綱吉死去の前年、宝永五年（一七〇八年）の自序がある貝原益軒《かいばらえきけん》『大和本草《やまとほんぞう》』には「ハト糞一所に多く積もれば火出ること、中華日本の書にのせたり」とある。

滝沢馬琴『南総里見八犬伝』にも「鳩の糞、年を経て、積むことおびただしくなれば火燃え出づ。これらはまことに理外の理なり」と書かれている。

江戸後期、鷹の餌不足を解消するため幕府は百姓にハトを飼わせて買い上げたが、鑑札をもらう時に百姓は「（ハトの糞で）自然出火などがあっても鑑札は紛失いたしません」と証文を書かされた。ハトの糞が火を呼ぶことは有名な話だった。

○元禄八年十二月の江戸城「内桜田《うちさくらだ》御門番」宛の通達には次のように書いてある。

一トビ、カラス、ウが巣を掛けたら取り払うこと

一門内の建物に鳥のねぐらがないよう処置すること
一腰掛の巣にハトの出入りが少なくなったのを見計らい、ハトが入らないようにふさがせること　（『日本財政経済史料』第十巻）

腰掛とは登城した大名、旗本の従者控え所のこと。ハトが住みついたため、中に入らないようにすき間をふさぐよう指示が出た。

ハトを追い払ったのは第一に防火のためだったが、綱吉時代には江戸城を糞害から守るという意味合いが強くなった。トビ、カラスと同じようにかなりの数のハトが捕獲され、元禄十六年には小金《こがね》、流山《ながれやま》（千葉県）、粕壁《かすかべ》（埼玉県春日部市）、鹿島（神宮）、香取（神宮）、大山《おおやまでら》（大山寺）、藤沢（遊行寺《ゆぎょうじ》）にハトが放された（『元禄宝永珍話』）。

香取神宮では宝永三年七月にも鳥居の外でキジバト一羽を含む三百二十六羽のハトを放した。「一羽も別条なく、なるほど快く飛行仕り候。この上、私ども心をつけ、念を入れ申すべく、かしこまり奉り候」（鹿取神宮古文書纂『古事類苑』所収）と宮司の報告書に記されている。

7　動物たちを「元いた場所」へ

綱吉は、生けすの魚を売ることを禁じ、鳥かごに入れられた飼い鳥の売り買いをやめさせ、虫かごに虫を閉じ込める虫売りを禁止し、金魚銀魚を藤沢遊行寺の池に放させた。

――君主には君主のいるべき場所があり、民百姓には民百姓の生きるべき場所がある。生きるものにはみなそれぞれの生きるべき場所がある。獣は野山を走り、鳥は空をかけ歌い、魚は水に住み泳ぎ、虫は野原でその生をまっとうする。「生けす」「鳥かご」「虫かご」「金魚鉢」の中は彼らの本来のいるべき場所ではない。動物に芸をさせるのもいけない。動物の芸はあるべき姿でない。綱吉はそんなことを考えていたのだろう。

トビやカラスの住む場所も江戸城ではない。だから彼らの住むべき場所を探し、自由な天地に放してやった。仏教でいう放生である。その回数は元禄四年から十五年間で七十四回に達した。

著者不明『元禄宝永珍話』に生類憐みで野山、池に放たれた鳥獣魚の事例が記されている。綱吉の生類憐みが鳥獣魚虫の「あるべき場所」への自然回帰に傾斜していったことがわかる。

元禄十六年四月十一日　イタチ一疋　葛西領平井村《ひらい》（江東区）に放す。

四月十三日　イタチ一疋　右に同じ

一、鷹鷲は岩城小名之浜《いわきおな》（磐城小名浜）、または上総《かずさ》九十九里、あるいは三州《さんしゅう》（三河）西尾《にしお》、近年は桑名に放す

一、鳩は近年鹿島、香取、大山、藤沢へ放す

一、鳶、烏は三宅島、神津島、新島、近年大島に放す

一、鼠そのほか小鳥は二の丸に放す
一、ひよ鳥は代官町《だいかんちょう》（千代田区）の植え込みに放すことがある
四月二十九日　なめら蛇（シマヘビ）は代官町の空き地の草深き所に放す
一、金魚銀魚は藤沢遊行寺の泉水に放す
一、鴨雁鷺鶉《さぎうずら》の類は葛西大溜り、あるいは三河島に放す
一、鵜は深川八幡近く芝川《しばかわ》に放す。酉年は四国に放す
一、庭鳥は芝神明、浅草観音、神田明神、深川八幡境内に放す
一、狐は目白下の藪に放す
一、鹿は鹿島（茨城県鹿嶋市）へ、猫は小金《こがね》（小金原、千葉県松戸市）に放す

最後の一行だけ解説を加えておく。「鹿は鹿島へ」は、鹿島神宮に天照大神の使者（神霊）として鹿がやって来たという鹿伝説にちなむ。「猫は小金に」はどうだろう。「猫に小判」のしゃれか。違うだろう。小金原は幕府の牧（馬放牧場）があったところだ。生類憐みの令で鼠が増えて困り、人が鼠を退治するとあれこれ面倒なので猫を放したのではないか。猫が鼠を捕るのは自然のあるべき姿で問題にならない。

猪、鹿の生きるべき場所は野山であって人里ではなかった。○貞享四年十二月一日「**鹿猪が多く出て農作物に被害を与える時は玉を込めずに鉄砲を撃っておどしなさい**」と仰せがあった。本

来いる場所に追い払えば、それでよしとした。しかし被害がなくならないので、○元禄二年六月二十八日「**猪鹿狼の害があれば、まず追い散らし、それでも害がやまなければその時だけ鉄砲を撃ってもよい**」と再び仰せがあった。

牛と馬は人のために働き、人とともに暮らしている。それが牛馬のあるべき姿だった。だから野山に放つことは生類憐みの志に反した。アヒルやニワトリも同じだった。

元禄十年三月十六日、加賀藩は「御飼ぶた」を金沢城下に放し、「豚が屋敷を荒らしたりしたら追い払ってもよい。しかし手荒にしてはいけない」と御触れを出した。[注10]豚を囲いに入れて飼い置くのは不仁になる。というよりも綱吉の意に反することを避けただけだろう。

問題は犬だった。犬が本来あるべき場所はどこなのか。綱吉は悩んだに違いない。おそらくは番犬として人里で人とともに暮らす姿を思い描いていたのだろう。それなのに人の手を離れ、野山で暮らし始めると、手の付けられない野犬になる。町の中にも凶暴なのがいる。生まれてくる子犬はどうすればよいのだろう。大名や旗本が飼っている唐犬（輸入大型犬）、狩りに使う狩り犬、座敷で飼う狆《ちん》を除けば、すべての犬は原則放し飼いだ。町犬や村犬を囲いの中に閉じ込めたり、つないでおいたりすることは、綱吉が考える犬のあるべき姿ではなかったはずだ。「犬がよそへ行かないようにつないでおきなさい」とか「みな囲いに入れて大事にしなさい」などと綱吉は言っていない。「子犬が道路に出て危ない」（元禄五年一月）ため、母犬や子犬用の犬小屋を作るよう命じたが、成犬の行動は自由だった。

食事と安全なねぐらがあれば、犬は爆発的に増える。生類憐みの令が始まった貞享年間の江戸に成犬が五千匹いて、牝犬二千五百匹が四匹子を産んだと仮定すると、翌年犬の数は一万五千匹になる。とにかく綱吉の徹底した犬憐み政策で、あれよあれよという間に犬が増えてしまった。大規模な犬小屋を作り、そこに犬を閉じ込めてしまうようなやり方は綱吉の主義に反する。四谷《よつや》、大久保《おおくぼ》、中野《なかの》の犬小屋は続発する犬の殺傷、捨て犬事件、大火時の犬の焼死から守るために建設された緊急避難施設だった。

注10　城下町で豚を放し飼いにするのは前例がある。天和二年八月、綱吉の将軍就位を祝して朝鮮通信使が来日した時、接待用に購入した豚を通信使帰国後、岡山藩、広島藩、小倉藩は城下に放した。ごみを食べさせて町の浄化に役立たせた。薬食い（薬用兼食用）するために豚を飼う藩もあった。生類憐みの令が出ていたため金沢藩も豚の取り扱いに困っていたと思われる。

第十章

中野犬小屋時代

1　始まりは、病犬のための「喜多見犬小屋」

元禄五年（一六九二年）一月、喜多見《きたみ》（世田谷区）に病犬のための犬囲い（犬小屋）が設けられた。綱吉の側用人を務めていた喜多見重政《しげまさ》は「近来しばしば御旨にそむき、勤務にもおろそか」（『寛政重修諸家譜』）だったため元禄二年二月、領地を召上げられ、お家断絶となった。喜多見村の土地屋敷は幕府が収公し、病犬や弱った犬のための施設が作られた。

幕府勘定所に勤めていた大田南畝《なんぽ》（蜀山人《しょくさんじん》）が筆写した『竹橋余筆別集』（勘定所記録）に、元禄五年一年分の喜多見犬小屋の諸経費記録が載っている。

元旦から大晦日《おおみそか》まで、ここで養われた「総御犬数」（延べ数）は「一万三千八百七十八疋」、一日平均では約三十九匹の「御犬」を十六、七人で世話をした。「御犬」は手厚く世話をしてもらい、重い病気の犬には特別に生魚が与えられた。

一年間の生魚消費量――

アジ　三百九十七（尾）
サヨリ　三百十五
キス　二百五十六

スバシリ（ボラの稚魚）　三百八
イシモチ　五百
アイナメ　二百九十
魚は焼くか味噌汁に入れるかして火を通し、ご飯にまぜてやった。
カツオ節は一年で千二百本消費した。削って飯にかけたり、味噌汁用に使った。病犬に薬を飲ませる時にも使った。「汁に削り節をいれてやれば健康になった犬も肉付きが良くなる」というので食べさせた。ほかにゴマメ（カタクチイワシの幼魚）を年一石一斗五升消費した。「養生」のため近くを流れる多摩川の河原に散歩に連れて行くこともあり、その時はゴマメを持参して犬にやった。味噌は年三百七十四貫余、一日十匹に付き三合三勺三才与えた。
夏場は犬にノミ、ダニなどがつくため、櫛を四つ購入し、油をつけて毛をすいてやった。「御囲」には菰《こも》を張りめぐらし、菰は地面にも敷いて寝床にした。「御犬介抱所」にはむしろを敷き、「御犬看病所」には畳表を敷いた。夜も下役人が見回り、犬の様子がおかしいと犬医者を呼びにやった。
この施設には病気や弱った馬も収容され、餌の大豆の消費量から計算すると五頭いたようだ。飼鳥を禁止したため飼えなくなったニワトリも収容されていた。死んだ犬やニワトリは曲物《まげもの》（箱）に納めて埋葬した。
このほか紙、ろうそく、ざる、犬の食事用の鉢、犬散歩用の鉄鎖・たすき革、馬の飼料（大豆)、薪、鉄砲・火縄、釘、大工の手間賃、椀、鍋等々、一年間の総経費は六十二両一分余だった。

喜多見の犬小屋は病犬の収容施設だったが、増加する犬を収容するために幕府はさらに大規模な犬小屋建設に追い込まれる。

2 犬の超過密都市、江戸。四谷、大久保、中野に犬小屋建設

江戸は世界でも例を見ない犬の超過密都市になった。

元禄八年(一六九五年)四月、江戸城から見て西北の郊外二カ所に犬小屋の建設を始め、五月末に完成した。大久保《おおくぼ》犬小屋が約二万五千坪、四谷《よつや》犬小屋が約一万九千坪あった。同年十月二十九日に広さ十六万坪の中野《なかの》犬小屋が完成し、四谷犬小屋は廃止。中野はその後また拡張されて三十万坪の巨大な犬小屋(犬囲い)になった。

中野犬小屋には何匹くらいの犬が収容されたのだろうか。同年十一月十三日の『徳川実紀』の記事には「不日《ふじつ》に(たちまち)十万頭に及ぶという」とある。「十万頭」という数字は後世の編集・執筆者が書いたもので、「多すぎる」と否定する研究者もいるが、誤りだとは言い切れない。この日の『年録』には「明日より町中の犬ども順々にこれを遣わし、おおよそ犬拾金万疋なり」

と記されている。「犬拾金万疋」は書き間違いではなさそうだ。途方もないという意味なのか、大切な犬という意味なのか、わざわざ「金」と書き入れたようだ。

元禄八年十二月、中野犬小屋で犬に与えた一日分の米の総量は「三百三十石六升」だった。犬一匹に下白米《げ》三合を与えたというから、計算上は約十一万匹分の食料を用意していたことになる。ピーク時には十万匹を超える犬が中野犬小屋に収容されていたと考えていいだろう。

加賀大聖寺藩の松平（前田）飛騨守利直は四谷、中野犬小屋建設の御手伝いを命じられ、毎日五、六千人の人足を動員した。「犬を畜事《かうこと》八万二千余疋なり。一匹ごとに食米二合」と「御年表」（『加賀藩史料五』）に記されている。

江戸町触集『撰要永久録』には、元禄九年六月までに四谷、大久保、中野犬小屋に納めた犬の数は「四万八千七百四十八疋」と記され、『徳川実紀』の数字とかなり異なる。収容した犬の数の違いがどうして生じたのか、はっきりしないが、町方以外の犬も中野犬小屋には収容されたためではないか。『護国寺日記』には寺社奉行から中野犬小屋の犬扶持《いぬぶち》（食費代）の負担を求められた記録がある。弘前藩は江戸郊外柳島《やなぎしま》・亀戸《かめいど》村（江東区）に抱え屋敷（下屋敷）を持っていたが、百姓地の負担として「御犬出銀」を名主に支払っている（篠村正雄『生類憐みの令と弘前藩』弘前大学国史研究146号）。このことは、江戸とその周辺の寺社地、勘定奉行・代官所が支配する在方の犬も中野犬小屋に送られていたことを示唆する。幕府の役所、役宅、下級武士の住む組屋敷などの犬も「十万頭」に含まれていたと思われる。

四谷の犬小屋には「江戸町中の牝犬、残らずこの小屋に入れ置かれたという」（「残嚢拾玉《ざんのうじゅうぎょく》集」『加賀藩史料五』所収）。このほかに凶暴で飼いにくい「人に荒き犬」も四谷に送られた。四谷が牝犬の施設だったとすると、大久保は牡犬の収容施設だったかもしれない。

四谷犬小屋は四谷大木戸《おおきど》の先にあったのでそう呼ばれたが、本当の地名は千駄ヶ谷村で、柳沢吉保と旗本横田伝七郎の屋敷を取り壊して作られた。現町名では渋谷区千駄ヶ谷五丁目、JR新宿駅南口に隣接している。この時、吉保が代地として駒込に拝領した下屋敷が現在の六義園《りくぎえん》である。一方の大久保犬小屋はかつての東大久保村、現在の新宿区余丁町《よちょうまち》付近にあった。

中野犬小屋への犬の運び込みは元禄八年十一月十四日に始まった。犬小屋の場所は現在のJR中野駅付近と北西側の中野区役所、帝京平成大学、明治大学中野キャンパス、東京警察病院などを含む一帯だった。

江戸の各町内は送り込む犬の数を幕府役人に報告し、移動（運搬）方法などの指示を受けた。犬運搬用の駕籠を事前にこしらえて、町内はその日を待った。本町《ほんちょう》四丁目（日本橋）で用意した犬駕籠は、横一尺八寸（約五十四センチ）、長さ三尺（九十センチ）。天井と底と背面の三方は板で、残り三方を編んだ竹で囲み、敷物の上に犬を乗せ、駕籠に棒を通して担いで運んだ。駕籠の大きさは一定ではなく、中に仕切りを付けて二匹用にしたものもあった（『常憲院《じょうけんいん》畜犬《ちくけん》の史料』集古会誌第三巻）。「必要なら大八車を借りなさい」と幕府から町会に指示があり、一台借りると町会に五百文が下された。

犬は男犬、女犬に分けて別々に送り込んだ。町ごとに御用犬と書いた幟《のぼり》を立て、名主ほか町の責任者が付き添って、中野に運んだ。このため四谷付近から中野まではすれ違えないほどの大混雑、お祭り騒ぎとなった。各町内からすれば、犬を養うために残飯だけでなく、少しましな餌をやったり、病気の時は犬医者に見せたり、金銭面での負担も大きく、犬小屋に犬が収容されるのは大歓迎だった。

犬小屋に野犬、野良犬を保護したと書いてある本が多数あるが、正確ではない。野犬、野良犬は人に慣れていないから簡単に捕獲できず、何万匹もの犬を短期間のうちに中野犬小屋に送り込むことはできない。収容された犬のほとんどは当時もっともありふれた存在だった町犬だった。しかも犬小屋に収容する時点では、みんなに大切に養われ、人慣れしている。野犬、野良犬ではなかった。

元禄九年七月四日、犬小屋の経費負担について町触れが出た。「小間《こま》一間（通り間口一間、二十坪）につき年に金三分（一両の四分の三）の御犬上げ金を差し出しなさい」。町民からすれば、養いたくて養った犬ではない。「御犬上げ金」は高すぎると不満が出たため、元禄十年五月十八日、間口一間につき金三分が金一分に減額された。

江戸の町犬のほとんどは中野に納められてしまった。元禄九年（一六九六年）六月時点で、江戸の町方に「残り犬は五十五疋」（『正宝事録』）しかいなかった。「残り犬」とは文字通り犬小屋に納めることができず残ってしまった犬のことだ。嫌がって犬駕籠に乗らず町内に残されてしまった犬、出産したばかりの母犬と子犬も残り犬になった。

中野に犬小屋が作られたのは大火がなかったことも理由だろう。犬小屋建設の前、元禄八年二月八日、四谷伝馬町《てんまちょう》から火が出て、六万七千四百戸余りが焼失する大火があった。尾張藩士朝日重章《しげあき》の『鸚鵡籠中記《おうむろうちゅうき》』によると、紀州家の中屋敷（現赤坂御所、迎賓館など）だけで、女四百五十人、男三百四、五十人が焼死したという。

「紀国《きこく》様焼け跡で焼死した犬が三疋見つかった。これが綱吉公の耳に入り、役人が死体の検分にやってきた。ところがその時には二疋の死体がどこかに消えて見当たらない。役人は〝これは難しいことになった。早く探してください〟といって、一疋だけ乗り物に乗せて運び去った。そこで紀国様（藩主）の仰せで、別の犬の死体二疋を拾ってきて、〝見つかりました〟と役人に届けたという」（『鸚鵡籠中記』）

紀州家だけで八百人も死んだというのに、幕府の犬担当の役人（犬目付）は犬の検死で大騒ぎする。この火事で江戸の犬が何匹焼け死んだかわからない。二カ月後、四月一日に四谷の犬小屋工事が始まり、五月五日には早くも犬の収容が始まっている。犬小屋のおかげで焼死する犬の数は激減した。

元禄十六年十一月十八日、元禄大地震の五日前にも、また四谷伊賀町《いがまち》から火が出て、青山、赤坂、麻布、芝札《ふだ》の辻《つじ》まで大名屋敷、幕府組屋敷、寺院、民家を焼き尽くす大火となったが、「（焼け跡には）焼け犬、痛み犬、相見え申さず候」（柳沢吉保『楽只堂《らくしどう》年録』）と記されている。ほとんどの犬が中野に移され、町中にはわずかしか犬が残っていなかった。

3　綱吉への反逆。千住街道、犬の磔事件

元禄期の正確な江戸の総人口は不明だが、仮に武士・僧侶・庶民すべての人々を合わせて百万人、犬の数を十万匹として計算すると、十人で一匹の犬を養っていることになる。一方、元禄八年の甲府城下（藩主徳川綱豊《つなとよ》）の町民の数は一万四千二百五十三人、内密に調査が行われた城下二十九町の犬の数は二百四十七匹。町民約五十八人で一匹養っている計算になる。江戸の犬密度は対人口比で甲府の約六倍。異常としか言いようがない。それでも幕府は犬が増えすぎたから犬小屋を作ったとは言わない。「増えすぎた」と認めることは「見知らぬ犬でも念を入れて犬を養いなさい」という綱吉の命令の誤りを認めることになる。柳沢吉保は「犬を傷付ける愚民がいるから（犬小屋を作り）保護した」（『楽只堂年録』）と述べている。権力を持つ者の手前勝手な理屈である。犬過密都市江戸の住民のストレスはたまり続け、犬の殺傷事件が絶えなかった。

○元禄六年（一六九三年）十月の町触れ「**作業小屋やごみ船の中で犬を手荒に扱うと聞いている。たとえ主なき犬でも叩いたりする者がいれば捕まえて出すべし**」。見えないところで犬を何とか

しようという人がいたのだろう。

○元禄七年四月二十七日「**このごろ端々に傷ついた犬がいると聞く。傷つける者がいたら見逃さず捕えなさい**」

○同年五月二十二日「**ちかごろ傷ついた犬が度々いる。傷ついた犬が町内にいることがよそから知れたら、その町の越度**（**落ち度**）**となる**」。傷ついた犬は犬医者に診せねばならず、その費用がばかにならないから隠すこともあったのだろう。隠しておくと処罰するぞと警告が出た。

「大事にしなさい」「養いなさい」「傷つけてはいけない」というだけでは、犬過密都市の問題は解決するどころかさらに悪化していく。元禄八年四月、幕府は四谷と大久保の二カ所で犬小屋建設工事に着手したが、そのころすでに綱吉に挑戦的な犬殺し事件が発生し始めていた。

尾張藩士朝日重章の『鸚鵡籠中記』に犬が磔にされ殺された話、首を切られた話が載っている。

○元禄八年二月十日「最近、江戸千住《せんじゅ》街道に犬を二疋、磔置く。札に、犬公方の威を借り、諸人を悩ますによって、かくの如く行うものなり。また浅草辺で犬の首を切り、台にのせ置く。御詮議のため黄金二十枚（褒賞金二十両）かかる」

この事件は『徳川実紀』には載っていない。『年録』『柳営日次記』にもない。あからさまに将軍を批判した事件を公文書に残すことははばかられる。どういう理由があろうと将軍批判を表沙汰にするのは禁物なのだ。武士がからんだ事件だと内々に処理されることが多い。人々はそれを噂話として伝え、尾張藩士が記録として残した。

この記事の三日前、大目付から武家に向けて御触れがあった。「**犬の子を川に流して殺した者がいる。このような悪いことをすれば罰せられる**」。町触れは出ていないので、幕府は武士の仕業と考えていたのだろう。犬の子は刀で切られていたに違いない。

千住街道の犬磔事件から八カ月が過ぎた。十月十九日の『鸚鵡籠中記』に磔事件の続報が載っている。

「この春、犬を磔にしたる者、御旗本衆の二番子《にばんし》（次男）なり。しかるを僕（下僕）、訴人《そにん》す。主人は切腹仰せ付けられる。僕には御定めのごとく黄金二十枚、六間口《ろっけんぐち》の角屋敷を下されたが、ひと月ばかりたって召し出され、僕、御成敗仰せ付けられる。あるいは磔になったともいう。七、八月のころの事という」

訴人した旗本の下僕には約束の褒賞が下されたが、これがまた綱吉の逆鱗に触れたようだ。「下僕の分際でありながら主人を訴えるとは何事か」ということだろう。褒賞の約束は果たされたが、次に一方的に破られ、処刑された。

この事件を幕府の記録で調べてみる。『徳川実紀』八月九日の記事に「大番河村甚右衛門は捨文《すてぶみ》せるにより遠流《おんる》にせらるる」とある。磔にされた犬に「犬公方の威を借り」と書いた札がついていたが、捨文とはそのことを指しているのかもしれない。『鸚鵡籠中記』には主人「切腹」と書いてあるので「遠流」とだいぶ話が違う。ところが幕府日記『年録』には「三枝《さいぐさ》能登守組大御《おおご》番《ばん》河村甚右衛門、無作法の体《てい》をなし、その上捨文いたし、侍に似合わざる仕（仕方）」で斬罪に仰せ付けられたと記されている。こちらは「斬罪」である。「無作法の体」は「犬が磔にされた」と書くのをはばかり、あたりさわりのない表現にしたのだろう。

『寛政重修諸家譜』（巻第八百三十九）を見ると、五百石の旗本河村重次の次男に「甚右衛門某」の名があり、「元禄八年八月九日、常に行状よからず、そのうえ捨文せし事、士たるものの所為《しょい》にあらずとて、斬罪に処せられる」と記されている。やっと真犯人と処罰が確定した。縛られたまま首を落とされ、死体が放置されるのが斬罪である。武士が捨文で処刑されることなどほとんどないので、「犬公房」云々の札を付けたのは河村甚右衛門で間違いないだろう。『徳川実紀』の「遠流」が間違っている。

4 相次ぐ犬殺し、捨て犬事件

元禄八年（一六九五年）六月一日、四谷と大久保の犬小屋が完成した。増えすぎた犬について江戸住民のストレスはすでにピークに達していた。

○一月二十六日夜、麻布坂下町《さかしたちょう》（港区麻布十番）、庄兵衛の赤白ぶち犬、首際を切られ殺された。

○一月二十七日、伊皿子町《いさらごまち》（港区高輪付近）の野道に白黒ぶち犬が切られ死んでいた。

「右二疋の犬を切った者を知っていれば申し出なさい。生類憐みの儀、度々触れているのに不届きである。（犯人を申し出れば）たとえ同類（仲間）でもその罪を許し、ご褒美の金子（黄金二十枚）を下さる。（訴えた者に）仇《あだ》をなしてはいけない」（『憲教類典』など）

坂下町の事件も、伊皿子町の事件も犯人は捕まらなかった。「同類」が訴え出ても本当に罪が許されるのか保証はなかった。綱吉の意向次第で手のひらを返して処罰される可能性があった。

○九月三日、別の捨て犬、犬殺し犯探しの町触れが出た。

「宇田川町《うだがわちょう》（港区浜松町）、浅草田原町《たわらまち》（台東区雷門）で子犬を捨てた者、下高輪町《しもたかなわちょう》（港区高輪）、上野六軒町（台東区上野）、浅草寺領、市谷田町《たまち》（新宿区）で犬を切り、または切り殺し捨てた者がいる。右の様子を知るか、見聞した者は支配方に申し出なさい。御褒美が下される」

この捨て犬、犬殺しも犯人が捕まった形跡がない。まだ中野犬小屋は完成していない。町には犬があふれている。

○十月十一日、御触れ**「前々から触れているが、度々捨て犬がある。下屋敷、野屋敷、その他僻地に至るまで堅く捨て犬はしてはいけない」**

○十月二十五日早朝、本郷菊坂《きくざか》（文京区）旗本屋敷の辻番八兵衛、溝の中に子犬がいるのを見つけ、懐に入れ、近くの組屋敷脇に捨てた。屋敷の者に見とがめられると「母犬が探しに来そうな所に移した」と弁明したが、「養おうとしないのは不届き」と牢舎入りになった。十一月十四日から中野犬小屋へ犬の持ち込みが始まり、それから間もなく同月二十五日に辻番八兵衛は浅草で斬罪、獄門に処せられた。犬小屋完成をきっかけに犬がらみ事件の厳罰化が進む。「せっかく犬小屋を作ったのににけしからん」ということだろう。八兵衛の辻番同僚四人は「捨てたことを知らなかった」と述べたが、牢舎入り後、追放された。犬捨てを目撃し、訴え出た組同心山田彦兵衛は褒美として白銀五枚を賜った。

○元禄九年（一六九六年）二月、江戸日本橋で少々複雑な捨て犬、犬殺し事件があった。

一月三十日夜、本町《ほんちょう》二丁目（中央区日本橋）で渋紙に包んだ子犬の死体が見つかった。犬の首には大伝馬町一丁目（同）の問屋孫右衛門の手代彦太郎と与兵衛の名刺が張り付けてあった。手代二人は牢に入れられ取り調べを受けたが、「子犬を捨てていない」と供述した。二人の話から怪しい人物として新材木町（日本橋堀留町）清兵衛店の絹売り半兵衛の名が浮かんだ。二月七日半兵衛は捕らえられ、拷問をされると盗んだ子犬を絞め殺して捨てたことをあっさり白状した。半兵衛は上州の絹屋の倅だが、絹の代金を吉原、ばくちで使い込み、金を貸してくれない問屋の主人孫右衛門に恨みを抱いていたという。

子犬は庄助屋敷《しょうすけやしき》（日本橋堀留町）の庄兵衛方から盗んだというので調べると、庄兵衛の養っていた犬が八匹子犬を産んだことが判明した。ところが一匹いなくなっていたので帳尻合わせをして番所には七匹生まれたと届けを出し、これがとがめられた。

二月十日、手代二人は赦免。同二十六日、絹売り半兵衛は浅草で磔。庄兵衛は「有体《ありてい》に（あるがままに）申せざる罪」により江戸十里四方、京、大坂、奈良、伏見、東海道、日光街道、甲府、名古屋、和歌山、水戸から追放（立ち入り禁止）。流罪に次ぐ重い処分となった（『御仕置裁許帳』『元禄宝永珍話』『江戸真砂《まさご》六十帖』）。

元禄九年八月、江戸町民の気分を暗くさせる衝撃的な町触れが出た。大工の弟子が犬を殺し、近所の少女の証言で捕らえられ、処刑されたのだ。

○八月六日「**本所相生町《あいおいちょう》二丁目**（墨田区）**大工善次郎の弟子市兵衛、犬切り殺し候由。本所相生町二丁目左官嘉兵衛と申す者の娘しもと申す小女**（少女）**申し候につき、御詮議**（犬殺し）**相知れ候。御褒美金子五十両しもに下され候。右の通り仰せ付けられたので、町中の家持だけでなく、借屋、店借、出居衆《でいしゅう》**（間借人）、**召使等まで残らず**（この一件を）**申し聞かせなさい**」

これまでは金二十両だった密告の御褒美が五十両にはね上がっている。これからも賞金を出すからみんなに知らせ、どんどん申し出なさいという密告の勧めだ。

この事件は七月六日夜に起きた。本所御竹蔵《おたけぐら》（墨田区横網町《よこあみちょう》公園一帯）前で殺された犬が見つかった。町触れでは「犬切り殺し」となっているが、犬の致命傷は「突き傷」だった。犬に吠えられたかして、大工道具で突き刺したのだろう。市兵衛は獄門さらし首となった（『江戸町触集成』『元禄宝永珍話』『徳川実紀』）。訴え出たしもの年齢は十二、三歳だったという。その後、どのような人生を送ったのか、わからない。

歴史家内藤耻叟は『徳川十五代史』の中で、割と信用できる『御時世《ごじせい》風土記』という書物からの引用だと断ったうえで次のように書いている。

「もし犬を痛めなどすれば、すぐに捕えられ、手錠をかけ、町預けになる。誤って打ち殺すなどして牢に入れられた者は何百人になるかわからない。通りすがりにワンとでもいえば身の毛もよだつ。喰いつかれても叱ることさえできず、犬から逃げるしかない。罪人毎日五十人、三十人といる。打首になる者もいて、血まみれの首を俵に入れ、三十ばかり持ち出す、云々」と記している。記録に残っていない処罰者がどのくらいいたのか、まったく見当がつかない。

5　犬や馬殺しを防ぐための「大酒飲み禁止令」

江戸は酔っ払いの多い町だった。幕末日本に来たイギリスの初代駐日公使オールコックは日本人の第一番の欠点として、酒を飲みすぎて凶暴になることを挙げている。「ヨーロッパにも大酒飲みはたくさんいるが、帯に鋭利な刃物を差していない」「(酔っ払いと出合って)とくに危険な目に合うのは犬と外国人だ」と『大君の都』で述べている。江戸時代を通して、町の犬たちは棒で追い払われ、刀で切られる危険性を背負って生きてきた。「犬も歩けば棒にあたる」という諺は「歩き回って棒で殴られるよりじっとしている方がよい」というのが本来の意味だ。綱吉時代はほかの時と比べれば、犬が棒で殴られる危険性がほとんどない稀有な時代だった。ただし時々、ひそかに切られた。

○元禄九年（一六九六年）八月十七日、「大酒禁止。酒屋を減らす」と御触れが出た。

「**酒に酔い心ならずも不届きをする者がけっこういる。これまでも大酒は禁止だったが、いよいよ酒を飲むことは、人々慎むべきである。客などが来ても酒を強いてはならない。酒狂いする者がいれば、酒を飲ませた者も越度**（落ち度）**となる。酒商売する者も減らしていく。右の通り必ず守るべきこと。違反すれば罪に問われる**」

いかにも綱吉らしい禁令である。大酒飲み禁止はだれでも考えるが、酒狂いをなくすために酒を飲ませた者まで処罰する発想はこの時代の人にはない。

この日、老中土屋相模守は老中・若年寄を集め、全員に上意を告げた。

「すべて酒を飲むことは上（綱吉）には御嫌いなされておりますので、面々慎むように集めて伝えよとのことです。支配の者へはそれぞれ酒を慎むように申し渡しなさい」（『年録』）

綱吉は酒を口にしないわけではなかった。ふるまいの席、祝いの席で酒をいただくことはあったが、いつのころからか「すべて酒を飲むこと」を「御嫌い」になった。元禄二年四月十六日に「**今日より**（江戸城の）**御台所料理は五節句以外お酒を出してはいけない**」と仰せがあった。三日前に台所料理人の鈴木伝次郎が酒を飲んで「乱気を致し」（『御当代記』）、同僚を切り殺して自害する事件があったからだ。こういう事件も綱吉が酒嫌いになった一因だろう。

犬や馬の殺傷事件も、その多くが酔っ払いの仕業だった。ところが江戸時代は酔っ払いのしでかすことに寛大で、しらふで起こした事件よりも罪一等、ないしは二等軽かった。生類憐み時代、しらふでやった犬殺しは死罪だったが、大酒を飲んで前後不覚だったと認定されれば流罪のさらに下の追放ですんだ。一例を挙げると、元禄五年五月十三日夕方、通四丁目（中央区日本橋）で犬を切り殺した井上大和守の家来下人は「犬に吠えられたのは覚えているが、方々で酒を振舞われて酔い、切ったのは覚えていない」と供述し、江戸十里四方追放ですんだ。

左官の娘の訴えで犬殺しが発覚し、本所相生町の大工弟子市兵衛が磔になったのは、大酒飲み禁止令が出る十一日前だった。市兵衛は夜、人通りの少ない場所で犬を殺した。大工仕事は明るいうちにやるもので、どこかに寄り道して酒を飲んでいたのだろう。江戸の職人が夜間しらふで歩いていたとは思いにくい。この事件が大酒飲み禁止令のきっかけになった可能性もある。

酒に酔って犬、馬を殺傷する事件はなかなかなくならなかった（231〜233ページに一覧掲載）。この禁止令は「前後不覚に酔っていた時でも生類を傷つければ厳罰に処する」という大酒飲みへの警告だったと考えていいのではないか。

大酒飲み禁止令は酒造業界に波紋を呼んだ。家光、家綱、綱吉政権初期までは酒造りの量を規制する御触れが何度も出ている。お酒を造る回数も年に一回、寒造りの酒に限られた。食用の米を確保し、価格高騰を防ぐのが目的だった。

酒屋からすると「大酒のみ禁止。酒商売する者も減らす」という今回の御触れは前例のないものだったが、その発想は「生きた鳥魚商売を禁止する」「鳥獣は店で売るな」というこれまでの御触れとほとんど同じだ。ここに金銀改鋳で悪名高い荻原重秀《おぎわらしげひで》（元禄九年四月から勘定奉行）が登場してくる。酒商売をする者は減らさず、造り酒屋に運上金（税金）を出させることで話をつけてしまった。

大酒飲み禁止令が出た翌年、元禄十年（一六九七年）十月九日、荻原から運上金徴収を命じられた酒屋四人の連名で造り酒屋に書付が渡された。

「今より面々（皆）造り候酒直段《ねだん》（値段）、時の相場の五割ほど上げて商売いたし、その五割り増しの分を御運上に差し上げるべく候」

本来は生類憐み関連法だったと思われる大酒飲み禁止令は、酒の値段を五割増しに、その分を運上金として徴収する前代未聞の幕府命令に変貌した。幕府は大名にもそれぞれの国元で五割の運上金を徴収するよう命じた。酒の生産を手控えた酒屋は米を買わず、米の値段が下がった。米を売って収入にしていた武士は米の値段が下がると収入が減る。酒が売れないから酒屋の売り上げは減る。高い酒を飲まされる酒飲みの不満は募る。

綱吉が死去した宝永六年（一七〇九年）三月二日、幕府は酒運上金を廃止した。同じ日、鳥・ウナギ・ドジョウの商売を解禁し、囚獄に入れられていた人々（人数不明）が釈放された。

6　酒に酔って犬に脇差を向け、磔になった男の供養塔

中野に犬小屋ができた後、町中の犬が減ったせいか、犬殺し事件は減ったように思われる。それでもなくなったわけではない。江戸後期、安政年間に書かれた随筆集『江戸真砂六十帖』に、酒を飲んで犬に切りつけ磔になった男の話が載っている。

○本郷三丁目に谷口与右衛門という有徳の町人がいた。吉原へ行き、帰る時に加賀屋敷（現東京大学）の脇で犬に囲まれて難儀した。酒に酔っていたので思わず脇差を抜いて追い廻し、その時に懐中物を落とした。一匹の犬が傷つくと、ほかの犬はあわてて逃げ去り、与右衛門はそのまま家に帰った。翌朝、頭に傷を負い死んだ犬を町の者が見つけ、町奉行所に訴え出た。番人が夜明け前、落ちていた紙を拾ったと申し出た。与右衛門あての手紙だった。そこで与右衛門を召し捕り、牢屋に入れ、厳しく追及すると、すぐに白状したため千住小塚原で磔となった。三十三歳だった。

「母は一人息子の死を嘆き、高さ一丈（約三メートル）ほどのみかげ石の石塔に七字（南無妙法蓮華経）を彫り、品川（鈴ヶ森）、千住（小塚原）に立てた。今も石塔に谷口の名が残っている」と『江戸真砂六十帖』は記す。

母が立てたという石塔（供養塔）は品川区南大井《みなみおおい》の大経寺《だいきょうじ》脇、鈴ヶ森刑場跡に現存している。歌舞伎の名場面「お若えの、お待ちなせえやし」と幡随長兵衛《ばんずいちょうべえ》が白井権八《しらいごんぱち》に声をかけたのがこの石塔の前――という設定になっている。享和三年（一八〇三年）、江戸中村座初演の『幡随長兵衛精進俎板《しょうじんまないた》』では、舞台中央にこの石塔が立っている。そのくらい有名な石塔だが、『徳川実紀』によると、長兵衛が白柄組《しらつかぐみ》首領の旗本水野十郎左衛門に殺されたのは明暦三年（一六五七年）

谷口与右衛門供養塔（品川区南大井）
品川・鈴ヶ森刑場跡に立つ。元禄11年（1698年）2月15日、江戸本郷で犬を切り殺し、磔になった町人谷口与右衛門の供養のために、元文6年（1741年）に母親が建立したと伝えられる。高さ約3メートルのみかげ石製。石塔には「南無妙法蓮華経」の7文字が大きく刻まれている。

七月十八日だから、長兵衛が生きていた時代にこの石塔はなかったことになる。

長兵衛と権八の話はまったくの創作、事実のかけらもないが、谷口与右衛門の話は実話だろう。石塔裏面の右上に建立年の元文《げんぶん》六歳（一七四一年）、中央に「元禄十一戊寅暦二月中浣《ちゅうかん》五日（元禄十一年二月十五日）」と与右衛門の命日と思われる日付、下に願主として「法春比丘尼《ほうしゅんびくに》」「谷口氏」と彫られている。この事件、幕府史料では確認できないが、高さ三メートルもあるみかげ石の石塔をしゃれで刑場に立てたりしないだろう。母親が発願《ほつがん》して、法春比丘尼が立てたのかもしれない。

与右衛門は悪意を持って犬を殺したわけではないから、普通なら磔になったりしない。「酔っぱらって覚えていない」といえば、江戸追放程度ですんだ事件だ。それが磔になった理由がよくわからない。与右衛門が処刑されて四十三年後に石塔（供養塔）が立てられた。供養してやらなければ収まらないような死だったのだろう。

『御仕置裁許帳』とみると、「酔って覚えてない」事件がかなりある。悪質な事件でない限り、奉行所の方も、酔って覚えてないことを意識的に強調して、できるだけ軽い処罰ですむようにしていたように思われる。犬を殺せば事件は老中にあげられ、側用人も知ることになるが、みんな阿吽《あうん》の呼吸でやっていたのではないか。

与右衛門は酔っても記憶がなくなるようなそんな酒は飲まなかった。正直に犬を切ったことを白状した。酒を飲んでいたことも白状した。わかっていて切ったとなると、罪が重くなるのが生類憐み時代のお裁きだった。

大酒飲み禁止令が出たのが元禄九年八月。与右衛門の事件がいつ起きたかは不明。処刑が元禄十一年二月。大酒飲み禁止令が与右衛門の処罰にどう影響したか、いろいろ推測し、史料を調べたが、結局よくわからなかった。もちろん綱吉は知っている。

●酔っ払いによる犬、馬殺傷事件（『御仕置裁許帳』を基に作成）

①貞享3年（1686）9月3日　松平左京太夫家来の小者加左衛門、主人に暇をもらい屋敷を出て方々で酒を飲んで酔い、青山下野守下屋敷前（渋谷区南青山）で米4俵を積んでいた駄賃馬の尾の脇を小刀で突く。「酒に酔い前後不覚」。牢舎の上、9月25日追放。

②同12月16日　永井伊賀守の家来召使、昼酒に酔い、長谷川町（中央区日本橋堀留町）で畜犬《かいいぬ》を小刀で突き殺す。揚屋入り。「酒狂いによる不慮の事故」につき24日赦免。

③貞享4年（1687）3月28日　新銀町《しんしろがねちょう》（千代田区神田司町《つかさちょう》）の奥平《おくへい》、妙義山《みょうぎさん》詣りの主人を迎えに行き板橋で犬を切り捕まる。待っていた茶屋で酒を飲みすぎ前後のことを覚えていないという。牢舎の後、4月6日江戸追放。

④同6月23日　宇田川町（港区浜松町）の文四郎は酒に酔い、芝久右衛門町（同）で通りがかりの駄賃馬に脇差を抜き、切りかかり、馬をひいていた百姓七兵衛と馬にけがを負わせる。文四郎もすねに傷を負ったが、酔って何も覚えていない。揚屋入り。七兵衛、馬ともに傷が

治ったため、文四郎7月16日赦免。

⑤元禄2年（1689）1月16日　芝金杉（港区）の山伏法光院、了玄と春鉄と申す者の飼い置く犬2匹に食べ物をやり、1匹は背中、1匹は首を刀で切る。犬は死なず。「酒を飲み覚えていない」。牢舎後、2月6日居所追放。

⑥元禄4年（1691）3月15日　丹羽若狭守の元足軽、只今浪人の船田新六、天野弥五右衛門屋敷（台東区上野）裏門側で、酒に酔い、通りかかった馬の両脚を脇差で切りつける。さらに近所の娘5歳の目の上を3寸ほど切る。馬を引いていた男の叫び声ですぐ近くの御植木同心屋敷の者が取り押さえる。牢舎の上、6月19日江戸十里四方追放。

⑦元禄5年（1692）5月13日　夕方井上大和守の家来下人、通四丁目（中央区日本橋）利兵衛の飼い犬を切り殺す。犬に吠えられたのは覚えているが、方々で酒を振舞われて酔い、切ったのは覚えていない。牢舎後、6月1日江戸十里四方追放。

⑧元禄7年（1694）3月11日　松平右京亮家来の中間巳之助《みのすけ》、夕暮、三河町（千代田区内神田）で荷物降ろし中の馬の後脚に脇差で切りつける。同町の辻番人清右衛門の肩先にも切りかかり、町人に取り押さえられる。「主人の用事で来たが、酒に酔い覚えていない」。清右衛門は養生後、死亡。巳之助は閏5月10日、斬首を申し付けられる。

⑨元禄9年（1696）5月14日　松平下野守足軽、藤牧弥一兵衛、仕事がなかったため屋敷を出て酒を飲む。神田佐久間町で駄賃馬の尻、内股を刀で切りつける。「酒に酔い馬を切っ

たことは覚えていない」。揚屋入り。5月25日追放。

⑩元禄11年（1698）2月14日　大久保隠岐守家来の中間貞平、朝、主人の供をして六本木の屋敷に行き、それから暇をもらい目黒（不動）へ参詣。茶屋に寄り酒を飲み、松平信濃守（鍋島）屋敷前（千代田区日比谷公園）で肥を積んだ馬の左尻を脇差で切りつける。「酒に酔い覚えていない」。牢舎の後、5月6日追放。

⑪同8月8日　酒井左衛門尉《さえもんのじょう》の足軽山口五兵衛、江口長大夫、竹田孫右衛門、知行所の庄内（山形県）を出て下野《しもつけ》国野間《のま》村（栃木県那須塩原市）に来た所で、五兵衛が刀を抜き、通りかかった駄賃馬の尾から左内股にかけて切り、近所の藪に逃げる。孫右衛門も逃げ、2人とも土地の者に捕まる。長大夫は先を歩いていて見ていなかったが、3人とも揚屋入り。老中に伺いを立て、9月29日評定所に召し出す。五兵衛は江戸十里四方と在所から追放、残り2人は赦免。

7　病死で減り続ける犬小屋の犬

この当時の犬は原則放し飼いだから、餌と安全なねぐらがあれば、生まれた子犬はすくすくと育ち、際限なく犬が増えていく。自分たちで管理できないほど犬が増えれば、人も犬も不幸になる。どうすれば人と犬が幸せになるのか、そのことに綱吉は思い至らず、ただひたすら犬を養え、知らない犬でも食べ物を与えろ、子犬は捨てるな、すべて養え、犬医者に診せろ、犬を傷つけるな、犬皮で蹴鞠《けまり》を作るな、犬商売をするな——と命じ続けた。

犬小屋に収容された犬たちが幸せになったのか、というとそうでもない。予想もできない事態が起きていた。次々と犬が死んでいったのだ。農政家の田中丘隅《きゅうぐ》が吉宗政権に提出した改革意見書『民間省要《みんかんせいよう》』には「山野を走ることもなく、小屋に詰められ、白米を食べて人間と同じようになり、犬小屋が出来て一年の間に、その数、半分にまでは及ばないが、病犬死犬はおびただしく、穴に埋められた」と記されている。『元正間記』も「元来人間の食事の余りの魚のはらわた、骨、頭ばかり食い、気ままに遊んでいた犬どもが、にわかに白米飯に魚類などを思うままに食らい、走り遊ぶこともかなわず、小屋にばかり寝ているから、たちまち病気になって死する犬ども多し」と『民間省要』と同様のことを書いている。死んだ犬を埋葬する損犬埋場《そんけんうめば》の面積は六千四百八十坪もあった。犬には白米のほかに味噌（味噌汁）、煮干しが与えられたが、江戸中の犬が中野に集められたのだから、犬密度が高くなって運動不足になり、病気になりやすかった。

このころの犬は「十歳以上生きるのはまれ」（『和漢三才図会』）だった。『南総里見八犬伝』に出てくる与四郎という犬は「この年十二になりしかば、里に稀なる老犬《ふるいぬ》」だった。当時の犬の多くは蚊が媒介する寄生虫病・犬フィラリアに感染し、寿命を下げる要因になっていたようだ。[注11]中野犬小屋は犬の数を増やさないように、男犬と女犬は別々の囲いに入れられた。完成当初、持ち込まれた十万匹の犬は当時の犬の寿命から考えて、病死と自然死で年々数を減らしていったはずだ。その後も江戸の町から「残り犬」「来《きた》り犬」「紛れ犬」が送られて来たが、大した数ではなかっただろう。

犬小屋には寺社地にいた犬も運ばれた。元禄十一年（一六九八年）十一月三日、寺社奉行から護国寺に「**来り犬の数を調べて書付を出しなさい。飼い犬の数は報告しなくてよい**」（『護国寺日記』）と指示があった。来り犬はどこからかやって来た犬のことを指している。元禄十四年七月二十日には護国寺の役僧が寺社奉行に呼ばれ「犬扶持《いぬぶち》」を払うよう伝えられた。犬扶持は中野犬小屋の犬の餌代などの負担金で、江戸の町民から徴収していた「御犬上げ金」と同じものだ。寺社に養われていた犬も犬小屋に運ばれたようだ。護国寺は翌年十一月十六日に「護国寺は門前諸役御免に付き、犬扶持は出しません」と寺社奉行に回答した。

注11　犬フィラリアは蚊が吸血することで体内に入り、心臓や肺動脈などに寄生してさまざまな障害を起こす。江戸時代は皮膚病にかかった病犬が多数いたが、これもフィラリアが原因だろう。寒冷地は媒介する蚊が生息できないため長寿犬が多かった。津軽藩では元禄八年に十七歳の長寿犬が死亡した記録がある。ノーベル賞受賞者・大村智《さとし》氏が発見、開発したイベルメクチンは人の象皮《ぞうひ》病などのほか、犬フィラリアの予防特効薬としても使用され、現在はかつてのような死病ではなくなった。

8　各藩の江戸屋敷の犬が次々と国元へ

江戸の町の七割を占める広大な武家地は増え続ける犬の供給源になっていた。大名屋敷でも犬が来たら養わなければならない。犬が病気になれば犬医者を呼ばねばならず、死ねば徒目付に連絡して検死を受けなければならない。徒目付は大大名に対しても、問題があると思えばすかさずねじ込む。大名だけでなく、老中までもが綱吉の勘気に触れないようピリピリしていた。

井戸に落ちた狐のことで、老中と加賀藩の間でひと騒動起きたことがある。宝永元年（一七〇四年）五月二十一日夜、加賀百万石前田家上屋敷の足軽門番が隣接する天沢寺《てんたくじ》前の井戸に狐が落ちるのを目撃した。天沢寺には桂昌院を家光の側室に取り立てた春日局《かすがのつぼね》の墓がある。翌日、狐の検死に来た幕府御徒目付は「なぜすぐに引き上げなかったのか」と足軽四人の調書を提出させ、大目付と老中の裁許を求めた。老中から「足軽番人を死罪に」と話があったが、加賀藩は処罰を拒否した。すると「足軽を処罰しなければ御為《おため》によろしくない」と再度申し入れがあったため、藩主前田綱紀《つなのり》は老中秋元但馬守の屋敷に向かった。綱紀が「畜生一匹に人の命は代えられない。この旨、上聞に達せられるように」と申し述べると、「もっともではあるが、足軽に死罪仰せ付けなければ公方様の思し召しにかなわないでしょう」と答えがあった。綱紀は「足軽に落ち度はない。それを死罪とするのは道理なく人を殺すことだ。公方様の思し召しにかなわずとも仕方ない」と言って席を立った。その後、幕府役人からは何も言ってこなかった（『加賀藩史料第五編』『松雲公《しょううんこう》御夜話』）。

春日局がいなければ綱吉もこの世に生まれることはなかった。だから老中も徒目付も神経質になる。みんな上を見て仕事をしている。

犬のことで問題が起きないように江戸藩邸の犬を国元に送る動きもあった。

○元禄二年（一六八九年）十月六日、盛岡藩は江戸藩邸で養っていた犬二十八匹を盛岡へ送った。江戸藩邸の犬を国元へ送った藩があると聞き、老中の内々の了解を得たうえで、盛岡藩も同じようにしたのだ。三匹は途中で亡くなったが、塩詰めにして鬼柳《おにやなぎ》（岩手県北上市）まで運び、埋葬した。残りの犬は十九日、無事盛岡に着いた。続いて翌月七日にも十二匹の犬が四つの駕籠に乗せられて到着した（『盛岡藩雑書』）。

江戸藩邸の犬を国元に送る動きは犬小屋建設の前後からまた顕著になった。藩邸内で犬の殺傷事件が起きたら大騒動になる。幕府も増えすぎた犬を何とかしたかった。

○元禄八年五月、加賀藩は江戸から越中砺波《となみ》郡畠中《はたなか》村（富山県）に母犬と子犬二匹、十一月には同郡荒屋敷《あらやしき》村に一匹、芹川《せりかわ》村に一匹の犬を送り込み、地元の百姓に預けた。七月にも六匹の犬が芹川村などに送られ、これも百姓が預かった（『元禄享保間留記』『動物文学』昭和四十七年初夏号）。

加賀藩の江戸屋敷は元禄八年十二月七日、八日の二日間、幕府老中の指示により屋敷内にいる犬の数の調査を行った。加賀藩の三つの屋敷（本郷上屋敷、駒込中屋敷、板橋下屋敷）はどこも広く、数多くの建物があり、何千人もの家臣や使用人が住んでいる。三カ所の屋敷に養われ、住みついていた犬の総数は二百四十一匹だった。

○元禄八年十二月十四日、秋田藩は男犬二十六匹、女犬十三匹を船に乗せ、深川の中川関所から下野《しもつけ》薬師寺《やくしじ》村（栃木県下野市）に送った。途中から陸路秋田へ連れて行ったのだろう（『伊頭園茶《いずえんさ》話《わ》』）。

○元禄九年七月二十二日、幕府から幕臣に仰せがあり、知行地や下屋敷に犬を移すのは自由とし、小給の者が養う犬も犬小屋に送ることを認めた。

「知行取り（領地を持つ者）は飼い置く犬を知行地に遠慮なく送ってかまわない。居屋敷から下屋敷に犬を移すのは勝手次第である。小給の面々が飼い置く犬は犬小屋へやりたいと思うならば、支配の者に伺いを立て、指図に従いなさい」

○元禄九年八月、八戸藩は江戸藩邸で養っていた犬六十四匹を国元へ送った。九月七日、犬は八戸に到着したが、そのうち二十七匹は道中で死んでしまった。十月にも二十八匹の犬が送られたが、三匹が途中で死亡。生類憐みをはばかり、塩詰めにして死体を運び、八戸領内で埋葬した（『八戸市史史料編近世2』）。

○元禄九年十月八日、津軽藩江戸藩邸から犬十三匹が犬医者同伴で弘前に到着した。江戸出発時には十四匹だったが、仙台領で一匹死亡し、寺に埋葬した。残った犬は唐犬《とうけん》（外国犬）の母親一匹、子犬七匹、地犬（在来犬）母二匹、子犬三匹。庶民は唐犬を飼わないので、この犬たちは藩主の飼い犬だったと考えられる。弘前到着の夜、一匹死亡。到着後さらに一匹が死亡した。残った犬たちの運命もさまざまだった。大光寺組《だいこうじ》の百姓に預けた犬七匹のうち三匹は狼に食い殺され、一匹は井戸に落ちて死んだ。唐犬は子犬三匹を出産した。地犬の母親一匹は預けられた百姓家から逃走し行方不明になった（『津軽史』第六巻）。
○元禄十年六月二十七日、尾張藩は、江戸藩邸で養っていた「御屋敷辺の犬四十疋」を船で江戸から回送し、名古屋の町に放った（『鸚鵡籠中記』）。
○鳥取藩は元禄十一年一月二十五日、江戸屋敷の犬三十八匹を国元に送り、領内の野に放した（『智頭町誌』）。

9　町中の「残り犬」と、よそからの「来り犬」への対応

元禄九年（一六九六年）六月の江戸町方の残り犬は五十五匹だったが、翌年四月の残り犬は百五十一匹に増えた。同十年七月十五日には「**各町内に残り犬と紛れ犬がいれば、その数を書付にして提出しなさい**」と町触れが出た。残り犬は幕府の小人目付《こびとめつけ》が駕籠に乗せて中野犬小屋に運んだ。町民はその様子を集まって見物した。

○元禄十三年（一七〇〇年）七月十二日、小人目付をはやし立てることが禁じられた。
「町々名主に申し渡す。近ごろ、御小人目付衆が犬を移そうとする時、見物人が集まり、よく移すことができれば、ほめる。移しそこなえば、笑う。番人も以前は人を近づけないように追い払っていたが、今は一切追い払わないので、自堕落《じだらく》になっている。御目付衆より越前守様（町奉行保田《やすだ》越前守）にお話があり、このようなことがないように申し渡す」

小人目付は見物人からからかわれて、やりにくくてしようがなかったようだ。小人目付は犬に手荒なことはできず、かといって犬が人のいうことをすんなり聞くとも限らず、犬運びに手こずることも多かった。物見高いは人の常。こういうことは役人がどじればどじるほど面白い。そのわずかな楽しみも町奉行所から止められてしまった。

残り犬は少なくなっても、またどこからともなく犬がやってくる。

幕府作事方の大工頭、鈴木修理《しゅうり》は貞享三年（一六八八年）に家督を継ぎ、宝永二年（一七〇五年）に五十一歳で没した。大工頭を務めた全期間、生類憐みの令が出ていたことになる。犬小屋の普請にもたずさわった。『鈴木修理日記』には残り犬の話がしばしば出てくる。

○元禄十五年（一七〇二年）十月十一日、御徒目付が門前まで来て「飼い犬はいないか。来り犬はいないか」と尋ねる。配下の長左衛門が挨拶に出て「両方ともいない」と答えた。

○十月十六日、大目付衆から書付を渡され、組支配の者に触れるよう言われた。**「生類憐みの儀、度々仰せ出されているが、この度、橋本権之助、犬を殺し、死罪仰せ付けられた。人々が仁愛の**

心を持つように申し合わせなさい」

幕府馬医の橋本権之助は赤坂の屋敷でアヒルを飼っていたが、見知らぬ犬がアヒルを襲ってくわえるのを見つけ、鳶口《とびぐち》で犬を打った。犬は死亡し、十三日に権之助は切腹を命じられた。

○十月十八日、本所深川、鈴木修理の下屋敷の藪にいた野犬《のいぬ》が近くの屋敷内で子を産んだ。母犬はどこかへ消えた。生まれた子犬五匹を引き取ったが、乳も飲まず寒風にあたったためか、みな死んでしまった。入念に屋敷内に埋めて一件落着した。

○十一月二十三日、鶴飛騨《つるひだ》（大工大棟梁《だいとうりょう》）方の床下で来り犬が子犬を六匹産んだと知らせがあった。飼い主がいない犬だったため、鶴宅で四十日間養育したあと、中野犬小屋に母子七匹を持参した。

○十二月二十一日、深川の鈴木修理の下屋敷にまた犬が三匹紛れこんできたため、御作事衆に書付を提出した。

一　来り女犬
　内　白毛、頭耳黒赤毛　一疋
　　　白毛、頭耳黒赤毛　一疋
　　　黒虎毛　一疋
　中野御犬小屋に納め申したく願い奉ります。以上。

二十七日朝、中野に犬を連れてくるよう申し渡される。一匹は抵抗して移すのが難しいため二匹だけ連れて行った。残った一匹は三カ月近く養い、人に慣れてから中野に送った。
○元禄十六年七月十九日、配下の増田清右衛門が犬の書付を持参した。子連れの犬が屋敷裏にやって来たので、世話をしているという。母犬と子犬合わせて五匹いた。三日後、増田が「近所に犬主（飼い主）がいて、受け取りたいというので、証文を書かせ、犬の子ともども渡した」と報告に来た。その証文「右の子犬、確かに受け取りました。随分達者であります。どこにも身の内に傷は御座いません。以上。　森元町《もりもとちょう》（麻布）にて子犬主　三十郎印」
犬主の知らない間に他人の屋敷で子を産んだが、これでも当時の感覚では飼い犬だった。
○八月八日、配下の村田茂右衛門が来り犬の書付を持ってきた。

一　来り犬　うす赤毛　母犬一疋
右子　一　黒ぶち　男犬一疋
一　うす赤ぶち　男犬二疋
一　黒　女犬一疋
一　白　女犬一疋

この子犬、六月二十一日に見つけ、今日で四十七日になります。念を入れて養育しておりますが、中野御囲へ移し申したく願い奉ります。

十日、村田の屋敷に御徒目付、御小人が来り犬の見分に来た。見分書の覚「なるほど達者に成長しております。食事もよく食べておりますので、中野御囲へ送られても苦しからざることと存じます。以上。万《よろず》や五郎兵衛」。十四日、村田方の来り犬は中野御囲いに納められた。

10　幕府、犬小屋の犬を近郊の百姓に預ける

元禄十二年（一六九九年）、綱吉政権はさらに新たな犬政策を実行した。幕府が養育金を支払って犬小屋の「御犬」を近郊の百姓に預けることにした。一匹につき年に金三分の養育金が幕府から支払われた。政策の大転換だ。

犬預けはどのようにして行われたのか、その交渉の様子を見てみよう。

元禄十二年閏九月二十七日、中野犬小屋の役人から世田谷の村々に連絡があった。

「御用の話があるので、来《きた》る十月二日朝四つ時（午前九時ごろ）中野御用小屋外、宿谷《しゅくや》善太夫宅まで名主、年寄、百姓一人ずつ召し連れて来てほしい。時間厳守のこと。以上」

若林《わかばやし》、大蔵《おおくら》、用賀《ようが》、上野毛《かみのげ》ほか世田谷二十カ村の村々の名主は事前に世田谷村に集まり、「御犬御預け御用」についてどうしたらよいか相談した。百姓の側からすれば、現金は欲しいが、そのために無理難題を押し付けられてはたまらない。役人の話をよく聞いて、みんなの意見をまとめることにした。

十月二日、村の代表が中野御用小屋を訪れると、役人から次のような説明と指示があった。

「御犬小屋ではいろいろと御犬の面倒を見ているが、養育がうまくいかないこともあるので、近在の百姓に預けてはどうかと、柳沢出羽守殿、松平右京殿より仰せがあった。百姓はお上の思し召しのように養育することはできませんでしょうから御免くだされ、とお答えしておいたが、かといって仰せを断るわけにはいかない。その方たちの了見でよいから対案を出しなさい」

預けられる犬はすべて男犬だった。養育金がもらえるなら、犬を養ってみたいという百姓はたくさんいた。ただし生類憐みで罰せられることのないように世田谷の村々の名主は自分たちの意見をまとめ、書付にして差し出した。その時の「百姓申口窺書《もうしくちうかがいしょ》」を要約する。

一　御犬を御預かりして以降、前日に犬改めのお触れがありましても、農業に差しさわりがでます。別条がなければ一カ月ごと帳面での報告でいかがでしょうか。

一　村の中に犬が多くなり、広い場所に狼が出ないか心配です。狼などに襲われ傷ついた時は、御容赦していただけませんでしょうか。

一　御犬の中には女犬を探して遠くへ行き、見えなくなるものもいます。その時は熱心に探しますが、いつまでも探せと言われれば、困り果ててしまいます。

一　病犬が出ましたら、犬医者を遣わしていただけませんでしょうか。

一　御犬が死んだ時は、お改めを受け、その土地で片付けます（埋葬します）。

一　養育金を下されましても、米飯をやることは難しく、これまでと同じ食べ物で養いたいと存じます。そうでなければ養うことは難しくなります。

一　養育金は一年分を一度にいただけませんか。犬をお返しすることなどがあれば日割り計算で残金を納めます。

右の通り、百姓の難儀にならないよう仰せ付けられますれば、畏《おそ》れ多くも御犬預かりの儀、御奉公になるかと存じ奉ります。（「常憲院畜犬の史料」『集古会誌』第三巻─五巻）

百姓側の言い分はほぼ認められ、犬小屋の犬は希望する百姓に預けられた。世田谷の村々と同時期に中野の村々でも犬預けが始まった。養育金は年二回に分けて金一分二朱ずつ前払いされた。犬小屋に収容される犬の数が年々減っていく中で、百姓への預け犬制度は始まった。幕府は犬小屋を縮小し、将来的には廃止するつもりだったと考えられる。

幕府は江戸の地主、家主などから間口一間につき年に金三分の「御犬上げ金」を徴収し、犬小屋の経費にあてていた。柳沢吉保『楽只堂年録《らくしどうねんろく》』によると、中野犬小屋ができて次の年（元禄九年）には約三万六百二十両が幕府に納められた。しかし金三分は高すぎると不満が出て、翌年から金一分に減額されたが、それでも幕府には一万二百両を超える収入があった。幕府の論理では江戸の町民が犬をきちんと保護しないから犬小屋を作ったのであり、犬小屋に納められた犬の餌代を町民が負担するのは当然だった。

元禄十六年（一七〇三年）の「御犬上げ金」は一万六百二十両だった。金四分で一両だから、計算上は一匹に三分の養育金を支払うと、一万四千百六十匹の犬を預けることができる。

大田南畝が書き写した幕府史料（『竹橋余筆』所収）によると、宝永三年（一七〇六年）から五年までの三年間に幕府が近郊の百姓に支払った養育金の合計は三万五千四百三十両。一年平均で一万千八百十両。犬は一万五千七百四十七匹養われていたことになる。

年に金三分という金額は、百姓も納得できるものだった。かつて幕府が御鷹の餌にするため百姓から犬を徴発していたころ、犬を納められない村に対して幕府は犬一匹の代わりに金二分を支払わせていた。今度は幕府が犬を預ける側になって、毎年金三分を提示した。百姓に異論が出るはずがなかった。中野犬小屋の犬のうち、病犬、老犬、子犬、「荒き犬」を除き、多くの犬が江戸近郊の百姓の養い犬になったと思われる。初めのうちは男犬を村預けにしていたが、その後、男犬のいない村に女犬も預けるようになった。

中藤《なかとう》村（武蔵村山市）は元禄十三年（一七〇〇年）から御犬預りを始め、最初の年は三十一人が預り主となり、元禄十五年には五十人になった（『武蔵村山市史』）。

北野《きたの》村（所沢市）では、宝永元年（一七〇四年）の時点で九十三匹の「女御犬」を養っていたが、宝永五年になると、一人の百姓が最大で六匹の御犬を養い、村全体の養い犬は六百五十一匹になった（『所沢市史・近世史料1』）。

一匹養えば年に金三分がもらえる。村によっては御犬御用の世話役が一割程度の諸経費を差し引いたが、百姓にとっては魅力的な現金収入だった。

終章 それぞれの終焉

1　赤穂城引き渡しの時、城に犬は何匹いたか?

元禄十四年（一七〇一年）三月十四日、江戸城殿中、松の廊下。

「この間の遺恨、覚えたるか」

背後から声をかけられ、思わず振り返る吉良上野介義央《きらこうずけのすけよしなか》。小さ刀《ちい》（短刀）で切りかかる播州赤穂城主浅野内匠頭長矩《たくみのかみながのり》。そこへ二の太刀。額から血を流す上野介。烏帽子《えぼし》に鉄輪《かなわ》が通してあったせいか、思いのほか傷は浅い。逃げるところをまた次の太刀。近くにいた梶川与惣五郎《よそごろう》が騒ぎに気づき、内匠頭に背後から組みついた。勅使接待の件で上野介から嫌がらせを受けた内匠頭は堪忍袋の緒を切って、江戸城内で刃傷沙汰に及び即日切腹。神聖な儀式の場を血で汚し、一方的に切りかかったことが綱吉の怒りを買った。

赤穂浅野家は取り潰し、城の明け渡しが命じられた。主君の恨みも晴らさず、黙って明け渡してよいものか。藩士は赤穂城に集まり、三日間の大評定を行った。籠城、切腹論さまざま出る中、内匠頭の弟浅野大学を立て、お家再興を期そうとする家老大石内蔵助《くらのすけ》の案が通った。大石は藩の借金を清算し、幕府に引き渡す武具一式、城の備品など必要な書類を万端滞りなくそろえ、城内を清掃し、城明け渡しの日を待った。

正受城使　播州龍野《たつの》城主・脇坂淡路守安照《やすてる》、備中足守《あもり》城主・木下肥後守利康《としやす》。

副受城使　幕府目付・荒木十左衛門、榊原采女《うねめ》。

幕府目付から脇坂淡路守に伝えられた道中の注意事項には、「生類いたわり申すべきこと」と記されていた。吠えかかる犬を切り捨てでもしたら大変なことになる。

赤穂到着後の「定《さだめ》」の第一は「公儀の御精進日（歴代徳川将軍の命日）、城内に魚鳥を入れてはいけない（食べてはいけない）」、第二が「生類入念にいたわり申すべきこと」だった。

四月十九日早朝、赤穂城は幕府に引き渡された。

大石が事前に準備しておいた城明け渡しの書類は見事にそろえられていた。家屋敷、作業小屋も引き渡しの対象である。ところが、一つだけ抜けていることがあった。城内にどれだけ犬がいるか調べていなかった。目付の荒木十左衛門は城内屋敷の床下などに犬が住みついていることに気づき、受城使の龍野藩にその数を調べさせた。その時の犬の報告記録が残っている。

「御城内の犬の儀、お尋ねがありましたが、あちこちにいますので、員数はすぐにはわかりません。この旨、申し上げますと、（御目付はあとで）増えてもいい、見える範囲で書くようにと言われたので、十九匹いますと書類に書いて出しました。赤十一匹、白五匹、黒三匹です」（脇坂家『赤穂城請取在番中覚書』）

赤穂城内の犬は主なしの犬である。個人で飼っているわけではないので、城を引き払っても犬は置き去りにされていた。

城内には藩の重臣も住んでいた。当時の図面を見ると、全部で二十三の屋敷があった。大石内蔵助、同じく討ち入り組の片岡源五右衛門、間瀬久太夫《ませきゅうだゆう》、城引き渡し直前に遁走《とんそう》した家老大野九郎兵衛も城内組だった。厩もあるし、作業小屋もある。大手門をはじめ、各門に門番はいるが、犬の出入りは自由で、「城内の犬」の実数を正確に数えることは容易ではなかった。

龍野藩脇坂家による犬の調査が行われてから一年半がたった。生類憐みの令を守り、赤穂城警備の龍野藩は犬に食べ物を与え、養い続けていた。赤穂の新城主には下野烏山《しもつけからすやま》（栃木県）から永井伊賀守が移ることが決まったため、元禄十五年十月に再度犬の調査を行い、幕府目付に書付を提出した。

城内犬之覚

一　赤　　　拾疋
一　白　　　九疋
一　赤ぶち　壱疋
一　黒　　　弐疋
　　合弐拾弐疋

この書付には「ほかに近ごろ生まれた子犬が八疋ほどいます。城中の犬は外に出て、城外の犬も内に入りますので、員数、毛色ともに不分明です」（『大石神社蔵　赤穂城請取文書《うけとり》』）と但し書きがついている。一年半前に十九匹だった犬は子犬八匹を含め三十匹に増えていたことになるが、実はこの数字も少なめに見積もったものだった。赤穂城在番の龍野藩士は藩主脇坂安照に「しめて三十二疋です」（龍野藩『赤穂在番中覚書』）と本当の数字を報告している。幕府に報告したあとで犬の数が減ると、死んだのか、どこへ行ったのか、食事はきちんと与えていたのか、とあれこれ詮索されるので、用心して少なめの数字にしていた。幕府目付も生類憐みのことで騒ぎを起こしたくないので、うるさいことは言わなかったようだ。

余談を少々。国立近代美術館フィルムセンター（現国立映画アーカイブ）でずいぶん前に見た無声映画『実録忠臣蔵』（監督マキノ省三）で、赤穂浪士討ち入りの時、大石内蔵助が打ち鳴らす山《やま》鹿流《がりゅう》の陣太鼓に最初に気づいたのは吉良が飼っている狆《ちん》だった。もちろん鳴き声は聞えないが、映画の中で吠えていた。『三王外記』に「王（綱吉）拂林狗《ふつりんく》を好む」とある。拂林狗は唐の初代皇帝高祖《こうそ》が東ローマ帝国から贈られた小型愛玩犬で、日本では「狆の中の狆」とされてきた。マキノ省三は映画に狆を登場させることで、生類憐み時代の事件だったことを巧みに表現している。

戦後、製作された忠臣蔵映画の中では長谷川一夫が内蔵助を演じた大映の『忠臣蔵』が図抜けて良かった。大竹重兵衛（志村喬《たかし》）は討ち入り直前に娘を離縁した大根売りが実は赤穂浪士の勝田新左衛門（川崎敬三）だと知って狂喜する。見物の人垣の間を泉岳寺に引き揚げる浪士たち。元娘婿の晴れ姿を一目見ようと、志村喬は犬を抱え「お犬様だ、お犬様だ」と叫びながら、人ごみをかき分けた。

歌川国芳「忠臣蔵十一段目夜討之図」
（神戸市立博物館蔵、Photo : Kobe City Museum/DNPartcom）

歌川国芳の浮世絵「忠臣蔵十一段目夜討之図」は遊び心にあふれている。オランダ領バタビアの町の絵を下敷きにして、洋風の吉良邸が描かれている。画面左下に犬が三匹いて赤穂浪士が餌をやっている。綱吉が泣いて喜びそうな、討ち入りしても生類憐みを忘れずの図である。

討ち入りがあった元禄十五年は中野に犬小屋ができて八年目。ほとんどの犬は中野犬小屋に収容され、町中にいる犬はごくわずかだった。大石はそのことも計算に入れていたに違いない。赤穂浪士は犬に吠え立てられず、吉良方に知られることもなく吉良邸に集合することができたのである。

2　元禄大地震、鶴姫死去、利根川氾濫、桂昌院死去、富士山噴火、京都御所炎上…

綱吉は地震と雷を恐れた。人知を超えた天変地異を何とか鎮めることはできないか、その方法を知りたいと思い続けた。異変の予兆は天体の動きに現れると綱吉は信じていた。

綱吉は天文学者の渋川春海《しゅんかい》に命じて作らせた新しい暦（貞享暦）を貞享二年（一六八五年）から採用した。それまでの暦（宣明暦《せんみょうれき》）は平安時代の貞観《じょうがん》四年（八六二年）から使われてきたが、もともと中国唐時代の暦であるため、日本では日食や月食の予測にも使えなかった。暦のずれは農作業にも支障が出るため、日本向けに作り直させたのが貞享暦だ。綱吉にとって正しい暦を作ることは天の意思、異変の予兆を知ることでもあった。

元禄十六年（一七〇三年）十一月二十二日深夜（新暦換算二十三日午前二時ごろ）、元禄地震（M7・9〜8・2）が関東地方を襲った。死者数は多すぎてはっきりしない。『鸚鵡籠中記』には「地震、津波、火事にて死する者、通計二十二万六千余人という」、『武江《ぶこう》年表』は「小田原二千三百人、小田原から品川一万五千人、房州十万人、江戸で三万七千人」と記す。

地震発生時、桂昌院のいる江戸城三の丸に詰めていた隆光はすぐに本丸に駆け付けた。綱吉は庭に出て呆然としていたが、隆光を見て、御座の間（将軍の居間）で地震鎮護の加持祈禱を行うよう命じた。地震は明け方にはややおさまった。余震が続く中、隆光は連日「地震鎮護」「地震不発」の祈禱を続けた。

元禄十七年（一七〇四年）二月、綱吉の娘鶴姫が病（天然痘）に倒れた。隆光は連日鶴姫の屋敷に出かけ、病気平癒の祈禱をした。綱吉は奥医師の処方よりも隆光の祈禱の力を信じていた。三月になっても鶴姫の病状はよくならなかった。

三月十三日、綱吉は元禄を宝永に改元した。

四月十二日、鶴姫が死去した。二十八歳だった。鶴姫が紀伊家の徳川綱教の子を産み、その子を世継ぎにする最後の願いは果たせなかった。

宝永元年七月三日、大雨が続き、利根川（古利根）の猿《さる》が股《また》（葛飾区水元《みずもと》）が決壊。民家は流れ、亀戸《かめいど》から本所《ほんじょ》、深川《ふかがわ》まで最大で十二尺（三・六メートル）の水につかり、「死亡人数を知らず」（『元禄宝永珍話』）という大被害を受けた。七月八日、護持院隆光をはじめ主要寺院の祈禱僧が護国寺に集まり、総力を挙げて国家鎮護の祈禱を行った。九日「今日も天気勝《すぐ》れず、然《しか》れども御祈禱の力ゆえ雨降らず」（『隆光僧正日記』）。

十九日、綱吉は隆光を呼び出し「昨夜、月と惑星が二、三寸に接近した。隠密に祈禱をしなさい」と命じた。月と惑星の接近は渋川春海からの情報だった。

十二月五日、綱吉は兄の子である甲府藩主綱豊を養子（世継ぎ）にすると仰せを出した。綱豊は家宣《いえのぶ》（六代将軍）と改名した。

宝永二年（一七〇五年）も天変地異と人の死が重なる年となった。

四月二十三日、上野蓮池（不忍池《しのばずのいけ》）でウナギが大量死した。その数三千五百六十匹（『元禄宝永珍話』）。これもまた異変の前兆か。ウナギは浅草川に捨てた（蓮池は放生池として使われていたのでウナギが多数いた。日照りによる酸欠死らしい）。

閏四月一日午後、江戸は激しい落雷に見舞われた。夜、増上寺の方丈《ほうじょう》から出火、御成御殿は全焼し、徳松、鶴姫の位牌も燃えた。

五月二日、二の丸白鳥堀でフナ六十匹が死んだ。傷はなかった。

五月十四日、鶴姫の輿入れ先、紀伊家の徳川綱教が亡くなった。

六月二十日、桂昌院が三の丸で亡くなった。七十九歳だった。桂昌院は三カ月ほど前から体調を崩し、綱吉は毎日のように見舞いに訪れた。隆光は三の丸に詰め、快復の祈禱をしたが、年齢には勝てなかった。

九月二十六日夜、「流星五十度ほど飛散す」と渋川春海から隆光に知らせが来た。天変地異の予兆の可能性があった。春海は元禄大地震の前日「明日大雷か大地震がある」と江戸城に注進している（『大日本地震史料』）。前夜、発光現象があったことでそう考えたらしい。「流星五十度」の情報は綱吉にも伝えられたはずだ。時期からすると、しし座流星群だったかもしれない。

同二十九日、綱吉のお召しで隆光登城する。「筑波山に行き、祈禱せよ」と仰せがあった。江戸城から見て東北の鬼門には首都鎮護のための祈願所、寺社がほぼ一直線上に並んでいた。城のすぐ近く神田橋門外に隆光の護持院、その先に怨霊となった平将門《たいらのまさかど》を祀る神田明神[注12]、やはり怨霊となり雷を落とし続けた菅原道真を祀る湯島天神[注13]、その先に江戸を守護する上野の東叡山寛永寺[注14]、鬼門の最先端に位置するのが筑波山だった。

十月五日明け方、隆光は従者百二十人、人足五十人、馬二十頭の大行列を仕立てて出発、六日午後、筑波に到着し、翌日から本堂で祈禱を始めた。三日目には雨もやみ、突然降り出した雪も間もなくおさまり、「冥加《みょうが》によって不思議に快晴を得て」江戸に帰った。

大地震、大洪水、鶴姫、徳松の位牌の焼失、母親の死……人知を超えた見えない力を鎮めるのに綱吉は必死だった。

宝永三年九月十五日、月食。夜半、地震があり、江戸城平川口《ひらかわ》などで石垣が崩れた。

宝永四年八月十九日、大風雨（台風）に襲われ、屋敷の破損が相次ぎ、深川、鉄砲洲《てっぽうず》などが水没した。

同十一月二十三日、富士山の中腹（のちに宝永山《ほうえいざん》と命名）が噴火した。江戸では未明から地鳴りがして地震が絶えなかった。昼前に西南の方向に青黒い雲がわき上がり、昼ごろには雷鳴がとどろき、稲妻が光り、白い灰が降り始めた。隆光は登城し、祈禱を続けた。降灰被害は武蔵、相模、駿河の各地に広がり、作物ができなくなった。

宝永五年三月八日、京都で大火があり、御所の建物はことごとく炎上、焼失した。京都の焼失家屋は約一万三千軒。綱吉は大きな衝撃を受けた。幕府は歌舞音曲を三日間禁止し、綱吉は定例十五日の群臣拝賀を取りやめた。

3　鳥を隠れて飼う者を、土蔵、穴蔵、押入、物置まで捜索

天変地異は続き、天皇、綱吉周辺にまで災厄が降りかかる。宝永年間に出された生類憐みの令には、天に向かい生類憐みの意思を明らかにし、生類の命を救い、功徳を積むことによって、何とか窮状を脱したいという綱吉の切なる願望が込められていたように思われる。

○宝永二年（一七〇五年）九月二十日の御触れ「**町方で飼鳥する者がいると聞く。先年より仰せられた通りあひるの類はかまわないが、これ以外で養育している鳥があれば書付にして出しなさ**

注12　平安時代、戦いに敗れ京七条（東市）にさらされた将門の首は怨霊と化し、胴体を求めて空を飛んだが、力尽き落下した所が後の江戸大手町。ここに首塚が立てられた。徳川家入城後、首塚が改修され、鬼門封じのため将門を祀る神田明神が創建された。

注13　平安時代、京都御所が落雷で全焼した。不遇のうちに死んだ道真の怨霊（雷公《らいこう》）の仕業と信じられた。道真はその後天神様として祀られる。湯島天神も怨霊鎮めのため創建された。

注14　平安京は東北の鬼門に比叡山延暦寺を置いた。東の比叡山という意味で寛永寺山号は東叡山となった。

い」

○同九月二十八日には飼鳥について補足の御触れが出た。「まだ鳥を飼っている者がいる。大変よくない。がちょう、あひる、にわとり、唐鳥の類のように野山に放すと鳥のためにならないものはそのまま養い置き、慰み（楽しみ）のため養い置くことは一切してはならない」「牛馬はもちろん犬猫のほかは獣類を慰みのため養い置いてはいけない」

奈良、平安時代の信心深い天皇は天変地異に見舞われ、肉親が重病にかかると殺生禁断の詔《みことのり》を発し、鷹狩りの鷹、大切な家畜や鳥、魚の放生を重ねてきた。殺生禁断と放生と祈禱（読経）は世を鎮めるための最善の方法だと信じられてきた。晩年の綱吉のメンタリティは古代の天皇、貴族とほとんど変わらない。天変地異の原因は、生類を隠れて飼育する者がいることに天が怒っているのかもしれない。綱吉はそう考えて、これまでと同じ御触れを出し続けたのではないか。結局、隠れて飼育する者はみつからなかった。

江戸の町方は三人の町年寄《まちどしより》（奈良屋《ならや》、樽屋《たるや》、喜多村《きたむら》）によって支配されている。町年寄は各町内に御触れを流し、飼鳥、鳥商売の有無を調べさせ、町内責任者連判の書付にして町奉行に提出した。同年十月、樽屋が町奉行に出した書付には「家持だけでなく、借家《しゃくや》、店借《たながり》、裏々の者、二階、土蔵、穴蔵、押入、物置まで調べるように伝えましたが、町内には飼鳥、商売の鳥一羽もおりませんでした」と記されている。同様の書付はその後も毎年、町奉行に提出された。このころの生類憐みの令には、堯舜の世を実現しようとする理念さえ姿を消している。堯舜は押入、物置まで調べさせるようなことはしなかった。
○宝永四年二月二十二日「**雑説、流言、落書、捨文等を厳禁とし、牛馬に重荷を負わせず、飼鳥、鳥獣売買を禁じる**」（『徳川実紀』）。流言、落書などは捕まれば最低でも島流しになった。
○同八月十一日、**アナゴと称してウナギを売ることが禁じられた。**
○同八月二十七日、小石川御殿下に放し飼いされていた鶴が死んだ責任を取らされ小石川鳥飼番四人が重追放処分を受けた。重追放は流罪に次ぐ重い処罰で、関東、中山道筋、東海道筋、近畿圏、肥前に入ることができない。綱吉は小石川御殿（現小石川植物園）下の田んぼに鶴の飼育場を設け、番人を置いて餌付けしていた。鶴は小石川と早稲田の田んぼ（新宿区早稲田鶴巻町）の二カ所を行き来していたという。
○宝永五年十二月十二日、町年寄の喜多村は町内の飼鳥、鳥商売を調べた書付を町奉行に提出した。これが最後の鳥調査となった。一カ月後、綱吉は亡くなった。

4　綱吉、最後の生類憐みの令。そして、はしかに倒れる

綱吉は生涯、馬と犬の憐みにこだわり続けた。晩年になって、そのこだわり方はさらに徹底したものになった。馬が運ぶ荷物の重さは家康時代は四十五貫までと定められていたが、秀忠の時

代に四十貫までとなり、これが踏襲されてきた。綱吉は生類憐みの令を始める前から「**定量を守りなさい**」と御触れを出しているが、○元禄十五年（一七〇二年）五月六日には「**馬の様子を見て荷物の分量は決めなさい**」と命じ、○宝永二年（一七〇五年）六月三日の御触れでは「**度々触れた通り、牛馬に重荷または嵩高《かさだか》のある物を付けて使わないようにしなさい**」と、重さだけでなく、かさが張って馬が難儀しそうな荷物の運搬を禁じた。○同十一月十四日には「**最近やせた犬がいる。念を入れて養育しなさい。犬も同じ**」、○宝永三年二月十九日には「**やせ馬がいる。心を入れて養育しなさい**」、○宝永四年二月二十二日にも「**牛馬に重荷を負わせてはいけない**」と繰り返された。

○宝永五年八月十二日、新たな拵《こしら》え馬の禁令が出た。**馬の**「**首毛ふり**」（首毛を短くすること）を**禁止**したのだ。「**古《いにしえ》はこのようなことはしなかった**。（短くするのに）**火で焼き切るのもよくない**」。おかげで「**人の引く馬も乗る馬も、みな野にある馬のようになった**」（『折りたく柴の記』）。

綱吉はこの年、六十三歳。当時としては高齢である。さまざまな災厄が身に降りかかる中で、天の怒りとともに自分自身の死を恐れていた。そういえば○宝永二年十二月二十二日に少々気になる御触れが出ている。「**オットセイ商売の事、薬用であれば、塩になったものは苦しくない**（**商売してもよい**）。**塩にしていないものは禁止する**」。健康で長生きするために自身が強壮薬としてオットセイの薬食いをしていた可能性がある。

将軍になる前の二十七年間、右馬頭であった綱吉にとって馬は分身のような存在だった。晩年、徹底して飼鳥を禁じたように、連発した馬憐みの令にも天変地異を鎮め、綱吉自身の長寿への願いが込められていたように思われる。馬に対するこだわりようは常軌を逸している。

○宝永五年十月二十三日には「生類憐みを心がけ、病気の時は念を入れて養いなさい。馬が途中で病気になったり、けがをしたりしたら、遠慮なくその所の屋敷に引き入れて養育しなさい」と命じた。

このころ江戸ではしかが流行し始めた。加賀藩主前田吉徳《よしのり》がはしかにかかったため、綱吉の養女松姫《まつひめ》（尾張藩主の娘）の前田家輿入れが延期された。松姫もはしかにかかった。十二月十日、世継ぎの家宣がはしかにかかり、隆光ら僧四人が江戸城西の丸で快癒のための祈禱を行った。

○同十二月十六日、「**一人で二匹も三匹も馬を引いてはいけない**」と御触れが出た。「馬が病気になったり、けがをしたりした時によろしくない」というのがその理由だった。これが最後の生類憐みの令となった。

十二月二十七日夜、綱吉が熱を出した。

二十八日、老中が諸大名に「養生のため今日は出座しない。病は軽いので御機嫌伺いには及ばない」と伝えた。隆光ら僧三人が呼ばれ「はしかのようだ。念を入れて祈禱するように」と命じられた。

二十九日、隆光登城、御目見。綱吉「昨日よりは気分が良い。しかし熱が下がらない」。

三十日、隆光登城、御目見。綱吉の顔色は昨日よりも悪い。隆光が体調を尋ねると「今朝はかゆを少し食べた。味噌汁は手を付けなかった」と言った。綱吉の熱は下がらず、咳が出た。はしかに間違いなかった。「はしかにならぬよう丹精込めて御祈禱申し上げましたが、その験（効果）なく面目ございません。なお丹精込め祈禱つかまつります」と隆光は言上した。綱吉は「御意」を示し、さらなる加持祈禱を命じた。

5　綱吉の遺言に、遺された者たちは…

年が明けた。祈禱は続く。綱吉は「心もとない」と奥医師を信用せず、薬の配合も自ら指示した。宝永六年（一七〇九年）一月七日、伊勢神宮でも快癒を祈るように命じた。八日、隆光登城、祈禱の後、柳沢吉保から「祈禱で気になることはないか」と聞かれ、隆光は「祈禱では何もありませんが、少々気になるのは御脇、御腰の御筋が張っていることです」と答えた。隆光は祈禱するだけでなく、綱吉の体をさわって病状を調べていたのだ。九日、隆光登城「御筋の張りも和らぎ、御膳も進む」。ところが十日朝、食事の後、綱吉はにわかに食べたものをのどに詰まらせ、あっけなく亡くなった。六十四歳だった。

綱吉は「生類憐みを続けてほしい」と家宣に遺言していたという。新井白石『折りたく柴の記』は次のように書いている。

「ある人が言うには、いつのころか綱豊公（家宣）が参られた時に、（綱吉公は）近習の者を召されて、生類いたわりしことども、たとえ筋なきこと（受け入れ難いこと）であっても、このことに限っては百歳の後も、私が世にいた時のようにすることが私への孝行である思いなさいと仰せられた」

家宣としては遺言は守らねばならないが、生類憐みの令を続けるわけにはいかない。そこで柳沢吉保を呼んで、自分の思うところを伝えた。

「このことによって罪をこうむる者、何十万人とその数は知れない。処罰が決まらないうちに獄中で死に、屍《しかばね》を塩に漬けたままの者は九人いる。まだ死んでいない者は多数いる。この禁を除かなくては天下の憂苦がやむことはない。しかし（綱吉公が）そこまで仰せられたことを私の時代にやめることもできない。どのような形でもいいから御遺誡《いかい》のようにしなければいけない」

罪をこうむる者、何十万人は多すぎるが、『折りたく柴の記』にはそう書かれている。

出棺前々日の二十日、吉保は棺の前に近習の者を集め、「（綱吉公の）仰せはわが身においては長く守らなければならないが、天下人民のことについては思うところあり、お許しを願うべきであろう」と述べ、家宣の新しい方針を伝えた。『折りたく柴の記』によると、まず「かつてあった御事ども（生類憐み）を仰せ下され、そのあとでこの禁を除かれることを仰せ下された。まだ御葬送の儀も行われていない時なので、人々は御遺誡（綱吉の遺言）だと思った」

この日、老中から三奉行（町奉行、寺社奉行、勘定奉行）と大目付に幕府の新方針が示された。

一、生類憐みの儀は先代の思召しの通り、断絶しないようにとの（家宣公の）思し召しである。しかしながら下々の迷惑になることもあり、今後は念を入れ下々が困窮しないようにし、間違って罪人を作ってはいけない。下々に難儀が及ばないように奉行が相談することが大事である。
一、町中困窮しているように聞こし召され、犬そのほかの生類の入用金《いりようきん》（上げ金）はやめる。
一、中野囲もやめる。犬どもを相談して片付け下々がおだやかになるようにとの思召しである。

これを受けて二十日、町奉行は次のお触れを出した。

生類の儀、今後は（幕府から）おかまいはない。もっとも憐れむことは憐れみなさい。


こうして新将軍は養父の遺言を守った。

◯一月十七日、馬の首毛ふり（焼き切り）の禁を解く。

◯一月二十日、生類憐みの令廃止。小石川・鳥屋敷に飼い置いていたトビ、カラスを放す。

◯二月一日、鳥獣が死んだ時の検死をやめ、将軍家の食事の禁制を廃止する。

◯二月二日、小石川の野鶴畜養所を廃止し、野鶴を放す。

○三月一日、老中列座に仰せ。「鼠は衣類を害するので猫を飼い、鼠を捕らせなさい。鹿猪は田畑を荒し人が困るので殺し、その皮を売り買い致し、肉は食べるものである」

6　中野犬小屋始末

中野犬小屋は閉鎖された。犬小屋の犬はどのように「相談して片付け」られたのだろうか。犬小屋ができて十三年が過ぎ、「たちまち十万頭」（『徳川実紀』）に達した犬の数は激減していたはずだ。少なくとも一万数千匹は村預けとなり、犬小屋を去った。病死した犬もいる。寿命を全うした犬もいる。「十歳で長生き」といわれた当時の犬の寿命から考えても、犬小屋にはそれほど多くの犬は残っていなかっただろう。その数は千を切っていたかもしれない。「犬は一頭に二百文ずつ加えて望みのものに下されたが、たいていはその場で打ち殺された」と元水戸藩弘道館教授小宮山綏介《やすすけ》の『徳川太平記』には書かれている。綱吉の葬儀があったころには、中野犬小屋に積もっていた雪も解け始めたようだ。

犬どもがちからおとして消える雪　　中野百姓
（『落書類聚《らくしょるいじゅう》』）

生類憐みの令を廃止した幕府は宝永六年（一七〇九年）四月、近郊の村に預けていた中野犬小屋の犬養育金の返納を命じた。幕府は一匹につき年間の養育料として金三分、半年分で金一分二朱を前払いしていたが、残りの分の返還を請求した。犬が途中で死んだり、行方不明になったりした時も、預け先の百姓は同じように先取り分を返還していたので、打ち切りを命じられた村々は従うしかなかった。ところが養育金をすでに使ってしまった百姓も多く、養育金の返納がすぐにできない者がたくさんいた。

山口領北野村（埼玉県所沢市）では犬一匹につき銀二十匁の返還を求められた。この村では宝永四年（一七〇七年）五月の時点で女犬六百五十匹を養っていた。自身が四匹養っていた名主七兵衛は賄い金を預け先の百姓から受け取っていたため返納額が増え、宝永八年（一七一一年）になってもまだ五両一分の未返済金があった。やはり犬の世話役をしていた三郎兵衛は結局返済できず、正徳五年（一七一五年）十月、田地田畑を取り上げられたうえ、北野村から追放となった。山口領芋久保村（東京都東大和市）など十六カ村は犬小屋廃止から三十三年後の寛保二年（一七四二年）になってもまだ返納をすませていなかったため幕府代官から督促を受けている。

幕府は養育金の返却だけを求め、預けていた犬の返却は求めなかった。犬をどうするかは、百姓まかせだった。

7　隆光の蹴鞠熱と、失意の江戸退去

綱吉に登用され、大僧正となった護持院隆光は宝永四年二月、綱吉から隠居が認められ、現在のＪＲ御茶ノ水駅の西方、神田川に面した高台（神田駿河台）に新築された成満院《じょうまんいん》に移った。隠居しても祈禱は変わりなく行うよう綱吉は命じた。

綱吉は元禄七年七月に犬皮などを使った蹴鞠製造、販売を禁止したが、公家衆が好む蹴鞠自体は禁止していなかった。『隆光僧正日記』によると、元禄十三年一月、南部行信《ゆきのぶ》（盛岡藩主）の祈禱に出かけた時、蹴鞠をしたのが隆光最初の記録で、その後、年に一回程度蹴鞠を楽しんでいる。鞠自体は犬皮ではなく鹿皮を使用していたのだろう。ところが、隠居所である成満院に移ってからは蹴鞠興行をする回数が増え、宝永五年には十回蹴鞠をしている。

綱吉の大葬は宝永六年一月二十八日、上野寛永寺で行われ、三月二十九日に忌みが明けた。その二日後の四月一日、隆光は成満院で蹴鞠興行を催し、四月は四回、五月は二回、六月は四回、七月は二回、わずか四カ月で宝永五年一年分を超える十二回の蹴鞠を行った。八月は一回だけだったが、これは成満院を退院させられたからだ。なぜ蹴鞠の回数が増えたのだろうか。

綱吉の晩年は異変続きだった。何か事が起きるたびに綱吉は隆光に祈禱を命じた。医者の能力

を疑っていた綱吉は病の床についても祈禱を頼りにした。綱吉が亡くなり、葬儀をすませ、自分が失ったものの大きさを感じながらも、隆光にはある種の解放感があったような気がする。綱吉の隆光の祈禱に対する期待、プレッシャーからの解放感だ。それが忌明け後の蹴鞠の回数に表れているように思われる。

隆光は祈禱の力を信じながらも、祈禱の限界を感じていたのではないか。隆光は祈禱するだけでなく、綱吉の体の発疹をその目で確かめ、体の節々にじかに触れ、病状を診ていた。天体の動きについては渋川春海から情報を得ていた。宇宙の哲理を学び、世の中の鎮護のために祈禱をすることは真言密教僧侶本来の仕事である。祈禱は人の不安を解消する時に極めて大きな力を発揮するが、祈禱ではどうにもならないものがこの世にあることを隆光は知っていたに違いない。そのどうにもならないものを綱吉は期待し続けた。その重圧が綱吉の死とともに消えた。

隆光は知足院、護持院、成満院時代に日記（『故実帳』『隆光僧正日記』）を書き残したが、その中に生類憐みの記述は全くない。御政道について語ることは日記の中でも避けなければならなかった。だが、記述がないからといって僧侶である隆光が生類憐みと無関係だったとは思い難い。

八月四日、隆光の後任である護持院住持《じゅうじ》の快意《かいい》に成満院を明け渡すことが認められた。隆光の今後の身の振り方について老中から仰せがあり、寺社奉行がその内容を伝えた。

「成満院（隆光）はすでに隠居の身であるから、今後は穏便に立ち退き、あちらこちら徘徊することは差し控えなさい」

意外な仰せだった。隆光は筑波山に移りたいと書付を出したが認められず、生まれ故郷の大和に引っ込むことになった。八月二十三日、隆光は大和に旅立った。

世の人はだれも隆光をよく言わなかった。家宣新政権はそれまでの庶民の鬱屈した気分を発散させるためか、落首、落書を禁止しなかった。

隆光を草花にたとえれば、ツクシか、それとも蛇イチゴか。

「はなをつくぐ〳〵し護持院」「成満院の手練《てれん》蛇いちご」（『落書類聚』）

8　柳沢吉保の側室、町子にとっての綱吉

思い出したくないこと、触れたくないことはだれにでもある。だから心やさしい人々はそのことを書かない。柳沢吉保の側室町子《まちこ》の『松蔭《まつかげ》日記』は平安王朝風の日記物語である。吉保の晩年、柳沢家の史料を調べ、回顧談を聞きながらしたためたようだ。

町子の父は権大納言を務めた正親町《おおぎまち》実豊《さねとよ》、母は霊元院《れいげんいん》中宮《ちゅうぐう》の侍女常磐井《ときわい》。綱吉の正室となった鷹司信子に従って常磐井は江戸城大奥入りした。その後、娘町子は江戸に呼ばれ、吉保の側室となり二人の男子を産んだ。長男経隆《つねたか》は甲府領内で一万石を分知され、のち越後黒川藩主、次男時睦《ときちか》は同じく一万石を分知され、のち越後三日市藩主となる。小藩ながら町子は二人の大名の母

親となった。

綱吉の柳沢邸御成りは元禄四年から五十八回に及ぶ。町子の記憶の中の綱吉は気高《けだか》く、それでいて気さくで、思いやりにあふれていた。綱吉は長崎オランダ商館の医師ケンペルを気に入り、江戸城で謁見した時、歌まで歌わせたが、その時も正室、側室を呼んで御簾《みす》越しに見物させている。この時代としては、女性に対する分け隔てがあまりなかった。町子の『松蔭日記』によれば、綱吉は「いとけだかう（気高う）、やんごとなくおはしまして」「世のおきてたゞしく（掟、正しく）」「みちく（道々）の事をおこし」た人であった。

綱吉臨終の日の明け方、吉保が本丸に参上すると、容態が良くないと人々が騒いでいた。枕元まで伺うと、弱々しく吉保を見て綱吉が何事か言った。いったん御前から退いて待っていると「御いし（医師）まいれ」とあわただしく呼ぶ声がして、「御薬さゝげてまいりて、すすめ給へれど、はや御口にもとおらず（通らず）」「猶《なお》、紙にひたして（薬を）まいらせ給ふに、何のかいかはあらん（何の甲斐があったのだろう）やがて、消ゆるがごと、見奉《みたてまつ》りなしぬ（お亡くなりになった）」

こういう情景は町子が吉保から聞いて書いたものだろう。『松蔭日記』の中の綱吉は非の打ち所のない名君だった。「かしこき御世《みよ》をたもたせ（保たせ）」「日のもとのひろき御まつりごと（政事）、露あやまつことおはしまさず（少しも誤ったことがない）」

町子は生類憐みの令については一切触れなかった。触れてはいけない綱吉の過去だった。

9　綱吉の側室、お伝の方（瑞春院）、吉保に反論

綱吉の大葬がすむと、家宣は生類憐みの令で捕らえられていた罪人を解放した。
○宝永六年二月六日には魚釣りをして牢に入れられていた罪人を許した。
○三月二日には鳥、ウナギ、ドジョウを売買した罪人を獄舎から解放した。

綱吉の側室お伝の方の父親は黒鍬者《くろくわもの》と呼ばれた下級武士、母は四代将軍家綱の正室のもとに奉公に出た下総古河《こが》の百姓娘だった。お伝は十二歳で綱吉の母桂昌院へ奉公に召し出され、綱吉の御手がついて、十九歳で鶴姫、二十一歳で徳松を産んだ。

五の丸様と呼ばれていたお伝は五十一歳で綱吉を亡くし、瑞春院《ずいしゅんいん》となった。なかなかの人物だったようだ。綱吉死後、三の丸に住んだので、今度は三の丸様と呼ばれた。医師養安院が御機嫌伺いに三の丸に出かけた時、「剃髪した美濃守（柳沢吉保）がやって来たましたよ」と瑞春院が話し始めた。吉保は六月三日に隠居が認められ、家督を嫡男吉里《よしさと》に譲り、自らは入道して保山《ほざん》と名乗っていた。瑞春院には隠居のあいさつに来たのだろう。

吉保は言った。

「私がお仕えしていた時、御仕置（処罰）のこともいろいろ改められるよう申し上げました。と

ころが最近、深川で魚を釣り、生類御憐みの御法を侵したので流刑に処せられた御徒《おかち》の者が召し返され、御赦免もされていないのに、上野（綱吉霊廟）の御供まで務めるよう仰せ出されました。これは余りのことでございます」

瑞春院は言葉を改めて言った。

「さては常憲院様（綱吉）近年の御政道を御もっともなることと存じなされておられるのか。すべて斯様《かよう》のことども、そなたなどが致されたことであろう。この度、だんだん改めなされているのを、かえってそのように存ぜられているという話は、いよいよ聞いたことがありませぬ」

吉保は返す言葉もなく退出した。この後、瑞春院は女中を吉保邸に差し向けて「これからは御用があれば召し出されますので、その方からまかり出られることは無用です」と伝えた（室鳩巣《むろきゅうそう》『兼山秘策《けんざんひさく》』）。

吉保は生類憐みの令の評判の悪さを気にして、つい瑞春院に愚痴をこぼし、かえってやり込められたようだ。

綱吉の厳罰主義は生類憐みに限ったものではなかった。二月三十日、家宣は前代の刑罰を調べ、自ら九十二人の罪を赦《ゆる》し、大名などの家々では三千七百三十七人が赦された。八月二十日に綱吉の法会《ほうえ》を機に大赦が行われ、遠流《おんる》、追放されていた千百四十九人が罪を赦された。江戸城赤穂事件で広島の浅野本家お預けとなっていた内匠頭の弟、浅野大学も赦された。のち旗本として御家復興がかなう。ほかに死罪になるはずだった九十九人が罪一等を減じられて流罪となった

（『徳川実紀』）。

「この年、罪を赦されし者の総計八千百三十一人也」と『折りたく柴の記』は記している。

10　吉保が記した反省の弁と、吉宗の書き換え命令

綱吉の没後、柳沢吉保は日光輪王寺門跡《もんぜき》（東叡山寛永寺貫首を兼務）の公弁法親王《こうべんほっしんのう》から、綱吉の事績をまとめるように勧められ、吉保に仕える儒学者荻生徂徠《おぎゅうそらい》、服部南郭《はっとりなんかく》に執筆を命じた。正徳四年（一七一四年）一月、全三十巻附録一巻の大著『常憲院贈大相国公実紀《じょうけんいんぞうだいしょうこくこうじつき》』（憲廟《けんびょう》実録）が完成した。この書物に生類憐みの令はどのように書かれているのか、見てみよう。

貞享四年一月「二十七日病牛羸馬《るいば》（やせ疲れた馬）を捨てることを禁ず」

貞享四年四月「十一日捨児《すてご》を養育し及《および》鳥獣の病み創《きず》けるを撫餌《ぶじ》すべしと云うことを命ず」

貞享五年六月「晦日《みそか》小細工奉行大類《おおるい》次郎兵衛その子三人、並《ならび》に手代《てだい》等その子合《あわせ》て八人、生類憐《れん》恤《じゅつ》の法令を守らざる罪を以て追放せらるる」

これだけである。生類憐みは吉保にとっても、できるだけ触れたくない過去の出来事だった。

実録小説や講談では悪人、奸臣として描かれることの多い吉保だが、実際は綱吉に忠実な実務家だったようだ。生類憐みの令もその志は誤りではなかったが、法の執行、処罰を厳格にしすぎ

たため多くの人々の反発を買い、その点が失敗だったとする。どちらかといえば生真面目な性格で、同書全三十巻の最後の最後に、生類憐みについて自らの短い述懐を付け加えた。

「ひとり生類憐愍《れんびん》の御事に至っては、吉保、輝貞《てるさだ》（側用人松平輝貞）等が、奉行の其道を得ざりしより（執行の仕方がよくなかったため）、末々に至りては御心の外の事もありし」

吉保の生類憐みの令反省の弁である。何を反省しているかといえば、自分たちのやり方が悪く、綱吉の「御心」が下々の者に理解されなかったことを反省している。吉保は生涯、綱吉の最もよき部下であり、理解者であり、信奉者であった。

続けて吉保はこう述べている。

「三十年の治世、（綱吉は）天下を堯舜の時代のようにしようと思召《おぼしめ》されていたが、（不肖吉保は）その熱意に報いることができなかった。今誰がその罪を負うのか。君あって臣なし（君主はいるが支える臣下がいない）という古人《こじん》の嘆き、誠に所は違っても同じである（責任は私にある）」

遠回しではあるが、吉保は生類憐みにいろいろ問題があったことを認め、その責任は自分たちにあると述べた。主君に殉じようとする武士としては当然のことだろう。

吉保五十七歳、正徳四年十一月二日死去。

それから二年、第八代将軍になった紀州家出身の徳川吉宗は、柳沢吉里（吉保の息子）に命じて『常憲院贈大相国公実紀』を献上させた。紀伊家の三男だった吉宗は紀州びいきの綱吉に目をかけてもらい、十四歳の時、綱吉から三万石を賜り大名になった。長兄の正室が綱吉の娘鶴姫。

長兄が亡くなり、次兄も亡くなり、宝永二年に紀州家の跡を継いだ。

『常憲院贈大相国公実紀』に目を通した吉宗は、吉保生類憐み反省の弁の書き直しを吉里に命じた。

「生類憐みの事は、もとより吉保、輝貞に任せたということでもない（綱吉公の意思で始まったことだ）。この段は、深き思召しありける、と書き換えてこの本をもう一度、奉るべし」

吉里は指摘された個所を書き直し、改訂版を吉宗に奉った。

「不仁の微小を戒め、庶民の仁心を全《まったく》せしめんと思召すより、生類憐愍の禁令ありき。皆深き御心あるべし」

生類憐みは綱吉の深き御心から始まったが、深き御心が多くの人々に受け入れられることはなかった。深き御心があったことだけが記されて、深き御心のために多くの人々が困惑し、処罰され、命を失った事実は抹消された。

おわりに

綱吉は何を思って生類憐みの令を出し続けたのだろうか。そのことをずっと考え続けてきた。この法令は「綱吉が出した一連の動物愛護法」であることに間違いはないのだが、そう言い切ってしまうと綱吉の真意を見失うことになるだろう。

綱吉は、生きた魚を料理したり、売買したりすることを禁止したが、死んだ魚を料理、売買することまでは禁じなかった。綱吉ファミリーは鮮魚の鯛が好物だった。干物も食べた。活魚（生きた魚）はだめだが、鮮魚、干物は食べてもかまわなかった。生けすに入れて生かしておいた鯛だろうと、死んだ鯛だろうと、その命を奪うことには変わりないはずだが、そこに綱吉なりの理屈と感情が潜んでいる。

綱吉は江戸の市街地で鳥獣の売買・飲食を禁止した。江戸郊外と江戸以外の土地では売り買いしてもよかった。鳥獣の命に地域格差があるはずがない。何のための禁止令なのか。

次から次に湧いてくる疑問への答えはこの本の中ですでに書いた。ひと言でいえば、生類憐みの令には綱吉個人の感情がさまざまに投影されている。その感情がわからなければ、この法令の真実の姿は見えてこない。

綱吉の心の奥底には人や動物の死に対する強い嫌悪感がある。これが生類憐みの令の伏線である。そういう人間が絶対権力者である将軍になった。これが第二の伏線である。

綱吉は三十八歳の時、嫡子徳松五歳を亡くした。綱吉は自分の血を受けていない者を跡継ぎにするつもりはなかった。柳沢吉保の回顧談に「御前《ごぜん》（綱吉）は御子様を亡くされてから、御誓願《せいがん》あそばされ（願掛けし）、毎朝御精進なされた」（『柳沢家秘蔵実記』）とある。「御精進」の中には鳥や生きた魚料理をやめたことも含まれるだろう。綱吉の生類憐みは嫡子誕生祈願を動機として始まり、嫡子誕生をあきらめた時、理想社会を実現するための施策として、生類憐みに新たな意義を発見した。そのことを高く評価する人たちもいるが、所詮は独りよがりの政策でしかなかった。

嫡子誕生祈願説は辞書、事典、教科書からも消えてしまった。それでいいのだろうか。いや、消されてしまった。それでいいはずがない。綱吉にとって最大のテーマだった嫡子問題を抜きにして生類憐みの令を語ることはできない。水戸の徳川光圀が江戸を去る時、養子の跡継ぎ綱條に与えた詩の中に「禍は閨門《けいもん》より始まる」とある。閨門とは婦人の部屋の入り口をいう。光圀には綱吉の心の内がわかっていたはずだ。

綱吉が何を考えて生類憐みの令を出し続けたのか、そのことを知るためには事実を知るしかない。だから、くどいくらいに事実を書き連ねた。表向きの「動物愛護」という言葉に惑わされると、綱吉の本当の姿が見えなくなる。

生類憐みの令関連年表

◎…生類憐みの令とその関連事項（重複する御触れなどは適宜省略）
○…生類憐みの令ではないが、関連する事項
□…生類憐みの令の前兆と考えられる事項
▲…旧来の法令などによる事項
■…生類憐みによる主な幕府処罰例（犬の交通事故による処罰例は第三章3に掲載）
印は筆者の判断による。日付は発令日、実際の触れ日など史料により若干の違いがある。

かっこ内の現地名は概略の場所を示している。

太字は主な生類憐みの令と重要事項。同じ法令の再令など省略したものもある。

正保3（1646）		1/8	江戸城で綱吉誕生。幼名徳松。父3代将軍家光、母側室お玉（桂昌院）。
承応2（1653）		8/19	**元服。松平右馬頭綱吉と名を改める**（兄長松は松平左馬頭綱重となる。延宝6年死去）。
明暦3（1657）		1/18	**明暦の大火。19日綱吉邸**（一ツ橋）、**江戸城天守など焼失。死者10万7046人**（『玉露叢』）。
寛文元（1661）		閏8/9	館林25万石城主となる。9月28日神田屋敷に移転。11月10日館林城下に鷹場を賜る。
4（1664）		4/18	白子・膝折（埼玉県）の鷹場を賜る。9月18日鷹司家の信子（正室）と婚礼。
11（1671）	□	10/23	狩場（鷹狩）の暇を賜り、練馬で狩り。11月11日鷹場から帰る。以後、鷹狩の記録なし。
延宝5（1677）		4/8	**側室お伝、鶴姫出産。**
6（1678）		9/14	兄綱重死去。後継将軍候補に浮上。

7（1679）			5/6	**側室お伝、徳松出産。**
8（1680）			5/8	**将軍家綱死去。徳川家を継ぐ。8月23日将軍宣下。**
	35歳	□	閏8月	「馬の筋を切ることをとめられる」。同26日馬の買い付けで奥州へ人を派遣。
天和元（1681）			2/7	桂昌院の願いにより亮賢（碓氷八幡宮別当・大聖護国寺）に高田薬園の地を与え護国寺創建を命じる。
天和2（1682）		□	3/21	御鷹関係の人員を削減する。
	37歳	▲	5月	高札立つ。「馬の荷物斤量は1駄につき40貫、人足の荷物は5貫に限る」（前例踏襲）
3（1683）		▲	2/3	生類、高級織物などぜいたく品の輸入を禁止する（前例踏襲）。
	38歳	▲	2/29	「辻番は道路の病人、酒酔いを介抱しなさい」（前例踏襲）→○元禄元年10月9日旅人病人介抱令。
			閏5/28	**嫡子徳松5歳死去。**
			7/25	「文武忠孝を励まし、礼儀を正しくすべきこと」で始まる新しい武家諸法度を公布。
貞享元（1684）			2/30	服忌令（服喪の規則）制定。以後貞享3年、元禄元年、5年、6年、9年、11年も改定、追加あり。
	39歳	▲	4/6	上総国市場村の惣右衛門、御鷹場で鳥を捕まえ、老中指図により**牢屋斬罪**。
貞享2（1685）			1/8	家綱祥月命日。上野寛永寺に参詣の朝、馬が足洗中に死ぬ。凶事につき御成り延期。
	40歳		1/17	家康祥月命日。紅葉山参詣の時トビ1羽落ちて死ぬという。→○元禄元年トビとカラスの巣払い令。
		□	2/12	高札立つ。「近ごろ江戸近辺でみだりに鉄砲を撃つ者がいる。捕まえた者、訴えた者に賞金を出す」（前例踏襲）
		□	3/24	「人馬の荷物はお定めの重量（人5貫、馬40貫）を超えないようにしなさい」（前例踏襲）

4/14 ▲ 駿州上柚野《かみゆの》村の佐野藤兵衛、武州羽生領下之村の伝兵衛の案内で鶴2羽を撃つ。2人とも品川獄門。

5/21 ▲ 上総国神納《かんのう》村の弥五兵衛、御法度の場所で鉄砲を使い鳥を撃ち、牢屋斬罪。首は神納村で獄門。

7/14 □ 「御成り道へ犬猫出てもかまわない。どこへ御成りの時でも犬猫をつなぐことは無用である」

7/23 □ 御成り道に犬が出ないよう門前の犬数十匹を捕まえ、俵に詰めて隅田川に沈めた浅草観音の手代、遠島になる。「僧侶の法にそむいた」と浅草観音別当知楽院忠運と代官閉門。8月6日忠運は追放。

9/19 □ 馬の筋延べ（筋切り）は「役に立たない。しかも不仁」と禁止し、諸藩にも伝える。

11/7 □ 江戸城御台所に「鳥類、貝類、海老などを使うな」と張り紙。追加で「鯉鮒鰻」なども禁止。

12/16 ▲ 清水権之助組の三郎左衛門、新吉原で網を張り鴨を捕る。翌年1月18日牢死。死骸取り捨て。

12/25 □ 鷹匠頭間宮左衛門の同心2人精進日に鶴を捕獲し死罪、鷹師切腹。間宮は職を奪われ閉門。

貞享3（1686） 41歳

2/3 □ 「馬の尾を巻くのは雨天の時、縄二重までならよい。馬喰《ばくろう》の馬は拵《こしら》え馬と紛らわしく一切禁止」

2/7 □ 「馬の尾先を焼くのは養生（治療）のためならよい。尾ぐきを切り、焼きごてをあてるのは禁止」

2/23 □ 「今も尾を取った馬が通っていると上聞に達した。馬の尾筋を切るのはやめなさい」

閏3/28 □ 僧隆光、綱吉の厳命で奈良長谷寺慈心院から湯島知足院住職に就任。御礼で綱吉に御目見。

6/6 ○ 御小姓伊東淡路守、服忌令を守らず、頬にとまった蚊を手で打ち殺し供奉、閉門。

7/19 ◎ 「生類憐み」という言葉が使われた最初の江戸町触れが出る。「大八車、牛車で犬を引き損じてはいけない。主なき犬にも食事をやりなさい。何事につけても生類憐みの志が肝要《かんよう》である」

9/1 ▲■ 松平左京太夫使用人の加左衛門、酒を飲み前後不覚、南青山で米を積んだ馬の尻を小刀で刺す。牢舎、追放。　＊馬でも犬でも酒酔い前後不覚は殺傷しても罪が軽い。

貞享4（1687）
厄年42歳

9/5	■	芝車町《くるまちょう》（港区高輪）長蔵の大八車が船町（日本橋室町）で犬をひき殺す。長蔵は牢舎入り、8日後に赦免される。生類憐みの令による処罰。＊その他の処罰例は75～78ページに掲載。
12/16	■	永井伊賀守家来召使、長谷川町（日本橋堀留町）で犬を突き殺す。酒狂い、揚屋《あがりや》入り、同24日赦免。
12/17		家康祥月命日で紅葉山へ参詣。鳥が食い合い死んでいた。→○元禄元年トビとカラスの巣払い令。
1/28	◎	諸藩に初めて生類憐みの令が発令される。「生類の病気が重ければ死なないうちに捨てるように聞いている。不届きである。ひそかに捨てる者がいれば訴え出なさい。褒美を下される」。＊主として病気の牛馬を捨てることを禁止した法令。以後、本格的な生類憐みの時代が始まる。
2/4	▲○	台所頭天野五郎太夫、八丈島に遠島。本丸の井戸に猫2匹落ちて死んだのを知らずに井戸水を使って料理する。
2/11	◎	「町内の犬の毛色などを記しておきなさい。いなくなった犬は探さなくてよい」→21日に訂正。
2/16	▲◎	「鷹場での殺生を禁じる。ひそかに鷹を使う者がいれば訴え出なさい」
2/21	◎	「老中に心得違いがあった。養い置いた犬が見えなくなったら尋ねて探しなさい。犬がいなくなった時、よそから別の犬を連れてきて数合わせをしてはならない」
2/26	◎	「（将軍、老臣への）鳥類献上は年に1度、少量。生きた魚、貝類は禁止」と諸大名に命じる。
2/27	◎	「食べるために生かしておいた魚鳥の商売は禁止。鶏、亀、貝類も同じ。慰めに飼うのはよい」
2/28	◎	「御触れが出て急に鳥を絞め殺すのはいけない。生きた鳥、生けすの魚、貝類のほか鯉、鮒、海老など生きたものの商売は禁止」。＊貝採り漁民困窮の訴えでひな祭りのハマグリ解禁（『御当代記』）。
2月		「小石川で放した御飼鶴が来たら番をつけます」と下彦川戸村（埼玉県三郷市）が誓約書。
3/26	◎	「鳥類（食用）飼育禁止。鶏、アヒル、唐鳥《からどり》などは餌がないと飢えるので飼ってもよい」

■ 3/28 新銀町《しんしろがねちょう》（神田司町）の奥平、板橋で犬を切り捕まる。酒酔い記憶なし。4月6日江戸追放。

■ 4/7 土屋相模守中間《ちゅうげん》、数寄屋町（中央区銀座）で犬7、8匹に吠えかけられ衣類にかみつかれ、脇差を抜き払い犬を傷つける。揚屋入り。不意のことにつき6月4日赦免。

■ 4/9 **病馬を捨てた武州神奈川領寺尾村**（横浜市）**の3人、三宅島へ流罪。同領代場村の7人も流罪。**

■ 4/10 小石川御殿番・保泉市右衛門の奴僕角右衛門、八丈島に**流罪**となる。喧嘩していた犬を脇差で切り逃走。のち出頭。保泉は俸禄を召上げられる。

■ 4/11 「（2日前の武州神奈川の捨て病馬）死刑にも処せられるべきだが、このたびは**遠島**とする」

○ 4/11 **捨て子養育令「捨て子は届けなくてよい。望むものにあげてよい。金銭は不要」**→元禄3年禁令。

◎ 同 **「鳥類、畜類を人が傷つけたら届けなさい。とも食い、自ら痛みわずらう時は届けなくてよい」**

◎ 同 **「主なき犬、居つかないように食べ物をやらないのは不届き。左様にしてはならない」**

◎ 同 **「飼い置いた犬が死んでも別条なければ届けなくてよい」**

◎ 同 **「犬に限らず、生類、人々、慈悲の心を元としてあわれむことが肝要である」**

■ 4/11 師匠の弔い帰りの権兵衛、神田鍋町（千代田区鍛冶町）で犬3匹が師匠女房の駕籠に吠えかかり、脇差を抜き追い払い、犬の耳を傷つける。「不届き」と揚屋入り後、6月24日江戸十里四方追放。

◎ 4/21 **「犬猫が死んだら捨ててはいけない。埋めておきなさい」**

◎ 4/23 **「町中で生きたイモリ、黒焼き商売を禁じる」**　＊イモリは黒焼きにして薬にする。

■ 4/30 **江戸城中門《なかのもん》を警護する持筒《もちづつ》組与力、同心遠慮を命じられる。門上の鳩に小石を投げ追い払う。鳩の糞害防止のためか。**→元禄元年5月30日小細工奉行追放。

■	5/12	岡部隠岐守六尺（駕籠かき）角左衛門、当月11日西ノ久保（港区神谷町付近）で犬を切り殺す。辻番が捕え、牢舎入り。10月20日**牢死**。
■	6/10	大八車で味噌を運ぶ召使2人、宇田川町（港区浜松町）でアヒルをひき殺す。牢舎後同24日赦免。
▲■	6/23	宇田川町（港区）の文四郎、駄賃馬を脇差で切る。馬と百姓けが。酒で記憶なし。7月16日赦免。
■	6/26	秋田淡路守家来の只越甚大夫父子、**死罪**。6月8日の家綱祥月命日に燕を吹き矢で殺し、5歳男児の病気養生のため食わせる。現場で手助けした山本兵助は半年後、八丈島へ**流罪**。
◎■	7/2	「（江戸の町）**どこでも生類売買禁止。虫を飼うこともいけない**」。**同日、京橋の虫売り牢舎**。
■	7/2	桧物町（中央区日本橋）の三助、井戸の樋を転んで落とし、犬に当たり死ぬ。牢舎後、同6日赦免。
■	7/3	馬を引いていた久兵衛、下舟町（日本橋小舟町）で鶏を踏み殺す。牢舎後、8月15日赦免。
◎	7/19	大八車、牛車による犬など生類の事故防止、主なき犬の養育令を再令する。
◎	9/13	「辻番人は生類を傷つけた往来の者がいれば人を同行させ、居所を確かめ、目付に申し出なさい」
■	9/29	倒れた馬を放って帰り、死なせた武州下仙川村《しもせんがわ》（調布市）の次郎兵衛牢舎。12月29日八丈島**流罪**。
◎	10/11	「**生類憐みはうわべではいけない。仁心養うようにと上よりのお思し召しである**」と**町奉行訓戒**。
◎	10/29	「道路にことのほかやせた犬が見える。生類憐みをしていない。粗末にしてはいけない」
◎	11/15	大目付、大名旗本に「今も馬を捨てる者がいる」と捨て牛馬の禁令を再び発す。
◎	12/1	「**鹿猪の害があれば玉を込めずに鉄砲でおどしなさい**」**→元禄元年7月12日狼退治**。
	12/9	献策書『大学或問』を上表した熊沢蕃山、下総古河で禁錮を命じられる。弟子の大目付2人解職。
◎	12/12	「最近も捨て馬する者がいる。この度も流罪を仰せ付けた。今後も重科とする」

元禄元（1688） ※9/30に貞享5年→元禄元年と改元
43歳

◎	12/23	「捨て馬御慈悲をもって今度も流罪とした。理由によっては御代官、地頭の責任とする」
■	月不明	増山兵部の家来、犬にかまれ、その犬を切り殺した罪で**切腹**。
■	同	土屋大和守の家来、犬にかまれ少し犬を切り江戸追放。大和守も遠慮を命じられる。
■	同	土井信濃守（林信濃守の誤記か）中間《ちゅうげん》、犬をたたいた罪で扶持を奪われる（『御当代記』）。
○	1/29	**「屋号、人名などに鶴の字、鶴の紋の使用禁止する」**。 ＊綱吉の娘鶴姫の懐妊祈願と関係か。鶴姫は貞享2年2月、紀伊家に輿入れ、嫡子綱教と結婚した。
○	2/18	**トビとカラスの巣払い令を出す。江戸町人地を除く。**元禄3年3月、4年11月ほかにも発令。6年2月から江戸町人地にも発令。 ＊生類憐みではない。江戸城と将軍家霊廟を糞害などから守るため。
▲■	4/12	餌差《えさし》の弥五兵衛、前夜浅草たんぼで網を張り鴨を獲る。揚屋入り後、翌年8月12日隠岐島**流罪**。
■	5/29	1月20日に鶏2羽を売った飴売り伊右衛門、品川で**獄門**。仲介した増上寺門前町（港区）与四兵衛4月8日**牢死**。鳥を買った新堀同朋町（同）与兵衛5月10日**牢死**。→6月19日囚人待遇改善。
▲■	5/29	岩井町（千代田区岩本町）の清兵衛、品川などで鳥を獲ったと白状。本所三つ目横堀で**獄門**。
▲■	5/29	芝金杉（港区）の作右衛門、本所三つ目横堀で**獄門**。1月26日に同所八兵衛と茶船を借り、もち縄を使い押上村（墨田区）で白雁4羽を捕らえる。八兵衛は牢内で患い**病死**。
○■	5/30	鳩をおびき寄せるための鳩笛が役に立たず小細工奉行大類次郎兵衛と手代ら3人追放、町大工1人手鎖。御城中門で鳩に小石を投げた御小人新右衛門を江戸から追放。→前年4月30日の件。
○	6/19	牢死が多く囚獄（小伝馬町）の待遇改善を命じる。冬に風が吹き抜けないよう所々に格子を設け、行水は月に5度ずつ、宿無しには雑紙をやり、秋には布子を1枚増やして2枚与える。
◎	6/21	雲雀の下賜を廃止。鷹23羽を入間、高麗郡（埼玉県）の山麓に放つ。

7/12 ○ 武州山口筋（埼玉県所沢市近辺）で狼荒れ、4人食い殺され6人手負い。幕府の鉄砲方を送り込む。

8/22 ▲■ 餌差頭内田市郎右衛門父子佐渡へ、子弟6人薩摩へ**流罪**。鳥銃を隠していた罪。

8/24 ■ 下練馬村（練馬区）源四郎がひく馬、猿楽町（千代田区）で鳩を踏み殺す。同28日赦免。

8/27 ■ 留守居番与力山田伊右衛門、門外に子犬が捨ててあったのを養わず追放。

10/3 ■ 武州新羽村（横浜市港北区）の西方寺、コウノトリが巣を掛けた木を切り閉門。村人も罪を蒙《こうむ》る。

10/9 ◎○ 道中奉行御触れ「病牛馬捨ててはいけない。病気の旅人には薬をやり面倒を見なさい」

11/1 湯島知足院を神田橋門外に移転。5万坪の土地に大伽藍を建設する。

12/6 ○ **上野東叡山（寛永寺）、紅葉山（江戸城）、三縁山（増上寺）参詣時の規則を定める。獣肉食などは牛馬150日、豚犬羊鹿猿猪70日、羚羊《かもしか》狼兎狸鶏5日の穢れとなり期間中は参詣できない。**

12/16 ■ 北新掘（中央区）の七兵衛、拾った子犬11匹をごみ捨て場に捨て揚屋入り。10カ月後追放。

12/25 ▲■ 武州上忍田村で鳥を捕まえていた百姓安左衛門、犬が吠えかかるので鎌を投げつける。犬は左前足に少々けが。名主より訴えがあり、牢舎。翌年2月27日神津島へ**流罪**。

元禄2（1689）44歳

1/9 ■ 神田鍛冶町の久兵衛、鶏をしめ、毛をむしり捕まる。約2年間牢舎、のち赦免。

1/16 ■ 芝金杉（港区）の山伏法光院、犬2匹を切りけがさせる。酒で記憶なし。牢舎後、2月6日追放。

2/27 ■ **病馬を捨てた武士14人、農民25人、神津島に流罪。**

3/6 ■ 湯島広小路辻番3人、水路内に犬の死体があり、番を申し付けられたが、近くを立ち回るうちに上流の堰板が外されて増水、犬は押し流されて見えなくなった。3人は牢舎後、江戸五里四方追放。

5/11 ■ **増上寺門前町**（港区芝大門）**の清兵衛、お堀の鮒を獲り牢屋死罪。**＊生類憐みの令以前のことが罪に問われる。貞享3年9月から同4年2月まで持弓頭（城警備担当）の中根主税に捕らえられ、牢舎入り。中根交代で身柄が後任に引き渡され、以下全員死罪となる。

同 ■ 桜田久保町（港区西新橋）の五郎左衛門、お堀で鯉鮒獲り、**牢屋死罪。**

同 ■ 喜左衛門町（中央区銀座）の鮒屋市郎兵衛、お堀で鯉鮒獲り、**牢屋死罪。**

同 ■ 八官町（中央区銀座）の善兵衛、お堀で鯉鮒獲り、**牢屋死罪。**

同 ■ 新右衛門町（中央区日本橋）の八兵衛、お堀の鯉鮒買い取り、**牢屋死罪。**

同 ■ 桜田鍛冶町（港区西新橋）の安左衛門、お堀で鯉鮒獲り**牢屋死罪後、獄門。**

同 ■ 木挽町（中央区銀座）仁左衛門、弥左衛門町（同）久兵衛、お堀で鯉鮒獲り、**牢屋死罪後、獄門。**

同 ■ 小網町（中央区日本橋）の勘兵衛、お堀などで鯉鮒獲り、**牢屋死罪。**

5/13 ■ 大八車で薪を運ぶ南小田原町（築地）の2人、木挽町5丁目（同）で鳩をひき殺す。6月8日赦免。

6/28 ◎ **「猪鹿狼は害になる時のみ銃で撃ってよい。死骸はそこに埋め、売ること食べることを禁止する」**

10/4 ■ 評定所目《め》安読《やすよみ》坂井伯隆、閉門。評定所で犬が喧嘩をしているのを止めず、犬が死んだため。

10/9 ■ 白金台（港区）の安右衛門ら6人、3月14日猪狩り。薩州島へ**流罪**。ほか1人隠岐島へ**流罪**。

10/18 ■ 原宿村（渋谷区）八兵衛の馬に積んでいた竹が目黒橋（目黒区）で百姓権助の馬に当たり、権助は落馬、馬は川に転落死亡。八兵衛は牢舎入り、約3カ月半後に赦免。

元禄3（1690）
45歳

4/18 ▲■ 常陸作屋村（つくば市）の酒屋平兵衛、馬を打ち殺し江戸十里四方と在所追放。

6/2 ■ 南塗師町（中央区京橋）の長三郎、もらった鳥もちを鳩につける。羽少々抜ける。牢舎、同8日赦免。

◎ 6/5 **「鳥もちは猟師、鑑札を持つ餌差以外に売ってはいけない」**

7/9 儒臣林信篤の忍岡別宅孔子堂を神田台に移転、湯島聖堂の建築を命じる。→12月22日落成。

■ 8/2 大工次郎兵衛の大八車が住吉町（日本橋人形町）で後ずさりし、猫がひかれ死ぬ。牢舎後、赦免。

8/21 綱吉みずから『大学』を講じる。諸老臣拝聴する。以後、月1度の『四書』講演、常例となる。

10/14 徳川光圀の隠居が認められる。11月29日江戸を立ち水戸に向かう。元禄13年12月6日死去73歳。

◎ 10/22 **「牛車、大八車、荷物がある時だけでなく空車でも宰領《さいりょう》（監督）をつけなさい」**

○ 10/25 **捨て子禁止令。「捨て子はいよいよ御制禁である。養育できなければ申し出なさい」**

○ 11/3 **7歳までの子供の届け出制。「子供の出生、死亡、奉公、養子、引越、名主方の帳面につけ置くこと」**

12/22 湯島聖堂落成。綱吉染筆の扁額「大成殿」を掲げる。

元禄4（1691）

◎ 2/28 **「犬が喧嘩していたら水でもそそいで引き分けなさい。郊外にやせ犬が多い。心入れ養育しなさい」**

46歳

▲■ 3/15 浪人船田新六、上野で馬の脚を切る。近所の娘もけが。酒酔い。6月19日江戸十里四方追放。

▲■ 8/12 小野吉兵衛組の餌差弥五兵衛、隠岐島へ**流罪**。元禄元年4月12日浅草たんぼで鴨を獲り揚屋入り。

○ 閏8/11 **「公方様に糞を落しカラス八丈島に島流し」**（其角手紙）

■ 閏8/12 上餌差町（文京区小石川）の忠兵衛、揚屋入り約3年半ののち隠岐島へ**流罪**。元禄元年2月放し雀（寺社参りの人が放生する雀）売りの権七に雀50羽を売る。

■ 閏8/13 小石川源覚寺門前（文京区）、放し雀売りの権七、揚屋入り約3年半ののち薩摩へ**流罪**。

閏8/13	▲■	甲州秋元摂津守領の百姓権左衛門、薩摩へ流罪。鉄砲で鳥打ちした。摂津守家来が召し連れ7年前に揚屋入り。牢内で患い、いったん外に出たが、回復し再度揚屋入り後、流罪。
閏8/13	○	鳶鳥を放つため鷹匠佐原十左衛門、徒目付馬場藤左衛門らを三宅島に遣わす。＊15年間で74回、伊豆諸島で放鳥記録がある。
10/21	○	鳥医、徒目付を新島に遣わし鳶鳥950羽を放たせる。
10/21	■	蛇を使い客を集め、薬を売った南小田原町（中央区築地）の藤兵衛、蛇を貸した市右衛門の2人捕まる。市右衛門は11月16日牢死、死骸取り捨て。藤兵衛は翌年2月江戸追放。
10/24	◎	動物の芸禁止。「蛇使いを捕まえた。犬、猫、鼠など生類に芸を仕込み、見世物にしてはいけない」
11/15	○	「鳶鳥巣を作れば卵を産まないうちに取り払いなさい」。江戸近郊五里以内、地域限定巣払い令。
11/22	■	旗本鳥居久大夫の召使三助ら3人死罪。11月11日門前にいた鷺《さぎ》を殺して食べる。
元禄5（1692）47歳		
1/7	◎	「子犬が道に出て危ない。番人に申し付け母犬と一緒にしなさい」→7月5日追令。
1月	◎	喜多見（世田谷区）に病犬を収容する犬小屋を建設する。病馬も収容した。
1/20	◎	「子犬が道に出ないよう触れたが、大人の犬のことも忘れてはならない」
2/5	◎	「飼鳥、羽足が傷ついた鳥などは書付にして出しなさい」→9日江戸で事実上趣味の飼鳥禁止。
2/6	■	1年前まで蛇を使い薬売りしていた又兵衛、半年前にやめた次兵衛、牢舎。6月6日江戸追放。
2/9	◎	「鶏、あひる、鳩のほか、町内に飼鳥は一羽もいなかった。これ以外の飼鳥知れれば罪になる」
2/10	◎	綱吉のそばに奉公する者の心得。『御当代記』は「（よそに出かけても食べてはいけないもの）獣類、鳥類。貝類、鯉、鮒、海老、海鼠《なまこ》、章魚《たこ》、鰻、ふぐ、どじょう、はぜ、蟹《かに》、玉子等」「生あるもの、のみ、しらみ、蚊、蝿等まで殺しません。と下々の者まで誓紙を書く。御奉公衆の家中は下水を道に打たない。ぼう振りむし（ボウフラ）を道行く人が踏み殺すからである」と記す。

3/29 ◎ 「町内にいる犬の数、大小、男犬女犬調べ書付にして出しなさい」。集計結果不明。

5/13 ■ 井上大和守家来下人、通4丁目（日本橋）で犬を切り殺す。大酒で記憶なし。6月1日江戸十里四方追放。

7/5 ◎ 「市中道路に子犬がまだいる。成長するまでは小屋に入れ、人馬に踏まれないようにしなさい」

8/17 ■ 南部信濃守、旗本ら9屋敷の寄合辻番市郎左衛門の飼い置く犬が死ぬ。12日夜、前の堀に捨てる。信濃守から御目付に報告があり、牢舎入り。幕府若年寄に伺いを立て、9月17日居所追放。

8月 ■ 石田坂村（青森県五所川原市）次兵衛、熊を殺して食し津軽藩より老中に報告。牢舎11カ月、新島流罪。

9/22 ○ 柳沢吉保に「観用教戒」の一文を賜う。儒仏の道、万物の生を守ることを説く。

9/27 ◎ 浅草川、南は諏訪町より北は聖天町まで殺生禁断とする。浅草観音の願いによる。

12/19 ◎ 「町中で死んでいた4足の類、売るべからず」

元禄6（1693） 48歳

1/1 ◎ 綱吉、兎のあつものをやめ、魚に代える。

2/1 ○ 江戸町方にも巣払い令が出る。「鳶烏の巣はすぐ下ろしなさい。玉子があれば巣立ちまで待つこと」

4/30 ◎ 「遠国で猪鹿狼の害がある時はまず空砲、害がやまないなら鉄砲で打ち鎮め、下々が難儀しないよう後日大目付に書付を出せばよい。生類憐みは人々に仁心が備わるようにとの思し召しである」

6/18 ○ 「馬がものを言うと申し触れている。何者が言うのか町ごとに書き出しなさい」→翌年3月11日浪人斬罪。

8/9 ■ 高田馬場（新宿区）で埋めた猪を掘り出し隠した非人3人、死罪。

8/16 ◎ 「船から釣りをし、無益の殺生をすること禁止する」（漁師はかまわない）

9/10 ◎ 鷹部屋、鷹匠、餌差を廃止、鷹匠町を小川町、餌差町を富坂町と改め、鷹部屋の鷹を新島に放つ。

元禄7（1694）49歳

10月	◎	「作事小屋、芥船など見えないところで犬を手荒に扱う者がいると聞く。捕えて出すべし」
2/29	◎	「犬がかみ合いしていたら御成り先でもかまわず水でもかけ、引き分けてやりなさい」
3/5	■	旗本2人、屋敷近くに来た放れ馬を介抱せず遠慮を命じられる。「いたわる気持ちが足りない」
3/9	◎	「最近放れ馬がいた。飼料やり、荷下ろしが遅い。生類には心をつけ、憐れむようにしなさい」
3/11	▲○	馬のもの言い事件で浪人筑紫団右衛門、斬罪。流罪を言い渡された八百屋惣右衛門牢死。とばっちりで落語家鹿野武左衛門、伊豆大島に流罪。口書を取られた江戸町民35万3588人。
3/11	▲■	松平右京亮家来の中間巳《み》之《の》助《すけ》、三河町（内神田）で荷下ろし中の馬の後脚を脇差で切りつける。辻番人は肩先を切られ、養生後に死亡。酒に酔い記憶なし。閏5月10日、斬首。
3/17	◎	「病気、けがの鳥は養生させなさい。病気、けがの鳥がいれば書付を出しなさい」　＊申し出なし。
4/3	◎	百人組の与力窪田喜右衛門、家の近くに来た病馬をよく介抱したとお褒めの言葉をいただく。
4/27	◎	「このごろ端々で傷ついた犬がいると聞く。傷つけた者を見逃さず捕え訴え出るべし」
4/28	◎	「このごろ端々で犬の子が捨てられている。そのうち飢えて死んでしまう。見つけたら養いなさい」
5/22	◎	「傷ついた犬を隠し、よそから発覚したらその町中の過失である」
閏5/3	◎	「町中で犬わけ水と桶、ひしゃくに書き付け、番人には犬という文字を紋所にした羽織を着せていると聞く。すぐにやめなさい。番人をつけても目立たぬようにしなさい」
7/4	■	霊岸島（中央区）七左衛門、鶏のひなを食った家主の猫を殺す。牢舎後、同12日江戸十里四方追放。
7/13	◎	「町中で皮を使う鞠屋（蹴鞠）の商売禁止。ほかの商売をしなさい。特に犬の皮は堅く禁じる」
7月	◎	「犬が傷ついたら犬医師五郎兵衛に傷の様子を伝え、薬をもらうこと。相応の薬代を払いなさい」

■ 8/2 歩行頭佐野内蔵丞《くらのじょう》の知行所上飯田村（横浜市泉区）で猪狩りが行われ、内蔵丞は職を奪われ、逼塞。

■ 8/6 上飯田村の百姓に猪狩りを命じた内蔵丞家来酒井伝左衛門、品川で**獄門**。猪肉を切り取った百姓5人、隠岐島へ**流罪**。正直に話さなかった百姓4人追放。訴状を差し出した上飯田村百姓忠兵衛、江戸市中引き回し品川で**磔**。息子は**遠島**。

◎ 8月 **「（猫犬の皮を使う）三味線、作ったものは売り、今後は作るな。皮の張替えも禁止する」**

◎ 9/2 **「鳥商売を減らすので、そう心得なさい」**

◎ 9/12 **「放れ馬の中に病馬に見えるのもいる。捨て馬する者がいれば隠さず申し出なさい」**

■ 9/19 旗本花房豊之助の権田原下屋敷（渋谷区青山）に夜、犬が侵入しかみ合い。下人加右衛門が振り回した脇差が柱に当たり鞘がこわれ犬を傷つけ死なす。10月9日豊之助知行所と江戸十里四方追放。

◎ 10/5 **「江戸中の金魚銀魚を所持する者、魚の数を申し出なさい。持つことはかまわない」**

◎ 10/10 **幕府諸役人に「生類憐みの目的は仁心を徹底させることにある」と仰せを出す。**

◎ 11/16 **藤沢遊行寺の池に約7千匹の金魚銀魚を放つ。**

◎ 12/2 町中で死んだ犬、捨て子の届けについて質問があり、町奉行「何事によらず届けなさい」と回答。

◎ 12/29 **「町中の犬商売9人と届けがあったが、ほかにもいる。不届きである」**

◎ 12月 **「町中にて犬商売することを禁じる。犬の形を拵え直し、毛色などを変えた者は隠さず届けなさい」**

元禄8（1695）
50歳

○ 1/26 麻布坂下町《さかしたちょう》（港区麻布十番）、庄兵衛所場《しょば》の赤白ぶち犬の首際に切り傷が1カ所あった。

○ 1/27 伊皿子町《いさらごまち》（港区高輪）の野道に白黒ぶち犬が切られ死んでいた。

◎ 2/7 **「犬の子を川へ流し捨てる者がいる。手荒く振舞えば厳しくとがめられる」**

■ 2/10 このころ千住で磔にされた犬2匹見つかる。**「犬公方の威を借りて諸民を悩ます」と捨文。**同日浅草でも台の上に犬の首発見。　＊『年譜』によれば8月9日旗本次男の大番河村甚右衛門が「無作法の体《てい》をなし、その上捨文いたした」罪で斬罪に処せられた。浅草の事件は未解決。

○ 2/23 **江戸愛宕山が巣払いの対象から外される。**愛宕山の化身トビ、カラス天狗に配慮か。

◎ 2/23 **「見慣れぬ魚鳥獣を取ってはいけない。死んでいればその地に埋めなさい。商売も禁止する」**

◎ 5/26 「熊猪狼のたぐい馬牛犬猫鶏などを襲うようであれば追い払い、鳥獣が殺されないようにしなさい。**犬猫が鳥獣を襲った時は痛まぬように引き分けなさい**」

◎ 6/1 **四谷、大久保犬小屋落成。同3日「町中の人に荒き犬」は四谷へ送るよう町触れ。**　＊「町中の**牝犬残らずこの小屋**（四谷）**に入れ置かれる**」と『加賀藩史料』は記す。

◎ 8/11 幕府勘定吟味役荻原重秀の策により、金銀改鋳を命じる。

◎ 9/3 宇田川町、浅草田原町に捨て犬、下高輪町、上野六軒町、浅草寺領、市谷田町で犬殺し。犯人を訴え出れば褒美が下されると町触れが出る。

○◎ 10/11 捨て子の禁令、捨て犬の禁令（再令）同時に出る。

■ 10/16 大坂定番松平縫殿頭《ぬいのかみ》組の与力三浦伝之丞と同心8人、同心の子1人の計10人**切腹**。鳥銃で殺生し鳥商売していた。ほかに浪人1人が**死罪獄門**、その子は**遠島**。同組の同心5人**遠島**、町人2人追放。

◎ 10/25 「鷲角鷹《クマタカ》を飼い置く者は遠地に放しなさい」

■ 10/25 本郷菊坂（文京区）の旗本屋敷辻番八兵衛、溝に捨てられた子犬を別の屋敷脇に捨てる。「母犬が来る所に置いた」と弁明したが、「養わず不届き」と牢舎。11月25日浅草で**斬罪獄門**。辻番4人追放。

◎ 10/29 **中野犬小屋落成。**

◎ 11/11 中野御犬御用につき町々が使う大八車1台に500文下さる。同13日「荷物は軽く積みなさい」。

元禄9（1696）51歳

11/14 ◎ **中野犬小屋へ江戸町内の犬の送り込みが始まる。「不日に**（すぐに）**十万頭に及ぶ」**（『徳川実紀』）、**「おおよそ犬拾金万疋なり」**（『年録』『柳営日次記』）。

12/9 ◎ 日本橋に立札。「麻布と伊皿子で犬殺し。犯人知る者は申し出ること。訴えれば同類（仲間）でも罪を許し、褒美に黄金20枚を下される」

12/21 ◎ 「18日夜、小石川馬場近くに白子犬2匹捨てられた。中野犬小屋ができたのにけしからぬことだ」

2/7 ■ 新材木町（日本橋堀留町）の半兵衛、子犬を絞め殺し大伝馬町の孫右衛門手代2人の名を書いて捨てて捕まる。孫右衛門への恨みによる犯行。26日浅草で**磔**。

5/12 ■ 本多下総守中間仁助、桜田門外腰掛（待機所）で足の上の鼠を払い死なす。同19日まで揚屋入り。

5/14 ▲■ 松平下野守足軽、神田佐久間町で駄賃馬の尻などを刀で切る。酒で記憶なし。同25日追放。

5/18 ◎ 犬小屋の犬を養うため御犬上げ金を徴収すると江戸の町々に御触れがあった。↓7月4日徴収額。

5/19 ▲■ 小石川水戸家上屋敷前で矢の刺った鴨の死体発見。6月23日「鴨を射た者は申し出なさい。目撃した者も申し出なさい」。7月12日小普請阿部忠右衛門の召使う小童の仕業と訴えあり。小童無関係と判明。8月21日小普請奉行飯田次郎右衛門、虚説を申し大島へ**流罪**、2人追放。犯人不明。

7/4 ◎ **御犬上げ金、小間一間**（20坪）**につき年に金3分を課すと通告を受ける。**↓10年5月18日減額。

7/6 ■ 本所相生町3丁目（墨田区）で犬殺される。8月6日同町2丁目、左官嘉兵衛の娘しもの通報で大工善次郎の弟子市兵衛が捕らえられ、**磔**となる。娘しもに「御褒美50両」と町触れが出る。

7/6 ■ 西ノ久保（港区神谷町付近）で切り傷のある犬が見つかる。8月9日村山長古の召使が捕まり、**遠島**となる。村山に遠慮仰せ付けられる（『元禄宝永珍話』）。

7/22 ◎ 「知行所に犬を送りたければ遠慮は無用。小給の者、犬小屋へ送るなら支配の者に相談しなさい」

＊加賀、尾張、津軽、盛岡、八戸藩などで江戸屋敷から国元へ犬を送った記録がある。

○ 8/17 **大酒飲み禁止令。「酒に酔い、心ならずも不届きする者がいる」。酔っ払いによる犬馬殺傷の防止か。**↓翌年10月6日造り酒屋に運上金。 ＊酔っ払いによる馬、犬殺傷事件は第十章6に一覧を掲載。

○ 8/22 **「捨て子はいけない。妊娠、出産、傷産、流産、3歳までに死亡かなど大家、地主に知らせなさい」**

◎ 10/6 鳥見（鷹場管理）の職を廃止。同7日「鷹場ではこれまでどおり鳥類を殺してはいけない」。

元禄10（1697） 52歳

◎ 2/14 「越谷領大間野村に去年お放しになられた丹頂鶴親子3羽、よその村に飛行しても番を付けるように致します」と八条領（埼玉県）村方より幕府へ証文。

◎ 2月 **「各町内で毛付けをした犬がよそに行ってもあえて探さなくてもよい。来た犬は養いなさい」**

◎ 4/25 町方書上「元禄8年5月から四谷御囲に荒き犬納める。元禄8年10月の書上、中野大久保に納める犬の数4万2108疋、そのほか出生書き落とし」「元禄9年6月の書上高1900疋、ほかに出生犬2881疋、残り犬55疋、3口合わせ**納高4万8748疋。残り犬151疋**」 ＊合計が合わない。

◎ 5/18 御犬上げ金、小間一間につき年金3分を金1分に減額する。

■ 5/25 渥美九郎兵衛召使の折茂小兵衛、**死罪**。2月24日主人屋敷内で鳩を射殺す。

■ 7/4 芝で犬が切り殺された件で有馬中務大輔の掃除人2人牢舎となる。処罰不明だが**死罪**だと思われる。8月13日久留米藩主有馬頼元、遠慮を命じられる。

■ 7/27 銃で殺生をした男、大坂で**斬刑**。息子の遠島刑猶予を河内通法寺が隆光を通じ嘆願、認められる。

10/9 全国の造り酒屋に運上金（酒の値段の五割）上納を命じる。

■ 10/13 青山宿での捨て犬の件で近藤登之介組同心2人、伊東出羽守辻番人追放。

■ 10/26 青山久保町の喜三郎、子馬3匹捨てた罪で、江戸市中引き回し品川で**獄門**。

元禄11（1698）　53歳

▲■ 2/14 大久保隠岐守家来中間、日比谷（千代田区）で馬の尻を切る。茶屋で大酒記憶なし。5月6日追放。

■ 2/15 本郷3丁目（文京区）の谷口与右衛門、犬を切り殺し千住小塚原で**磔**。加賀屋敷脇で犬に囲まれ、脇差で1匹の頭を傷つけた。母は息子の死を嘆き鈴ヶ森と小塚原に石塔を立てた（『江戸真砂六十帖』）。
＊願主谷口氏と裏面に刻まれた高さ約3メートルの供養塔が鈴ヶ森刑場跡に現存している。

▲■ 8/8 山形庄内藩の足軽が江戸に向かう途中、野間村（栃木県那須塩原市）で駄賃馬を切り殺す。酒に酔い前後不覚だったため幕府評定所、江戸十里四方と在所追放とする。

◎ 9/25 **「前々の通り猟師以外の殺生を禁じる。殺生道具は猟師以外に売ってはならない」**

○ 10/24 中野犬小屋の用米、町人に請け負わせていたが、不足するうえ回送の費用もかかるため関東の幕府代官所に直接納めさせる。1カ月の入用米800俵3度ずつ。

元禄12（1699）　54歳

■ 閏9/6 **曲輪《くるわ》内**（江戸の市街地）**での鳥獣商売を禁止する。**

◎ 閏9/6 亀戸村（江東区）の次郎兵衛、友人に古い網を持ち出し網打ちの様子を見せる。網破れ、魚は獲らず。徒目付が見とがめ「猟師でもないのに不届き」とこの日牢舎入り。牢内で患い、11月11日赦免。

◎ 10/2 **世田谷の20カ村に中野犬小屋の犬の養育を提案する。1匹につき年に金3分の養育費を支払う。**
＊犬を養育する村はその後増え、宝永3年から5年までに幕府が近郊の百姓に支払った養育金の合計は3万5430両になった（『竹橋余筆』）。**1年平均で1万1810両。計算上、犬は1万5747匹養われていたことになる。**

元禄13（1700）　55歳

◎ 7/12 **「御小人目付が犬を移す時、見物してほめたり、失敗を笑ったりしてはいけない」**

◎ 7/23 **「ウナギ、ドジョウも生き魚であるので今後商売を禁じる」**

◎ 10/22 **決められた場所以外での鳥獣商売禁止。振り売り**（担ぎ売り）**も禁止する。**

元禄14（1701）	56歳	◎	4／3	鉄砲方に田畑を荒らし人に害を与える猪鹿の打ち払いを命じる。「ただし少なく打ちなさい」
		○	4／19	浅野内匠頭の江戸城刃傷事件で赤穂城明け渡し。幕府目付の命で犬の調査。「城内犬数19匹」
元禄15（1702）	57歳	◎	1月	「鉄砲で撃った鳥を持ち歩く者がいる。売買を禁止する」
		◎	5／6	「馬の荷物は馬の状態により重くならないようにすること。病馬、痛みある馬はいたわり使わないこと」
		◎	5／24	虎の門辺に鶴が飛来。「降りてきたら通行人を止め番所に連絡しなさい」
		■	10／13	伯楽（馬医）橋本権之助、飼っていたアヒルを襲った犬を殺し切腹を仰せ付けられる。
元禄16（1703）	58歳	■	2／4	幕領南山代官所管内（福島県）、南会津西沢村馬喰彦八、捨て馬により磔。
		◎	4月	鼬《いたち》、鳩、鼠、蛇、鴨、雁、鷺、鶉《うずら》、鵜、狐、鹿などを各地に放す。＊詳細は第九章8に掲載。
			11／22	深夜、元禄大地震（M7・9～8・2）が関東地方を襲う。「地震津波火事にて死する者、通計22万6千余人という」（『鸚鵡籠中記』）、「江戸の死者3万7千人」（『武江《ぶこう》年表』）。
		◎	12／7	火事地震につき当年の犬扶持（御犬上げ金）免除。同18日半年分返却。翌年も赦免。
宝永元（1704）※3／13に元禄17年→宝永元年と改元	59歳	◎	2／18	「生類憐みの志、いよいよ大事である。捨て子、捨て牛馬、捨て犬は堅く禁じる」
			3／13	宝永に改元。大地震後も天変地異、大火災、綱吉肉親の死が続く。祈禱に頼り、生類憐みの令連発。
			4／12	鶴姫、天然痘で死去、28歳。
		◎	6／14	大地震被害甚大のため、御犬上げ金赦免。翌年も赦免。
			7／3	利根川（古利根）が猿が股（葛飾区水元）で決壊。深川まで大洪水。「死亡人数を知らず」（『元禄宝永珍話』）
			12／5	甲府藩主綱豊（兄の子）を養子にする。綱豊は家宣《いえのぶ》（のち6代将軍）と改名。

宝永2（1705）60歳

○ 4/23 異変の前兆か、上野不忍池でウナギ3560匹大量死（『元禄宝永珍話』）。＊日照りによる酸欠死らしい。

閏4/1 落雷で増上寺の方丈から出火、御成御殿は全焼し、徳松、鶴姫の位牌が燃える。

◎ 6/3 「牛馬に重荷あるいは嵩高《かさだか》のあるものを負わせてはならない」

6/20 桂昌院死去、79歳。

◎ 9/7 漁師以外の釣り禁止。同20日飼鳥禁止、同28日牛馬犬猫以外の獣類飼育禁止など御触れを繰り返す。

9/26 天変地異の予兆か、夜「流星50度ほど飛散す」（『隆光僧正日記』）。

9/29 「筑波山に行き（首都鎮護の）祈禱せよ」と隆光に綱吉の命が下る。10月5日従者120人を引き連れ出発。

◎ 10月 「家持借家店借裏々、二階土蔵穴蔵押入物置まで調べましたが、飼鳥、商売の鳥一羽もいません」

■ 11/6 「鳥方の者、鶉を捕らえるのにモチ竿を投げつけるは生類憐みに背く」と追放、押込となる。

◎ 11/14 「このごろやせ犬がいると聞く。前令を守り心を入れて養いなさい」

■ 11/25 切手門番頭肥田十郎左衛門、家人鳥を獲り、肥田も飼鳥したため職を奪われ閉門。

◎ 12/22 塩にしないオットセイ売買禁止。塩にした薬用はかまわない。

宝永3（1706）61歳

◎ 2/19 「いまだに痩せ馬がいる。心を入れて養育しなさい。養えないものは訴え出なさい。犬も同じ」

◎ 4/17 「しめ鳥商売は禁止である。塩鳥も売買してはならない」

■ 8/18 中野犬小屋へ犬移しの立ち会いに行った徒目付2人、犬をよく見ていなかったと追放になる。

■ 8/21 岡野孫市郎の中間庄兵衛、庭掃除中に鶏と餌の奪い合いをするアヒルをほうきで手荒に追い払い死なす。庄兵衛遠島。餌詰まりで死亡と検分した徒目付石黒久太夫、北条平七遠島。

年	月日	印	事項
	8/30	◎	**「鳥商売、ウナギ、ドジョウ商売禁止。牛馬に重荷だけでなく、かさの張る物も積んではいけない」**
	9/15	◎	**月食。夜半、地震。江戸城平川口などで石垣が崩れる。**
宝永4（1707）62歳	2/22	◎	**「雑説流言を申し触れる者がいる。落書捨文はいけない。牛馬に重荷、飼鳥、鳥獣商売一切禁止」**
	2/25		**護持院隆光、隠居。**神田駿河台に新築の成満院住持となる。綱吉のための祈禱は続ける。
	3/20	◎	「生類の検死の時、まだ息があれば犬医または下役等を呼び養育しなさい。死んだら検死のみ」
	8/11	◎	**「鳥商売厳禁。所々の茶屋でアナゴと称しウナギ蒲焼を売ると聞く。その者は召し捕り牢舎する」**
	8/19		**大風雨**（台風）に襲われ、武家屋敷、民家の破損が相次ぐ。深川、鉄砲洲などが水没する。
	8/27	■	小石川御殿下で放し飼いの鶴が死に、小石川鳥飼番4人が重追放処分を受ける。
	11/20	◎	「近ごろも大八車に鳩が当たり傷ついたと聞く。これでは宰領をつけたかいがない。心しなさい」
	11/23		**富士山の中腹**（宝永山）**で噴火。**江戸は未明から地鳴り、地震。昼、稲妻が光り灰が降り始める。
	12/16	◎	「前々より触れている通り、鳥商売は厳禁である。塩鳥の売買もしてはならない」
宝永5（1708）63歳	3/8		**京都で大火。**御所の建物はことごとく炎上、焼失。焼失家屋約1万3千軒。綱吉衝撃を受ける。
	7/19	◎	**「前々より触れている通り漁師以外釣り、鳥商売、茶屋でのウナギ、ドジョウ料理は禁止である」**
	8/12	◎	**「馬の首毛ふり**（焼き切り）**は古い時代にはなかった。駆けるのに役立たず、火の元の使い方もよくない。これからは一切無用とする」**
	9/29	■	小姓組の仙石左門、馬が途中でわずらい出したが、粗末に扱い、閉門を仰せ付けられる。
	10/23	◎	**「生類あわれみのこと、もっぱら心を用い、病あらばことさら養育を加えるべし。乗馬、引き馬、途中でわずらえば、はばかりなくその地の邸宅へ引き入れ保護すべし」**

宝永6（1709）　64歳

▲■ 10/27　寄り合い番3人、酔って馬に傷をつけ1人追放、2人は遠慮。

◎ 12/16　**最後の生類憐みの令。「馬持ちの者、1人で2、3匹引き歩く者がいると聞く。万一馬が病気になったり、けがをしたりした時によろしくない。1人1匹にしなさい」**

1/10　**綱吉、はしかで死去。**

○ 1/17　馬の首毛が伸び放題になっていたため、同22日の寛永寺への出棺を前に首毛ふりを解禁する。「先代が仰せ出されたが、馬の痛みにもならない」

○ 1/20　**生類憐みの禁を解く。町奉行御触れ「生類の儀、今後は**（幕府から）**おかまいはない。もっとも憐れむことは憐れみなさい」**。小石川・鳥屋敷に飼い置いていたトビ、カラスを放す。

○ 2/1　鳥獣が死んだ時の検死をやめ、将軍家の食材の禁制を廃止する。

○ 2/2　小石川の野鶴畜養所を廃止し、野鶴を放す。

○ 3/1　老中列座に仰せ。「鼠は衣類を害するので猫を飼い、鼠を捕らせなさい。鹿猪は田畑を荒し人が困るので殺し、その皮は売り買い致し、肉は食べるものである」

○ 3/2　酒運上金を廃止。鳥、ウナギ、ドジョウの商売を解禁し、囚獄に入れられていた者（人数不明）を釈放する。

（出典『東京市史稿』『徳川実紀』『年録』『江戸町触集成』『御仕置裁許帳』『御当代記』『元禄宝永珍話』『寛政重修諸家譜』ほか）

参考図書、引用図書・雑誌一覧

基本史資料として使用したもの

『東京市史稿産業篇』第7～10（東京都編）、『東京市史稿変災篇』（東京都編）、『新訂増補国史大系徳川実紀』第4篇～7篇（吉川弘文館）、『寛政重修諸家譜』（続群書類従完成会）、『年録』（国立国会図書館蔵）、『柳営日次記』（国立公文書館蔵）、『改正甘露叢』（内閣文庫所蔵史籍叢刊47～48、汲古書院）、『御触書寛保集成』（高柳真三・石井良助編、岩波書店）、『憲教類典』（近藤守重編、国立国会図書館蔵）、『人見私記』、同附録「桜田記」「神田記」（国立公文書館蔵）、『御仕置裁許帳』『御当家令条』（近世法制史料叢書1、石井良助校訂、創文社）、『江戸町触集成』第1巻（近世史料研究会編、塙書房）、『正宝事録』（国立国会図書館蔵）、『撰要永久録』（国立国会図書館蔵）、『三王外記』（国立国会図書館蔵）、『元正間記』（共立女子短期大学紀要22号、23号、中山右尚・矢野公和翻刻）、『御府内寺社備考』第4冊（名著出版）、『護持院日記抄』（佐々木教純編、護国寺）、『隆光僧正日記』第1～第3（史料纂集、続群書類従完成会）、『神田橋護持院日記』（坂本正仁校訂、八木書店）、『護国寺日記』第1～第3（坂本正仁校訂、八木書店古書出版部）、『豊山伝通記巻下』（大日本仏教全書第68、鈴木学術財団編）、『南伝馬町名主高野家日記言上之控』（東京都公文書館編、東京都情報連絡室）、『御当代記』（戸田茂睡著、塚本学校注、平凡社東洋文庫）、『元禄宝永珍話』（続日本随筆大成別巻・近世風俗見聞集5、吉川弘文館）、『鸚鵡籠中記』（朝日重章著、名古屋叢書続編第9巻、名古屋市教育委員会）、『徳川諸家系譜』（斎木一馬ほか校訂、続群書類従完成会）、『加賀藩史料』（清文堂出版）、『折りたく柴の記』（新井白石著、日本古典文学大系第95、岩波書店）、『徳川十五代史』（内藤耻叟著、新人物往来社）、『徳川太平記』（小宮山綏介著、博文館）、『江戸時代史』（三上参次著、講談社学術文庫）、『生類をめぐる政治―元禄のフォークロア』（塚本学著、平凡社）、『江戸時代人と動物』（塚本学著、日本エディタースクール出版部）、『徳川綱吉』（塚本学著、吉川弘文館）

（以下、重複引用は適宜省略した）

●はじめに　『徳川綱吉常憲院事跡』（重野安繹著、重野博士史学論文集下巻、雄山閣）、『綜合日本史概説下』（栗田元次著、中文館書店）

●序章　『むさしあぶみ』（浅井了意著、近古文芸温知叢書11、博文館）、『後見草』（亀岡宗山著、燕石十種第2巻、中央公論社）、『落穂集』（大道寺友山著、人物往来社）、『玉露叢』（玉露叢一・国史叢書、国史研究会）

●第一章　『元禄時代』（大石慎三郎著、岩波新書）、町屋村古文書（『雅俗』第9号、九州大学文学部雅俗の会）、『会津藩家世実紀』（家世実紀刊本編纂委員会編、吉川弘文館）、『参議公年表』（国立公文書館蔵）、『南紀徳川史』（堀内信著、南紀徳川史刊行会編）、『紫の一本』（戸田茂睡著、戸田茂睡全集、国書刊行会）、『桃源遺事』（続々群書類従3、国書刊行会）

●第二章　『宴遊日記』（日本庶民文化史料集成第13巻、三一書房）、『近世日本国民史』『元禄時代政治篇』（徳富蘇峰著、講談社学術文庫）、「護持院僧正日記について」（宮崎栄雅著、「歴史地理」第30巻第3号）、「筑波山大僧正隆光年譜」（『豊山伝通記巻下』、大日本仏教全書１０６、仏書刊行会）、「護国寺縁起」（同）、「護持院隆光の一側面」（林亮勝著、大正大学研究紀要第52輯）、「将軍綱吉と護持院隆光」（林亮勝著、日本仏教学会年報37）、『徳川綱吉と元禄時代』（桑田忠親著、秋田書店）、『黄門さまと犬公方』（山室恭子著、文藝春秋）、『生類憐みの世界』（根崎光男著、同成社）、『徳川綱吉：犬を愛護した江戸幕府五代将軍』（福田千鶴著、山川出版社）

●第三章　『戒殺物語』（浅井了意全集仮名草子編4、同全集刊行会編、岩田書院）、『町方書上』大八車（江戸町方書上芝編上巻、東京都港区立みなと図書館編）、『ファウナ・ヤポニカ』（Fauna Japonica、シーボルト、出版地アムステルダム）、『智恵車』の句（雑俳語辞典、鈴木勝忠編、東京堂出版）、式年遷宮の犬狩（『神宮遷宮記』第5巻神宮司庁編纂、神宮式年造営庁。『犬の伊勢参り』仁科邦男著、平凡社新書）、『伊勢町元享間記』（鼠璞十種下巻、三田村鳶魚編、中央公論社）、『翁草』「元宝荘子」（神沢杜口著、日本随筆大成第3期21、吉川弘文館）、『江戸真砂六十帖広本』（燕石十種第4巻、中央公論社）、『半日閑話』（大田南畝著、日本随筆大成第1期8、吉川弘文館）

●第四章　『嬉遊笑覧』貞享四年日記（喜多村信節著、日本随筆大成別巻・嬉遊笑覧4、吉川弘文館）、『虫の音楽家』（小泉八雲作品集全訳第8巻、平井呈一訳、恒文社)、『三郷市史』第2巻近世史料編1(三郷市史編さん委員会編、三郷市)、『越谷市史』第1巻(越谷市教育委員会社会教育課編、越谷市教育委員会)、『五元集』(宝井其角全集、勉誠社)、『雑談集』(同)、『五元集全解』(岩本梓石著、俳書堂)、『本草和名』下(日本古典全集刊行会)

●第五章
『佐久間氏襍稿』(東京市史稿産業篇8所収)、『鹿の巻筆』「堺町馬の顔見世」(鹿野武左衛門著、日本古典文学大系『江戸笑話集』、岩波書店)、『好色一代男』(井原西鶴著、定本西鶴全集第1巻、校注潁原退蔵、中央公論社)、『男達見立角力番附』(江戸中期、江戸東京博物館蔵)、『本朝侠客伝』(酔多道人著、旭昇堂)、『事跡合考抜萃』(柏崎永以著、落穂集大全事跡合考抜萃、国立公文書館蔵)

●第六章
『新選日本史B』(東京書籍、平成26年)、『高校日本史B』(実教出版、平成26年)、『詳説日本史改訂版』(山川出版社)、『柳沢家秘蔵実記』(甲斐叢書第3巻、甲斐叢書刊行会編、第一書房)、『武野燭談』(村上直校注、人物往来社)、『政事要略』(新訂増補国史大系28、吉川弘文館)、『三代制符』(続々群書類従第7、国書刊行会)、『日本財政経済史料』(大蔵省編、財政経済学会)、『よしの冊子』7(水野為長著、随筆百花苑第8巻、中央公論社)

●第七章
『桃源遺事』(続々群書類従3、国書刊行会)、『足の向く儘』(三田村鳶魚著、三田村鳶魚全集第8巻、中央公論社)

●第八章
『三徳抄』(林羅山著、日本思想大系28、岩波書店)、『仮名性理』(同)、『大学或問』(熊沢蕃山著、同)、『大学要略』(藤原惺窩著、同)、『被仰出留』(国立公文書館蔵)、「観用教戒」(徳川実紀第6編、常憲院殿御実紀附録巻中、吉川弘文館)、『羅山林先生文集』巻第56巻(京都史蹟会編、羅山林先生文集第8巻、平安考古学会)、『上山三家見聞日記』(上山市史編集史料17、上山市史編さん委員会編、上山市)、『続日本紀』(新訂増補国史大系第2巻、吉川弘文館)、『伊勢太神宮参宮儀式』(大神宮叢書第4、神宮司庁、西濃印刷岐阜支店)

●第九章
『高柳光寿史学論文集』下(高柳光寿著、吉川弘文館)、『徳川綱吉と元禄時代』(桑田忠親著、秋田書店)、『江戸時代史』3(三上参次著、講談社学術文庫)、『日本の歴史19元禄時代』(尾藤正英著、小学館)、『近世日本国民史』元禄時代政治篇(徳富蘇峰著、講談社学術文庫)、『蕉門俳人書簡集』(飯田正一編、桜楓社)、『考証江戸八百八町』(綿谷雪著、秋田書店)、『内安録』(内藤忠明著、近古文芸温知叢書第3編、博文館)、『甲子夜話』巻14紅葉山の烏、鳩糞(松浦静山著、甲子夜話1、平凡社東洋文庫)、『見た京物語』(二鐘亭半山著、近古文芸温知叢書第9編、博文館)、『享保世話』(続日本随筆大成別巻第5巻、吉川弘文館)、『中右記』(藤原宗忠著、増補史料大成第10巻、同大成刊行会編、臨川書店)、勝軍地蔵（御府内寺社備考第1冊愛宕権現社、名著出版）、能・車僧（「日本庶民文化史料集成別巻・総合芸能史年表、芸能史研究会編、三一書房）、『小平市史料集21』（小平市中央図書館編、小平市教育委員会）、『江戸参府旅行日記』（ケンペル著、斎藤信訳、平凡社東洋文庫）、『明月記』（藤原定家著、国書刊行会）、『大和本草』（貝原益軒著、益軒全集巻6、益軒全集刊行部）、『南総里見八犬伝』第2輯巻之1（曲亭馬琴著、南総里見八犬伝第1、岩波書店）、鳩を放す（香取神宮古文書纂『古事類苑』動物部10鳥3所収）

●第十章

『竹橋余筆別集』（大田南畝著、国書刊行会編）、『常憲院畜犬の史料』（黒川真道著、集古会誌3～4、同甲辰3～5）、『楽只堂年録』（柳沢吉保著、八木書店古書出版部）、甲府城下の犬の数（『山梨県史』近世資料編9、山梨県）、『大君の都：幕末日本滞在記』（オールコック著、山口光朔訳、岩波文庫）、『民間省要』（田中丘隅著、日本経済叢書巻1、同叢書刊行会）、『和漢三才図会』6・巻第37（寺島良安著、平凡社東洋文庫）、『松雲公御夜話』（御夜話集下編、石川県図書館協会）、『盛岡藩雑書』（盛岡市教育委員会、盛岡市中央公民館編、熊谷印刷出版部）、『元禄享保間留記』（金沢市立玉川図書館近世史料館蔵）、『動物文学』昭和47年初夏号（平岩米吉・狼保護の法令、動物文学会）、『伊頭園茶話』13の巻（新秋田叢書第9巻、歴史図書社）、『八戸市史史料編近世2』（八戸市史編さん委員会編、八戸市）、『津軽史』第6巻（みちのく双書、青森県文化財保護協会）、『智頭町誌』（智頭町誌編さん委員会編、智頭町）、『鈴木修理日記』3（近世庶民生活史料未刊日記集成、三一書房）、『武蔵村山市史』資料編近世（武蔵村山市史編さん委員会編、武蔵村山市）、『所沢市史・近世史料1』（所沢市）

●終章

『赤穂城請取在番中覚書』（赤穂義士史料上、中央義士会編、雄山閣）、『大石神社蔵赤穂城請取文書』（飯尾精編、新人物往来社）、『赤穂城請取在番御用覚』（龍野市立歴史文化資料館）、『大日本地震史料』上巻（震災予防調査会編、丸善）、『武江年表』1（斎藤月岑著、平凡社東洋文庫）、『新編武蔵風土記稿』巻12（内務省地理局）、『落書類聚』上巻（矢島隆教編、東京堂出版）、『松蔭日記』（正親町町子、岩波文庫）、『兼山秘策』（室鳩巣著、日本経済叢書巻2、同叢書刊行会）

著者略歴————
仁科邦男　にしな・くにお
1948年東京生まれ。70年、早稲田大学政治経済学部卒業後、毎日新聞社入社。下関支局、西部本社報道部、『サンデー毎日』編集部、社会部などを経て2001年、出版担当出版局長。05年から11年まで毎日映画社社長を務める。名もない犬たちが日本人の生活とどのように関わり、その生態がどのように変化してきたか、文献史料をもとに研究を続ける。ヤマザキ動物看護大学で「動物とジャーナリズム」を教える（非常勤講師）。著書に『九州動物紀行』（葦書房）、『犬の伊勢参り』（平凡社新書）、『犬たちの明治維新 ポチの誕生』『犬たちの江戸時代』『西郷隆盛はなぜ犬を連れているのか』（いずれも草思社）がある。

「生類憐みの令」の真実

2019年 9月 24日　第1刷発行

著　者　仁科邦男
装幀者　鈴木正道（Suzuki Design）
発行者　藤田　博
発行所　株式会社 草思社
〒160-0022　東京都新宿区新宿1-10-1
電話　営業 03(4580)7676　編集 03(4580)7680

組　版　鈴木知哉
印刷所　中央精版印刷株式会社
製本所　株式会社坂田製本

ISBN978-4-7942-2413-2 Printed in Japan　検印省略